中公新書 2823

川嶋周一著

独仏関係史

三度の戦争からEUの中核へ

中央公論新社刊

まえがき――独仏関係という視角

三三%。

この数字は、一九一四年に勃発した第一次世界大戦で、その年に二〇歳を迎えたフランス人男性が、大戦中に命を落とした割合である（Héran 2014）。一八九四年に生まれたフランス人男性のおよそ三人に一人は、戦争に行った後戻って来られなかった。戦争が続いた四年間にドイツとフランスの死傷者の総数は、どちらも五〇〇万人をはるかに超す。

しかも、この数字には広い意味での戦争被害者、たとえば家や財産を失った人や強姦された女性、栄養失調で命を落とした嬰児などといった人たちの数は含まれない。それらを含めれば気の遠くなるような人的被害を両国は被《こうむ》った。これほどまでの犠牲を出しながら、ドイツとフランスは第一次世界大戦で全面的に戦った。

その第一次世界大戦勃発から九〇年余りが経とうとしていた二〇〇三年一月二二日、ドイツのゲアハルト・シュレーダー首相とフランスのジャック・シラク大統領は、パリでの首脳会談後、独仏共同閣議（独仏閣僚理事会）を開催した。パリ近郊のヴェルサイユでは、独仏両下院議員が出席する合同議会まで開かれた。この二〇〇三年は、一九六三年に締結された独仏協力条約（通称エリゼ条約）の締結四〇周年記念に当たる年だった。エリゼ条約締結以降、両国は外交で密接に連携し合いながらヨーロッパ統合を促進するばかりでなく、二国間の行政的文化教育的な提携もきわめて深いレベルで実施している。

振り返れば独仏両国は、一九世紀後半から二〇世紀の中盤にかけて、普仏（独仏）戦争、第一次世界大戦、第二次世界大戦と、三度も全面的に戦い血を流し合った。しかし第二次世界大戦後は、この敵対的な関係性を劇的に改善することに成功した。一九世紀から二〇世紀中盤にかけて世界を揺るがす戦争はヨーロッパから生まれていたが、第二次世界大戦後に独仏間の友好関係が確立すると、ヨーロッパから戦争は退場したかに見えた。

だが、二〇二二年にウクライナ戦争が勃発し、二つの世界大戦を生んだヨーロッパの国際政治に再び戦争の影が差すようになった。このヨーロッパ国際政治を理解するには、イギリス、フランス、ドイツといったヨーロッパの鍵を握る国家のみならず、中小国が果たす役割や、ヨーロッパ連合（EU）や北大西洋条約機構（NATO）などの地域的枠組みとの関係といった、当地で行われる外交（ヨーロッパ外交）の在り方や、歴史的に形成された構造や力学を考慮に入れる必要がある。その中で、ドイツとフランスとの関係は、他の二国間関係と比べ独特の存在感を発揮している。なぜなら、敵対から協調へと転じる過程で、独仏関係にも独自の力学や構造が生成され、良くも悪くも、ヨーロッパ国際関係の中の一つの不可欠な構成要素となっているからである。では、独仏はどのように関係を発展させ、現在のヨーロッパの国際関係の中で、いかなる役割を果たしているのだろうか。

本書は、一九世紀からウクライナ戦争が勃発した二〇二〇年代初頭までの、フランスとドイツ（一九四九年から九〇年までは西ドイツ）間の関係を、歴史的に概観するものである。

独仏関係の通史を描く本書には、二つの狙いがある。一つは、ヨーロッパの国際関係の歴史に一つの見取り図を示すことである。独仏関係の歴史はヨーロッパ国際政治の歴史の中に埋め込まれており、この二つを切り離しては理解できない。その逆もまた真なりである。独仏関係が敵対から協調へ向かう筋道を理解するためには、ヨーロッパ全体への視野が必要になるし、ヨーロッパ国際関係全体を視野に収めようとするとき、独仏関係という視角は明瞭なレンズを我々に提供する。そのレンズが大国主義的なものであることは重々承知しているが、敢えて独仏関係からヨーロッパ国際政治を見ることで、ヨーロッパ国際関係の勘所のようなものを摑《つか》むきっかけになるのではないだろうか。

第二の狙いは、独仏関係が持つ複雑な力学を理解することである。確かに独仏両国は、世界でもまれな協調関係を作り上げたが、しかしその内側には抜き差しならない緊張が存在し、提携関係の構築には一筋縄ではいかなかった複雑な経緯がある。独仏関係は理想形ではなく、歴史的に形成されたある一つの型に過ぎない。独仏関係の現実と理念の両方を冷静に観察できた時、国際関係とその歴史を見る目は、より奥行きをもって眺められるようになるだろう。

したがって、本書が扱う独仏関係はまず政治外交的な次元を扱う。ただし、政治外交的な関係が、その次元の論理だけで完結しなくなるのが二〇世紀の特徴でもある。この次元に加え、独仏両国を取り巻く国際環境（ヨーロッパ統合や冷戦）の次元や両国の人的交流もまた重要なトピックである。政治外交（外交政策や大統領、首相などの政治的リーダーの次元）、ヨーロッパ統合や冷戦（独仏関係を基礎づける国際環境の次元）、トランスナショナル（二国間関係に内実を与えるヒトとヒトとの関わりの次元）という三つの次元は、独仏関係を理解する際に不可欠な視点となる。

なお、日本語で独仏関係を扱った書籍や論文の数は多くないが、反面、フランスやドイツには当然多数ある。ではそういった書籍を翻訳すれば事足りるかと言えば、そうはいかない。明らかに前提となる知識も関心も目的も違うからだ。そもそもフランス人にとっての仏独関係と、ドイツ人にとっての独仏関係の重みも、また異なる。

独仏関係という大国の振る舞いを、周りの小国が冷ややかに、時に苦々しく眺める様子も、当事国の視点からは抜け落ちがちである。本書は可能な限りバランスをとって、日本人が独仏関係史を理解することの意味に向き合って執筆したつもりである。あらかじめ断っておくと、独仏両国を等しく扱ってはおらず、ややフランス側から見た記述が多い。詳しくは本論を読んでもらえればと思うが、独仏関係をより必要としているのはフランスで、ドイツにとってフランスとの関係は、ヨーロッパを重ね合わせることで重要となるからである。

不幸にして現在の国際政治には動乱や戦争の暗雲が広がっているようだ。しかしだからこそ、過去に何度も戦争を重ねたドイツとフランスが、どうやってその関係を改善したのか、と同時にその関係性を理想化せずにいかに冷静に認識するかを、いまほど求められている時代はなかろう。歴史を学ぶことは、未来を創る土台となるべきものである。

本書の構成は以下の通りである。序章から第1章までは、ドイツとフランスが国家としての関係を築いた一九世紀から、三度の戦争を重ねて憎悪を募らせた時代を扱う。第2章から第5章までは、第二次世界大戦が終結してからベルリンの壁崩壊前夜までの、ドイツが東西に分断され、世界も冷戦に覆われていた時代を論じる。なおこの時代に関しては、本書は専ら西ドイツ（以下、西独）を扱う。これは、フランスにとって戦前のドイツを引き継ぎ、パートナーシップを築いたのは西独だからである。もちろんフランスと東ドイツ間にも多くの語るべきことがあるが、論旨から外れるため記述していない。そして第6章から第7章では、冷戦終焉後、ドイツが再統一してから現在までの独仏関係を描く。終章では、両国のこれまでの関係を振り返りつつ、二〇二二年に勃発したウクライナ戦争がもたらす影響と今後の姿について考察を行う。

本書の用語法にも簡単に触れておきたい。

「ヨーロッパ」と「欧州」の使い分けについては、基本的に「ヨーロッパ」を用い、「欧州」は固有名詞（欧州通貨単位など）で用いる。序章で用いられる「ヨーロッパ世界」とは、前近代のギリシャ・ローマ世界の遺産を引き継ぎながら中世以降に成立するキリスト教の西ヨーロッパ世界を指す。それゆえ、近代以降の記述では単に「ヨーロッパ」を用いる。「国際政治」と「国際関係」という言葉は、一般的には国際政治が政治外交や安全保障に関する狭義の国家間政治を意味し、国際関係はそれに留まらない経済・文化などを含む、より広義の国家間関係を指す。厳密に区分するのは難しいが、一応の使い分けを試みている。ヨーロッパ国際政治／ヨーロッパ国際関係は、ヨーロッパという地域内の国際政治／国際関係を指す。本書で用いる「ヨーロッパ」は正確には「西ヨーロッパ」であることが大半だが、冷戦期に東西ヨーロッパが分断されている文脈以外では、厳密に使い分けてはいない。

「国際秩序」とは、主として国家によって成り立つ国際関係の秩序の在り方を指す用語である。国際秩序はグローバルなものとして成り立つ一方で、地域的に固有の国際秩序が成立する場合も多い。ヨーロッパ国際秩序とは、そのようなヨーロッパという地域で成り立っている国際秩序を指す。

本書では、ヨーロッパ国際秩序を構成するのは国家だけでなく、ヨーロッパ統合などの地域的枠組みやNATOなどの安全保障機構を含み、特に安全保障上の秩序を指す場合はヨーロッパ安全保障秩序というように限定する場合もある。ヨーロッパ安全保障秩序は、ヨーロッパ国際秩序を構成する基幹的な要素というのが本書の前提としてある。

目次

第3章　関係改善と安定化へ向かって——シューマン・プランとヨーロッパへの埋め込み

第5章 独仏コンビの時代 ――七〇年代から八〇年代にかけての「枢軸」化 …… 139

DTP　朝日メディアインターナショナル
地図作成　モリソン

独仏関係史

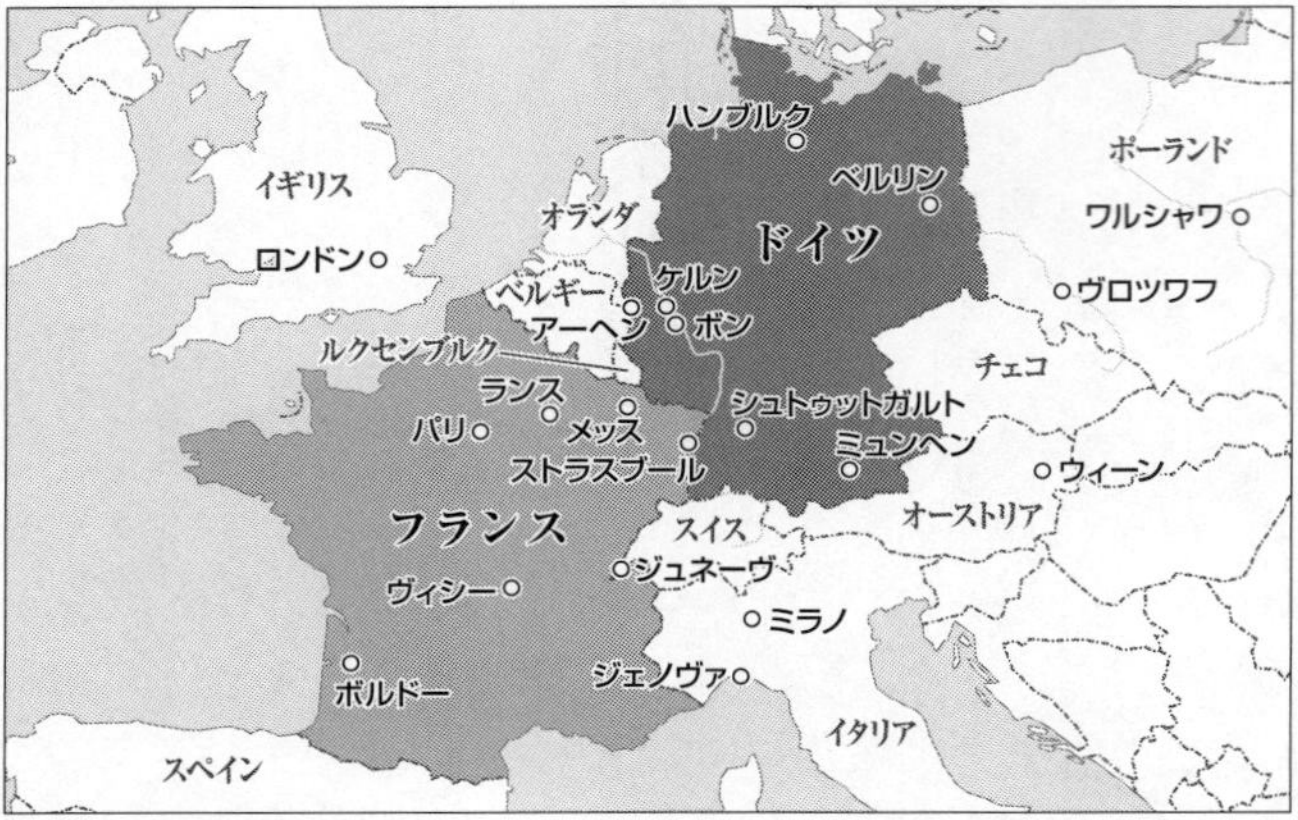

現在のドイツとフランス
ドイツ連邦共和国の首都はベルリン、フランス共和国の首都はパリ

序章　憎しみ合う双子――敵対関係の成立

一九世紀以前に「独仏関係」はあったのか?

独仏関係の歴史はいつから始まったのだろうか。本書はこの問いを考えることから始めたい。そもそも「ドイツ」も「フランス」も、今のような姿になったのは一九世紀以降であり、そのタイミングにもズレがあった。フランスが近代国家となった契機は、一八世紀末のフランス革命が共通了解としてあるだろう。一方で、ドイツが国家として統一されたのは、半世紀以上後の一八七一年だった。

それゆえ、独仏関係の一つの出発点はこの一八七一年となる。ただし、だからといってそれより前のドイツとフランスの関係を知らなくてもよいわけではない。なぜなら、「独仏関係」が生まれるプロセス自体に、その特徴が埋め込まれている面があるからだ。

現在のドイツとフランスは、五世紀末にクローヴィスが統一したフランク王国と、それを継いだ九世紀のカール大帝（シャルルマーニュ）の版図に相当する。西ヨーロッパを広く支配したカール大帝の帝国は、死後三つに分裂して、やがて西フランク王国、中部フランク王国、東フランク王国となった。西フランク王国はフランス王国へ受け継がれたのに対し、東フランク王国は一〇世紀初めに中部フランク王国の一部を併合してドイツ王国の建設を目指した。東フランク王国を受け継ぐザクセン朝の二代目オットー一世は、九六二年にローマで戴冠し、神聖ローマ帝国の初代皇帝となった。

この神聖ローマ帝国の皇帝は普遍的なヨーロッパ世界の支配者として、ローマで教皇による戴冠を受ける必要があった。神聖ローマ帝国は一九世紀初頭までおよそ八五〇年間存続し、その間に版図も国制の特徴も変化した。

一五世紀末以降、神聖ローマ帝国の名称には「ドイツ国民の」という形容詞がつけられ、教皇による戴冠も行われなくなった。国制も改革され、皇帝および帝国等族《ライヒ》（諸身分とも呼ばれる、皇帝と土地を媒介とした主従関係を直接結んでいる封臣）の総体が帝国と呼ばれ、皇帝は選帝侯と呼ばれる有力な諸侯によって選挙で選出される体制が確立した。なお、ここでいう「国民」とは今の意味ではなく、帝国の構成要素たる帝国等族を指す（山本 二〇二四）。

神聖ローマ帝国は、現代の我々が想定する国家の姿とは相当に異なる。それは、皇帝を戴きつつも、オーストリアやプロイセン、ザクセンや帝国都市フランクフルトといった大小多数の領邦の集合体であり、時代によってその数も変遷した。さまざまな構成要素が多層的・多国的に組み合わさるきわめて独特な政治体から、やがて我々の知る「ドイツ」が析出されていく（ランゲヴィーシェ 二〇二三）。このモザイク状で多層的な帝国は、現在の我々が考えるような「ドイツ」ではないことだけを、ここでは確認しておきたい。「やがてフランスになる地域」と「やがてドイツになる地域」との関係はあっても、一九世紀以前に、「独仏関係」と呼べる国家間関係は存在していなかったのである。

とはいえ、西フランク王国を引き継いだフランス王朝と、一五世紀以降の神聖ローマ帝国皇帝をほぼ独占したハプスブルク王朝は、長きにわたってライバル関係にあった。一七世紀に中世世界が崩壊し、王権に権力が集中して主権国家という新しい国家の形が生まれた時、ヨーロッパ世界の覇権の確保を目指したのがルイ一四世に代表されるフランス王であり、ハプスブルク家率いる神聖ローマ帝国はこれに対抗する勢力として振る舞った。

このように大陸の二大勢力として、フランス王朝とハプスブルク王朝は長く争い合う関係にあったが、一八世紀になるとインドや北米大陸の支配権をめぐるフランスとイギリス（イングランド）との対立関係もまた重要になった。「独仏関係」が成立する前の「ドイツ」と「フランス」の関係は、対立的な関係にあったとはいえ、それ自体特別の、決して互いに相いれないようなものではなかった。

「初めにナポレオンありき」

この後、「独仏関係」を登場させる重要な出発点となるのが、フランス革命とナポレオンだった。革命は近代的な統治原理や法規範（もちろん、その内容は今日から見れば不充分な点もあるが）のみならず国家の統一を求めるナショナリズムを生み、ナポレオン・ボナパルトによってドイツにこの近代的原理が伝わるのと同時に、後述の「耕地整理」がなされたからである。

フランス革命は、身分に基づく統治原理を否定し、平等で同質的な国民が主権者であるという人民主権の考えを世に知らしめた。王権と社団（特権を付与された職能・地域的集団）による旧体制の国家を解体し、近代的な国家の姿を登場させたのである。さらに、一つの国民が一つの国家を持つべきだというナショナリズムの思想は、ドイツに大きな影響を与えた。多様な領邦によって成り立つドイツではなく、身分制を打破してドイツ国民を創出し、統一されたドイツ国家を作り出すという、新しい政治運動が生まれたのである。「自由と統一に向けて」が一九世紀前半のドイツ・ナショナリズムの合言葉だった。

さらにドイツ統一に多大な影響を与えたのが、ナポレオンによる侵略と戦争だった。フランス革命への干渉戦争から始まったナポレオンの大陸侵攻により、ドイツは政治的な再編を余儀なくされた。当初ナポレオンに対し劣勢だった大陸諸国は講和を結び、一八〇三年にはライン川左岸のドイツ領がフランスに割譲される。その結果、世俗化と陪臣化が進んだ。これは、領土を割譲された領邦に対する補塡《ほてん》として、教会や修道院などの宗教的支配者の所有財産が接収されたこと（世俗化）と、また百以上の小領邦の帝国等族が帝国直属性を失い大中の領邦に編入されたこと（陪臣＝家臣の家臣化）を意味する（山本 二〇二四）。その結果、数百あった領邦は一九世紀初頭には四〇近くにまで再編された（この過程を「耕地整理」と呼ぶ）。これにより、神聖ローマ帝国に辛うじてあった政治的な紐帯は解体されていった。

一八〇四年には、当時の皇帝フランツ二世はハプスブルク家の世襲領をオーストリア帝国として独立させ、自らをオーストリア皇帝とも名乗った。さらに、バイエルンやヴュルテンベルクといった南西ドイツの領邦がフランス側につき、一八〇六年にライン同盟（プロイセン王国とオーストリア帝国を除く全ドイツ諸邦が加盟した諸国同盟）が形成されると、ついにフランツ二世は神聖ローマ帝国皇帝を退位し、この年、八〇〇年を超える歴史に幕を閉じたのである。

このように、ナポレオンを契機として、やがてドイツになる地域では、モザイク状に細分化していた領域支配がより大きな単位へと再編され、帝国にも終止符が打たれた。と同時に、ナポレオンのフランスを保護者として抱くライン同盟では、フランスの法律や統治体制が導入され、革命で生まれた近代法やナショナリズムがドイツに急速に広まった。ナポレオンはその後戦いに敗れ表舞台から去るものの、いったん火が付いた国民国家建設への動きは止むことはなかった。ドイツの歴史家トーマス・ニッパーダイは、近代的なドイツ国家成立に向かうプロセスを、聖書の「初めに言葉ありき」に倣い「初めにナポレオンありき」と表したが、それはドイツとフランスの関係と両国の国家としての成立過程が不可分につながっているさまを物語っている。

ナポレオン後のヨーロッパの体制を話し合うため、一八一四年から一五年まで開かれたウィーン会議で、フランスが占領したドイツ領域は放棄された。同会議の合意事項であるウィーン議定書では、フランス革命以前の王朝支配を復活する正統主義が打ち出され、君主間による神聖同盟と四大国（英露墺プロイセン、後年仏も加わる）間による勢力均衡と会議体制がヨーロッパ秩序を担う、ウィーン体制が成立した。この年、三九の主権を持った領邦で構成されるドイツ連邦（Deutscher Bund）も成立する。ドイツ連邦はあくまで国家連合で、統一されたドイツ国家ではない。ここから一八七一年までの統一ドイツ成立までの歴史は、プロイセンによる統一に向けた歩みであるのと同時に、国内の自由主義的なナショナリズムの興隆と挫折の歩みでもある。フランス革命の成果を否定する反動的なドイツ連邦に対して、統一ドイツ国家の成立を求める若き自由主義者たちによるブルシェンシャフト運動が生まれ、一八四八年にヨーロッパ全体で起こった「諸国民の春」では、フランクフルト国民議会においてドイツ統一に向けた決議も採択された。

しかし、ドイツ連邦はそれ自体複雑な存在だった。ドイツ世界の盟主を争うオーストリアとプロイセンはドイツ連邦の構成国だが、それぞれすべての領域を含んでいたわけではない。ウィーン会議で領土を増やしたオーストリア帝国は、ハンガリーやガリツィア（ウクライナ西部およびポーランド南西部）、ダルマチア（クロアチアのアドリア海沿岸部）など、非ドイツ系住民が暮らす地域を多数含む複合的な多民族国家であり、これらの地域はドイツ連邦には含まれなかった。プロイセンもポーランド系住民をはじめ多数の非ドイツ系住民を東部に抱えており、同国東方のポーゼン州、西プロイセン州、東プロイセン州はドイツ連邦に加盟していなかった。それゆえドイツ統一をめぐっては、オーストリアとプロイセンのどちらが主導権を握るのか、そもそもどこまでを「ドイツ」とみなすかで、小ドイツ主義と大ドイツ主義という二つの考えが対立していた。

小ドイツ主義とは、ドイツ世界を長く主導しドイツ連邦でも議長国を務めるオーストリア帝国を排して、プロイセン主導でドイツ統一を進める考えである。これに対して大ドイツ主義とは、オーストリアを含め広く中欧にドイツ国家を建設しようとする考えである。大ドイツ主義はドイツ系オーストリアのみを包含することを求める立場が主流だったが、オーストリアの中には帝国版図内の非ドイツ系住民も含めたより広いドイツ国家の建設を求めるものもいた（末川 二〇〇〇）。

それゆえ純粋なドイツ国家の成立は難しく（そもそも「純粋なドイツ人」などは存在しない）、非ドイツ系住民をどう扱うかといった難問が常に付きまとっていた。特にポーランド系住民の問題は、ドイツ・ナショナリズムを考える際、きわめて重要だった（伊藤 二〇〇二）。

プロイセンは、ドイツ統一をめぐるオーストリア帝国との競争で、ドイツ連邦内の内戦ともいえる一八六六年の普墺戦争での勝利でさらに力をつけ、プロイセン中心の北ドイツ連邦を形成した。統一のイニシアティブを確立したプロイセンに向かい合ったのは、ルイ・ナポレオン（ナポレオン三世）が統治する第二帝政のフランスだった。このプロイセンと第二帝政が戦火をまみえたのが、後述する一八七〇年から七一年にかけての独仏戦争（いわゆる普仏戦争。プロイセンだけでなく南西ドイツ諸邦も参戦しているため、近年ではこう呼ばれる）だった。

一九世紀初頭から中盤までの推移

このように、フランス革命から独仏戦争までの一九世紀前半から中盤にかけて、ドイツもフランスも、現在のような国家の形とその国家同士の関係が、相互につながりながら徐々に姿を現し始めた。

フランスが、政治的には統一されていなかったドイツを一つの塊として認識するようになったのはフランス革命以降とされる。作家のスタール夫人が著した『ドイツ論』の出版は、その一つの表れだった。自由主義に傾いたためにナポレオンと対立していたスタール夫人は、同書でドイツ文化を称賛し、発禁処分を受けた。

政治理念から見ても、両国は相対立していた。フランスが王政復古している限りは正統なる君主制同士の国家だが、そもそも市民が暴力で君主制を打倒したフランス革命は、ドイツの領邦から見れば否定の対象である。反対にフランスの共和的で民主主義的な政治認識からすれば、ドイツの政治社会構造は権威主義的で封建的な時代遅れのものに映る。

だが、政治的な対立とは裏腹に、文化的にフランスはドイツを認めており、むしろ自分たちよりも進んだ存在として見ていた節もある。たとえば一八六四年にエルネスト・ルナンは、雑誌『両世界評論《ルビュ・デ・ドゥ・モンド》』にフランスの高等教育論を発表した。ルナンはフランスのナショナリズムを論じた人物として名高い。しかし彼は、ドイツの大学に比べてフランスの研究水準が著しく遅れていると、自国の学問状況に警鐘を鳴らした。このルナンの提言を受け、第二帝政下のフランスではドイツの大学制度を参考にした教育改革に乗り出し、正教授のポストと結びついた研究室の数を拡充した（Clark 1973）。自然科学も含めた高度な研究を実施するために、一八六六年に高等研究院（ＥＰＨＥ）を設立したのもその一環だった。

一九世紀フランスのこのようなドイツ観は、しばしば「二つのドイツ」観と呼ばれる。自国より文化的に進んだ模範としてのドイツと、軍事的政治的に対立する敵国としてのドイツという、相反するドイツ観である。

他方でドイツから見るフランスは、総体として否定的な評価を受けていた。急進的なドイツの知識人の多くにとって、フランスの共和主義とイギリスの自由主義を比べた時、より魅力的なのはイギリスの方だった。また一九世紀前半のドイツでの「自由と統一」を求めるナショナリズムの興隆の中、フランス憎悪は養分の一つにもなっていた。統一国家ドイツが成立するまでの一九世紀において、「ドイツ」と「フランス」の関係は対等ではない一方で、写し鏡の存在とも言えた。

独仏戦争という出発点

このような状況を抜け出し、対等な立場で二国間の関係を築く契機となったのが、一八七〇年の独仏戦争（普仏戦争）だった。ドイツとフランスは、一九世紀から二〇世紀にかけて三度の全面的な戦争を戦っているが、その最初の戦争は文字通り「独仏戦争」だった。

一八七〇年七月に勃発した独仏戦争は、九月のセダンの戦いでフランス軍が敗れてナポレオン三世が捕囚され、翌年にはフランスの敗北に終わった。フランスを打倒したプロイセンは、その勝利の余波を駆ってドイツを統一する。翌年一月に、ヴェルサイユ宮殿の鏡の間でドイツ皇帝の即位宣言が行われた。ここで、北ドイツ連邦にバイエルン、ヴュルテンベルクなどの南部ドイツ諸邦が加わり、フランスから奪ったアルザス゠ロレーヌ地方を併合したドイツ帝国の成立が宣言された（アルザス゠ロレーヌはフランス語の名称で、ドイツ語ではエルザス゠ロートリンゲンと呼ぶ）。このときのドイツ帝国は、バルト海のメーメル（現在のリトアニアのクライペダ）やシュレージエン（現在のポーランドのシロンスク）地方などを含む広大な領土を誇った連邦国家だった。

当時のドイツ外交を指導した宰相のオットー・フォン・ビスマルクにとって、エルザス゠ロートリンゲンの併合はフランスの力を削ぐ目的に加え、ナショナリズムの点からも大きな意味があった。というのも、（彼から見れば）ドイツ語圏のエルザス゠ロートリンゲンの併合

ヴェルサイユ宮殿でのドイツ皇帝即位宣言　この絵画は、ヴィルヘルム1世の依頼でビスマルク70歳を祝福するために作成された。ビスマルクを目立たせる為に白い制服で描かれているが、実際には青色の制服を着ていた

によってドイツ民族を基礎とする「ドイツ国家《ライヒ》が生まれなければなら」ず、新しく誕生する統一国家に相応しい国民観念が持続するよう望んだからである（Ziebura 1997）。これに対して、後にドイツ社会民主党（SPD）の創設者の一人となるアウグスト・ベーベルなど、エルザス＝ロートリンゲン地方の接収に反対の政治家もいたが、フランスへの敵対心は、ドイツ帝国という新国家の建設に不可欠な要素だった。

　他方で敗北したフランスの第二帝政は崩壊し、第三共和政が打ち立てられる。この第三共和政は、半世紀余りののち、第二次世界大戦での敗北にともない瓦解するが、現在のフランスの共和国の体制は、この第三共和政期で確立された。フランスにとって、奪われたアルザス＝ロレーヌを取り戻すことは、フランスのナショナリズムを焚き付ける常套句となる。フランスはドイツへの復讐とアルザス＝ロレーヌの奪還を目指すため、他方でドイツはフランスからの敵視に

表1　ドイツとフランスの国土面積および人口の推移

	ドイツ		フランス
国土面積（海外植民地除く）	約54万㎢（ドイツ帝国）		約53万㎢
	約47万㎢（ヴァイマル共和国）		（第一次世界大戦後）約55万㎢
	約25万㎢（西独）	約11万㎢（東独）	
	約36万㎢（現在）		
人口（1870）	約3920万人		約3840万人
人口（1914）	約6610万人		約4150万人
人口（1950）	西独 約5096万人	東独 約1839万人	約4183万人
人口（2000）	約8219万人		約5938万人

Angus Maddison, *The World Economy*, 2003（OECD刊）や大西健夫「ドイツ統一国家形成と関税同盟」（2011）などを元に作成

対抗するため、両国は国民的な一体性を打ち立てようとしたのである。

　この時成立したドイツは、人口（及びGDP）でフランスとほぼ同等か、やや上回る程度だったが、一九世紀末から二〇世紀にかけての経済発展により、当初は八〇万人程度の人口差は第一次世界大戦前夜には二千万人以上に、GDPの差はおよそ一・六倍になった。この時生じた独仏間の規模の差は、現在に至るまで変わっていない。独仏関係には、冷戦期の分断時代を除くと、常に大きなドイツとすこし小さいフランスという構図があることには注意が必要である。

　統一された主権国家間関係としての独仏関係は、独仏戦争から出発した。しかもその独仏関係は、敵対関係が埋め込まれる形で成立したのである。

帝国主義時代の接近と対立

　さて、こうして一八七一年以降の独仏関係は、およ

そ敵対的な関係として出発したが、しかし、その後常にドイツとフランスが激しく対立し続けたわけではない。確かに、複雑な同盟外交を推進したビスマルクの外交では、フランスを孤立させるための同盟網が敷かれたが、フランスとドイツの敵対関係はその後緊張が緩和した時期もあったし、また経済的にも両国は相互依存の関係となっていく。

もちろんフランスにとって、独仏戦争の敗北とそれにともなうアルザス＝ロレーヌ地方の喪失は国家的トラウマで、その奪還を公的な国家目標から取り下げることはなかった。しかし、フランスがそれを理由に、ドイツに再び戦争を仕掛け武力で奪還するつもりもなかったことは、現在多くの研究によって明らかにされている。つまり、フランスにとって対独復讐心はある種のポーズだった。このフランスの感情は「戦争はあり得ないが、忘却もまたあり得ない」という、当時信望を集めていた左派政治指導者ジャン・ジョレスの言葉に集約されていた（Joly 1999: 347）。

ドイツ統一をなした立役者のビスマルクにとって、フランスは封じ込めておく必要があるが、真の問題は対仏外交ではなく、対英および対露外交だった。たとえば彼は一八八四年から八五年にかけて対仏接近に乗り出すが、その目的はフランスとの和解ではなく、アフリカにおけるヨーロッパ列強の植民地支配の調停とイギリスへの対抗にあった（飯田 二〇一〇）。フランスと組んでイギリスに対抗するのがビスマルクの主眼で、そのために西アフリカ支配に関する独仏協定を八四年に締結した。

しかし、この独仏接近は長く続かなかった。一八八六年に仏陸相に就任し民衆から熱狂的な支持をうけるようになったブーランジェ将軍が、対独復讐を唱え戦争準備の姿勢を示すと、両国の対立関係は再燃した。しかもビスマルクは、軍事予算を帝国議会に通すために戦争勃発危機を演出するなど、独仏間の関係悪化を外交的に利用した（飯田 二〇一五）。

翌年のシュネブレ事件（国境警備を行っていたフランスの警察官シュネブレが、ドイツ側におびき寄せられ、ドイツ警察によってスパイ容疑で逮捕拘束された事件）により、両国の関係悪化は頂点に達した。だが「第二次独仏戦争」をビスマルクが本気で考えていたのかは怪しい。また他のヨーロッパ列強も、独仏戦争が再来しフランスが敗北すれば、ヨーロッパのバランスが根本的に乱されるとして反対した。実際この時、独仏戦争は起こらずに終わった。

このような目まぐるしい外交的な関係の変化は、一八九〇年にビスマルクが失脚して以降、また違った方向に転換していった。ビスマルク期のドイツ外交が、自己抑制に徹し、同盟網を管理することでドイツの外交的利益を確保しようとしたのに対して、ビスマルクを引退させ外交実権を握った若き皇帝ヴィルヘルム二世の対外政策である「新航路」は、明確に帝国主義的な拡張路線によってドイツの国力増強を目指すものだったからである。

他方でフランスは、ビスマルクなきドイツに攻撃的な外交を展開するようになる。手始めに行ったのが露仏同盟の締結だった。と同時に、帝国主義的な植民地拡張路線を取り始めるフランスは、イギリスこそが植民地獲得の目の上のたん瘤《こぶ》であるように認識し始める。この、一八七〇年のトラウマから発せられる対独敵対心と、世界的な植民地大国への野望から発せられる対英敵対心の双方が、一九世紀末のフランス外交の基本的な枠組みだった。

しかし二〇世紀に入るまでの間、ヨーロッパ諸国間の利害衝突は、それほどではなかった。たとえば一八九八年にスーダン南部で英仏は衝突するが（ファショダ事件）、ここでの対立は乗り越えられ、一九〇四年には英仏協商の締結に至る。また一九〇〇年の義和団事件でヨーロッパ列強各国と日米の八ヵ国が中国に共同出兵したが、これはこの時のヨーロッパ列強間の協調関係が維持されていたからこそ可能だった。フランスの対独感情が復讐心を抱きつつも対独戦争を仕掛けるまでには至らなかったのは、まさにこの列強間の全体的な協調関係の存在ゆえだった。

ただ、この状況は一九〇五年のモロッコ危機の勃発によって大きく変わった。モロッコ支配をめぐり独仏が対立した問題は、列強間による国際会議（アルヘシラス会議）を受けていったんは解決されたが、一一年に再度両国が衝突して以降、フランスには対独戦争やむなしの感情が広がっていった（Joly 1999）。さらに並行して、英独間の関係も、両国が争うように戦艦を建設し合う建艦競争を行うなど、対立が深まっていった。このヨーロッパ列強間の対立は遂に解決されないまま、第一次世界大戦勃発の引き金となる一九一四年六月のサライェヴォ事件を迎える。

本章で見たように、ドイツとフランスは近代的な国民国家として成立するに際し、互いに敵対する関係がビルトインされる形で、双子のような存在として生まれた。独仏戦争によって、ドイツは統一国家としての、フランスは現在につながる共和政国家としての歩みを始め、二国間関係を開始した。両者は敵対し合いつつも、互いを必要とし、最初から写し鏡のような存在だった。一九世紀から二〇世紀初頭にかけて、ヨーロッパの大国である両国の対立と協調の振れ幅が、そのまま国際関係全体に反映されたこの時代、独仏間の敵対関係は、ヨーロッパのみならず世界的な不安定性をもたらした。

第1章　先祖代々の宿敵へ——二つの大戦にかけての対立

一八七一年のドイツ統一以来、構造的な対立状態に陥っていた独仏両国は、遂に一九一四年に第一次世界大戦という全面的な総力戦に突入した。その結果、両国は巨大な損害を負い、ドイツでは帝政が崩壊し、双方に深いトラウマが植え付けられた。そして独仏は単なる敵対関係ではなく、「先祖代々の宿敵」として互いを憎み合う関係へと至る。

戦争が終わった後も、勝者となったフランスと敗者のドイツとの関係は相変わらず敵対心に満ち、両国の対立がヨーロッパ国際秩序そのものの安定を脅かした。両国間の協調を望む提携やヨーロッパ統合の試みはありつつも、関係を改善する試みは失敗に終わり、最終的に第一次世界大戦が終結してからわずか二〇年後に、独仏と世界は再び世界戦争に突入した。

本章は、この二〇世紀前半期に、第一次世界大戦を戦う独仏がいかに互いを憎み合うようになったのか、戦間期に両国が一時的な協調を実現しつつもなぜ対立を克服できなかったのか、そして第二次世界大戦が独仏関係にいかなる影響を与えたのかについて見ていく。

1　宿敵関係の成立――第一次世界大戦

第一次世界大戦の衝撃

独仏戦争（普仏戦争）の約四〇年後の一九一四年七月末に勃発し、一八年一一月まで続いた第一次世界大戦は、フランスとドイツのみならず、ヨーロッパや中東、ひいては世界史の流れそのものを変える巨大な出来事だった。

まずもって第一次世界大戦は、両国に圧倒的な被害をもたらした。第一次世界大戦の西部戦線は専《もっぱ》らフランス領土内で戦われ、広大な土地が耕作不能となった。四年間の戦いの中で、フランス側の死者は一三八万人、負傷者や病人は五〇〇万人に上った。孤児は七〇万人、夫を亡くした寡婦は六〇万人から七〇万人ともいわれる（ベッケール＝クルマイヒ 二〇一二：一八一、ガイスほか監修 二〇一六：二一二）。

ドイツの人的被害は数だけで見れば一層大きい。死者と行方不明者は二四〇万、負傷者は四二〇万を数えた（ガイスほか監修 二〇一六）。とはいえ、開戦前のドイツの総人口はフランスの一・七倍ほどあり、人口比で見ればフランスの被害の方がより大きかった。

第一次世界大戦は、もちろん文字通り世界各国に被害を及ぼし、すべての死者数は一千万人を超す大惨事となった。ただ独仏関係においては、このような被害の激烈さのみならず、戦争後に、それ以前の時代とは比べ物にならない相互憎悪と不安定な社会を生み出したことにも注意を払わなければならない。そして、この憎悪と戦間期の不安定な構造の生成は、第一次世界大戦の展開と密接につながっていた。

大戦の展開

第一次世界大戦勃発のきっかけとなった一九一四年六月二八日のサライェヴォ事件（オーストリア帝国の皇位継承者フランツ・フェルディナント大公夫妻がセルビア人に暗殺された事件）は、ドイツとフランスには本来関係のない出来事だった。だが英仏露の協商国（連合国）側と独墺の中央同盟側とに分断され、二つの陣営に硬直的に分かれていたヨーロッパ諸国は、蟻地獄にはまり込むように大戦へと引きずり込まれていった。

オーストリア＝ハンガリーがセルビアに宣戦布告し、ロシアがそこへ介入すべく総動員をかけたことで、ドイツはロシアに対して宣戦布告をする。と同時に、同盟を組むロシアとフランスに対する二正面戦争に勝利するべく、その二日後にフランスへも宣戦布告した。ドイツ軍は、中立国ベルギーを経由して一気にフランスを叩こうとしたが、結果としてフランス軍を撃破できず、戦線はフランス領内で膠着状態に陥り、一九一四年末ごろには塹壕戦に移行した。西部戦線では以後四年間、一進一退の攻防戦を繰り返す。

領土を侵略されたフランスにとって、この戦争は祖国を守る神聖なものと受け止められ、ドイツにとっては、自国は敵に囲まれており守勢に回っているものと受け止められた。現在の研究では、開戦が国民にもたらした当初のショックは、やがて静かな受容へと変わり、そして使命感によって悲惨な塹壕戦を戦い抜いたことが明らかになっている（ベッケール 二〇一五）。また、祖国に侵略してきたドイツ兵は憎悪の対象となったばかりでなく、このときまさにフランスにとってドイツが、ドイツにとってフランスが「先祖代々の宿敵」となった（DFI 2007）。両者は、互いの軍隊がいかに残虐な行為に手を染める野蛮な奴らであるか、ということを宣伝し合った。フランス人もドイツ人も、「相手国は宿敵である」とお互いに喧伝することで、戦争を受け入れ、宿敵というイメージを再生産していったのである。

皇帝の兵士　フランスの週刊誌 Le Rire に掲載されたドイツ兵のカリカチュア。口にソーセージをくわえ、右手で少年を左手で女性をひきずっている

膠着した西部戦線では、大規模な戦線突破を試みるたびに、数万の兵士が命を落とした。戦争の勝敗の帰結は戦場での兵士の戦いぶりではなく、国力のすべてを動員しながら、どれだけの（人命を含めた）資源の損失に耐えられるかという総力戦に移行する。つまりこの戦いは広く国民の犠牲の上に成り立っていた。第一次世界大戦後の両国は、この犠牲の対価を

払うこととなる。

戦争は一九一七年に大きく転換する。この年に各国で政治や軍の指導者が交代し、ロシアでは革命が起こって国家自体がソヴィエト・ロシア（二二年にソヴィエト連邦）という新しい国に代わり、アメリカは連合国側で参戦することを決定した。米大統領ウッドロー・ウィルソンは同年の議会で「勝者なき平和」を語り、また翌一八年一月に一四ヵ条の平和原則を発表して、戦後のビジョンを提示した。同年、ロシア（ソ連）が革命によって戦線を離脱したことで（ブレスト＝リトフスク講和条約）、ドイツは東部戦線の戦力を西部戦線に投入して最後の攻勢をかけた。しかし戦線突破には成功しなかったばかりか逆に攻め込まれ、ドイツ軍部は敗北を認識する。

敗北が決定的となり、国内が混乱する中でドイツ革命が起こると、ドイツ政府は休戦と皇帝の退位を発表した。皇帝はオランダに亡命し、ベルリンでは共和政が宣言され、一八年一一月一一日、フランスのコンピエーニュにてドイツは連合国と休戦協定を結んだ。第一次世界大戦はここに終わり、その後一九年七月に、ドイツにヴァイマル共和国が誕生する。

パリ講和会議とその帰結

第一次世界大戦の戦いと終結のありさまは、独仏双方に重いトラウマを与え、戦後の関係に大きな影響を与えた。突如攻め込まれ、自国の領土内で戦い続けたフランスにとって、戦争で払った犠牲の対価は回収されなければならなかったし、なにより、ドイツから二度と侵略されないために、何としてでも安全を確保しなければならなかった。

他方で、大半のドイツ人にとって、一度たりとて領土に攻め込まれず、一貫して敵国領土で戦い続けた自国が戦争に負けたことは、受け入れがたいものがあった。また革命によってドイツの国内政治秩序は一変し、共和国政府は新生ドイツを指導する巨大な責任を負うようになった。しかし「共和国の恩恵に浴したものから心からの支援を受けることが出来なかった」(ゲイ 一九九九)という指摘のように、左右の極端で暴力的な政治勢力に挟撃され、ヴァイマル共和国は危機の連続の中での政治運営を強いられた。

そもそも終戦後しばらくの間、ドイツや東中欧諸国では革命と暴動の混乱状況が続いていた(ゲルヴァルト 二〇一九)。戦争は終わったが、戦闘が続いていた。ヴァイマル共和国は初めから失敗が運命づけられていたわけでは決してなかったが、安定した民主主義国家の運営と帝国崩壊後のドイツ・東中欧地域の混乱からの脱却という、ドイツが当時抱えていた課題は、極めて厳しいものだった(ヴィルシングほか 二〇一九)。

これに対しフランスにとって、戦闘は終わったが戦争は続いていた。ドイツを屈服させる戦後体制を作り上げるため、パリ講和会議で英米伊相手に、首相ジョルジュ・クレマンソーが強硬な条件を提示し続けたのである。クレマンソーは、アルザス＝ロレーヌの返還はもちろん、フランス国境に接するザールラントと西部のラインラントの分離独立を求めた。

分離独立の要求は米大統領ウィルソンと英首相ディビッド・ロイド＝ジョージによって退けられたが、ライン河左岸全域の連合国軍の占領、および右岸五〇キロメートル圏の非武装化、ザールラントの国際連盟委任（当地の炭鉱所有権はフランスに譲渡）、東部領土のポーランドへの割譲、全海外植民地の没収、そして賠償支払い義務と戦争責任が、対独講和条約のヴェルサイユ条約に盛り込まれた。

　このような強硬な規定は、ウィルソンが一四ヵ条で示した公正で正義ある平和を期待していたドイツ人の予想を裏切るものだった（ゲルヴァルト 二〇二〇）。なかでもドイツ人を憤慨させたのが、同条約二三一条に盛り込まれた戦争責任だった。同条では「連合国政府は、ドイツとその同盟国による侵略によって引き起こされた戦争の帰結として、連合国政府とその国民が受けたすべての損害に対する、ドイツおよびその同盟国の責任をドイツが受け入れることを確認する」と規定されていた。

　ドイツ側の抗議にもかかわらず、これらの条約規定の変更は受け入れられなかった。そのまま受諾しなければ軍をドイツ領土内へ進めるとの英仏の恫喝に、ドイツの代表団には黙ってそのままサインする以外の選択肢はなかった。

　屈辱的な扱いに、多くの国民は反発した。第一次世界大戦後のドイツにおける左右の政治的対立はきわめて深刻だったが、書き取らされた《ディクタート》ヴェルサイユ条約の内容を修正することは、左右を問わず一致する目標となった。このヴェルサイユ条約に対する憤激は、ヴァイマル共和国の政治的排撃性を高ぶらせ、ナチを生む背景を形作った。「ヴェルサイユ条約《ディクタート》（Diktat）から独裁者《ディクテイター》（Diktator）へ」は、戦間期ドイツが辿った悲劇的な道を言い表していた。

他方で、戦間期の政治がすべてヴェルサイユ条約によって規定されていたわけではない。同条約の第一部は国際連盟規約となっていたが、国際連盟は普遍的な国際組織として史上初めてのものであり、それ自体が国際社会を体現することが期待された（国際連盟はフランス語でSociété des Nationsと言い、直訳すれば「国際社会」となる）。国際連盟によって国際社会の紛争を未然に解決するために、集団安全保障という新しい制度も導入された。しかし、ドイツは国際連盟への加盟を許されず、大戦後の新しい国際秩序に接合されることなく、一九二〇年一月一〇日、ヴェルサイユ条約は発効した。こうしてヴェルサイユ条約および国際連盟規約、そして他の講和条約が合わさって、ドイツを封じ込める第一次世界大戦後のヨーロッパ国際秩序であるヴェルサイユ体制が築き上げられた。

2　解決できなかった対立——戦間期

「戦争に勝利するよりも、平和を得る方が難しい」

戦間期の独仏関係は、最初から敵対関係が埋め込まれる形で出発したが、それに加えてさまざまな悲劇がまとわりついていた。その最たるものは、両国が置かれた立場と力のねじれ

表２　戦間期の独仏関係

戦間期の展開	独仏関係の特徴
①　20年代前半：賠償問題とルール問題	強い対立
②　20年代後半：ロカルノ条約締結	協調と接近
③　30年代前半：大恐慌後の混乱	対立の復活と関係修繕の試み
④　30年代後半：ナチの登場と秩序崩壊	敵対的関係（戦争へ）

筆者作成

である。クレマンソーが「戦争に勝利するよりも、平和を得る方が難しい」（Guieu 2015: 7）と終戦時に語ったように、フランスにとってもっとも重要なことは、国家に平和をもたらすことだった。しかし、戦勝国たるフランスが国際秩序の安定と維持に行使できた力は部分的で、全体的に見て持つべき力を十分に持ち得なかった。

他方で、ヴェルサイユ体制下ではドイツは力を持つべきではないとされたが、ドイツの潜在的な力は大きかった。ドイツは当初国際秩序に位置づけられない疎外された国家であり、国際連盟加盟（一九二六年）後その状況は改善されるも、ドイツが封じ込められる対象であることには変わりなかった。しかし、ドイツがどう動くかでヨーロッパの秩序は左右された。

戦間期は二〇年と短いながらも状況が何度も変転し、複雑な経緯を取る。そこでフランスの歴史家シルヴァン・シルマンの整理に沿って、戦間期を四つに区分して見ていこう（Schirmann 2008）。

①賠償、ルール問題と独仏の対立

戦間期の始まりとなる二〇年代前半は、賠償問題とルール問題という二つの争点で独仏は激しい対立が続いた。

ヴェルサイユ条約でドイツが賠償金を支払うことが規定され、一九二一年一月には英仏間で賠償総額が合意された。しかしドイツは、その額を過大だとして四分の一に削減するように求めた。この要求を連合国は拒否し、三月に英仏はデュッセルドルフやデュースブルクなどの区域を占領した(二五年八月まで)。最終的に総額一三二〇億金マルクを三〇年間の分割で支払う賠償額が確定し、受諾しなければ再度の出兵を示唆されたドイツは、この額でやむなく同意した。

しかし国内での反発は強く、受け入れを決めた内閣は倒れる。すると新内閣の外相ヴァルター・ラーテナウは、従来の方針を転換し、賠償金支払いに可能な範囲で応じる「履行政策」を採用した。フランスとの関係改善に乗り出した彼は、ルイ・ルシュール仏復興大臣と一九二一年六月に会談を持ち、一〇月にヴィースバーデン協定を締結した。

この協定は、賠償金支払いに関し、現物での支払いを可能とする合意であるのと同時に、七〇億金マルク相当分の一次産品と製鉄関連製品をフランスに支払うことを約束するものだった。ラーテナウが賠償の現物支払いを求めたのは、生産を刺激し戦争で荒廃した経済に活気を取り戻すためだった(Birebent 2009)。しかしヴィースバーデン協定に対しては多くの反対が起こった。フランスの産業界は、ドイツ製の鉄鋼製品が流入して自国製品と競合すると異議を唱え、イギリスは同協定がフランス優先の賠償支払いを意味するものとみなした。

ヴィースバーデン協定に反対したイギリスは、新しい賠償支払いの枠組みと、ヴェルサイユ条約調印時に同時に締結されるも発効しなかった英仏保障条約案（後述）の復活となる、英仏間での対独安全保障条約を作り出そうとし、アリスティード・ブリアン仏首相とカンヌで協議した。ブリアン側もイギリスとの連携や対独協調を試みるも合意はできず、両者はジェノヴァで国際会議を開催し協議を進めようとした（大井 二〇〇八）。しかし大統領アレクサンドル・ミルランを筆頭とするフランスの対独強硬派はこの協調姿勢を認めず、ブリアンは首相の座を追われた。

後任のレイモン・ポワンカレは、ジェノヴァ会議の開催は認めたものの本人は参加せず、イギリスの提案にも反対した。イギリスのロイド＝ジョージは、戦勝国と敗戦国に差を設けずにヨーロッパ全体でバランスが取れている戦後ヨーロッパ秩序を志向したが、この考えは対独強硬派のポワンカレとは相いれなかった（Schirmann 2006）。英仏間の対独安全保障条約は成立しなかったばかりか、ジェノヴァ会議の最中に、独ソ間で国交を樹立し相互に賠償請求権を放棄したラパロ条約が結ばれさえした。

ジェノヴァ会議後の一九二二年六月に、ラーテナウ独外相が右翼の過激派によって暗殺される。政権の要を失ったドイツ政府は、九月末日、賠償金支払いの現物履行に失敗した。翌二三年一月、ポワンカレはルール地方の占領を宣言し、フランス軍とベルギー軍が占領のため軍を進めた。いわゆる「ルール占領」である。独仏関係は最悪の状況に陥った。

ラインラント占領からルール占領へ

ところでルール占領以前から、ヴェルサイユ条約によって、ライン川左岸を中心とするラインラント地方に連合国軍が進駐（占領）し、その占領費用はすべてドイツが負担することが規定されていた。そしてラインラント占領に参加した連合国軍は、七割がフランス軍だった。

ラインラント占領は最初から独仏間の摩擦になっていた。その理由の一つが「黒い屈辱《シュヴァルツェ・シュマーク》」と呼ばれた、フランス（一部ベルギーから）のアフリカからの駐留兵士の存在だった。彼らの多くは北アフリカのマグレブ（現在のアルジェリア、チュニジア、モロッコ）地方出身で、一九二〇年の時点で二万五千人を数えた（Roos 2015）。アフリカ系兵士によってドイツ人婦女が乱暴されたという根も葉もない噂がドイツで飛び交い、フランスへの憎悪を滾《たぎ》らせた。

ポワンカレが決断した一九二三年のルール占領（出兵）は、ラインラント占領領域と比べれば実はごく狭い地域でしかなかった。しかし、エッセンやドルトムントなどのルール工業地帯の主要都市を含むこの地域の占領が、ドイツに与えた影響はきわめて大きかった。

この時ドイツ政府がラインラント全体に消極的抵抗を呼びかけたことで、ドイツ経済の心臓部ともいえるルール工業地帯の生産は止まり、その結果一〇ヵ月間でマルクの価値が二億分の一近く下落する天文学的なインフレが発生した。ドイツ人の抵抗には暴動に至るものもあった。イギリスはこの出兵をヴェルサイユ条約違反だとして、フランスへの批判を強めた。

なぜフランスはルール地方に出兵したのか。フランスの歴史家スタニスラス・ジャヌソンは、二つの理由を挙げている（Jeannesson 1996）。第一に、ルール出兵はラインラント切り離しを求めるフランスの安全保障上の要請からすれば当然の帰結だった。パリ講和会議の際に、ドイツ国家からのラインラント分離を求めていたクレマンソーがその要求を取り下げたのは、英米より安全保障条約を約束されたからだ（英仏、米仏間の二つの対仏保障条約は、ヴェルサイユ条約調印時に同時に締結された）。

しかし、アメリカとの安全保障条約は、ヴェルサイユ条約の批准拒否により同国の議会で採択されず、英仏両議会で承認を得ていた英仏安全保障条約の発効は、米仏安全保障条約が批准されてのみ行われるという規定を受け、目途が立たなくなっていた（大井 二〇〇八）。英米が約束を果たさなければ当初の立場に戻るまでだ、というのがフランスの言い分だった。ラインラント占領軍の司令官でルール出兵も指揮したジャン＝マリー・ドグートゥ将軍は、ドイツを解体して連邦国家にすることが、「フランスの将来と世界の平和を約束する」と記していた（Jeannesson 1996: 64）。逆に言えば、ポワンカレの強硬な態度には、アメリカが再びヨーロッパ政治に目を向けることへの期待があった（Bariéty 1977）。

第二に、経済的にフランスはルール地方が必要だった。フランスが奪還したロレーヌ地方は豊かな鉄鉱石の産出地帯だったが、銑鉄生産に不可欠なコークス用の石炭はほぼ産出されなかった。これを多く産出していたのはドイツのルール地方だった。帝政ドイツ時代、ロレーヌで産出された鉄鉱石はルール地方に運ばれ製鉄されており、フランスがこのロレーヌの地下資源を有効に活用するには、やはりルール地方と結びつくことが必要だった。

シュトレーゼマン

②ロカルノと相対的安定

ルール占領により独仏間の緊張は劇的に高まったが、一九二〇年代後半は一転して、独仏とヨーロッパ国際関係全体が協調を志向し、賠償問題や安全保障問題で一定の合意を達成する。二〇年代後半は相対的安定期と言われる。

ドイツでは、一九二三年八月に対仏協調を重視するグスタフ・シュトレーゼマン内閣が成立した。シュトレーゼマンはインフレの鎮静化に成功すると、現実的な支払い能力に基づいた賠償金額の再算定を英米に求めた。崩壊寸前かと思われたヴァイマル共和国はレジリエンスを発揮し、共和政はドイツに根付いたかと思われた（ゲルヴァルト 二〇二〇）。

こうして行われた交渉の結果、一九二四年四月に成立するのがドーズ案である。翌月フランスで、ポワンカレの対独強硬路線を批判する左翼連合《カルテル・デ・ゴッシュ》が総選挙に勝利した。エドゥアール・エリオ率いるフランス新政権はドーズ案を受け入れ、フランス・ベルギーはルールから撤兵することとなる。ドーズ案は、国際経済と独仏間の安定の基礎となった。

シュトレーゼマンとフランスの左派政権、そしてドーズ案の三者が揃ったこの時、不安定で敵対的だった独仏両国間に、初めて一定の安定した関係が生まれた。しかし、戦後成立するはずだった米英との安全保障条約が実現せず、安全が確保されていないと思われたからこそフランスはルール占領をしたのであり、代替案は必要だった。この時、国際連盟は軍縮を進めるべく議論を重ね、国際紛争に際して仲裁を義務化し、仲裁受理を拒否する国家に軍事制裁を規定した「ジュネーヴ議定書」と呼ばれる相互援助条約の成立を目指す。だが、この議定書案はおもにイギリスの反対を受けて頓挫する。代わりにシュトレーゼマンが提案したのが、英独仏伊間での不戦の誓約と、ドイツ西部国境の固定化を規定する条約の締結だった。

一九二五年一〇月に、スイスの小都市ロカルノに、英仏独伊、ベルギー、ポーランド、チェコスロヴァキアの七ヵ国が集まり、互いにヨーロッパの平和とドイツの国境を保障する、いわゆるロカルノ条約が仮調印された（一二月に正式調印）。さらにドイツの国際連盟加盟も合意され、翌二六年九月に正式加盟となった。ロカルノ条約の調印とドイツの国際連盟加盟は、国際秩序の中にドイツを取り込んだという意味で、同国を抑圧することで成り立っていたヴェルサイユ体制に大きな修正をもたらした。

ただし、歴史家E・H・カーが、長い目で見ると、ロカルノ条約はヴェルサイユ条約と連盟規約の双方を破壊するものであった、と指摘するように（カー 一九六八）、ロカルノ条約には限界があった。ドイツ西部国境への修正の試みに対しては、英伊の第三国が保障を与えているのに対して、東部国境では国境変更を単に「禁止する」と記すだけで、その担保は何も規定されていなかった（実際に第二次世界大戦はドイツの東部国境側から始まった）。

そうはいってもロカルノ条約の成立は、戦間期の国際協調に成功した相対的な安定の時代の代名詞となった。ドーズ案とロカルノ条約成立の仲介者だったイギリス外相オースティン・チェンバレンは、独仏接近に貢献したとして一九二五年のノーベル平和賞を受賞し、翌年には同条約調印に外相として立ち会ったブリアンとシュトレーゼマンが受賞した。ちなみに、さらにその次の年、独仏の平和活動家のフェルディナン・ビュイッソンとルートヴィヒ・クヴィデが同賞を受賞している。この時代、いかに独仏接近が平和と直結していたのかが窺えるだろう。

ロカルノに代表される独仏接近の一つの背景として、この当時、ヨーロッパが一つにまとまるのを求めるヨーロッパ統合運動の高まりがあった。戦間期の独仏和解の主張とヨーロッパ統合の主張は不可分に結びついていた。なぜなら、それまでの考えでは、フランスがドイツ相手に平和と安全を得るためにはドイツを弱体化させるしかなかったが、ヨーロッパ統合の考えでは、ヨーロッパの中にドイツを埋め込むことでフランスの安全を得ることが可能となるからである。ヨーロッパ統合については、その形式などは非常に多岐にわたっていたので、必ずしも独仏和解を主張しないものもあったが、その逆はほぼあり得なかった。

一九二七年八月には、ドイツとフランスは独仏通商条約を締結した。この条約は、戦間期に両国が結んだ唯一の二国間条約だった。この通商条約に基づき、両国は最恵国待遇を相互に行い、互恵的な貿易を実施できるようになった。

ロカルノは、「道徳的武装解除」を生み出した。つまり、人びとの心の中の第一次世界大戦がようやく終わり、かつての敵国と和解に歩み出せるようになったのである。一九二七年にブリアンは、アメリカ国務長官フランク・B・ケロッグに米仏二国間での不戦条約締結を持ち掛け、これがきっかけとなって、翌二八年に一五ヵ国が参加する「戦争放棄に関する条約」がパリで調印された（二九年七月にさらに六三ヵ国が加わり発効）。

ブリアンは、一九二〇年から活動を開始して当時のヨーロッパで大きな反響を呼んでいた「汎ヨーロッパ運動」に賛同し、その名誉会長にまで就任していた。彼は二九年九月の国際連盟の第一〇回総会で仏首相として演説し、そこでヨーロッパの「一種の連邦的な結びつき」の創設を訴えた。戦間期に政府がヨーロッパ統合を検討することは、このブリアン構想が唯一だった。時代が下った第二次世界大戦後、ヨーロッパ統合は独仏関係の安定に不可欠な枠組みとなるが（第３章）、戦間期のヨーロッパ統合の試みは結果として現実政治に対してほとんど影響を与えなかった。

ブリアンの演説の四日後、独外相シュトレーゼマンがこれに呼応する。このとき独仏関係は戦間期においてもっとも接近していたと言えよう。しかし、それからわずか一ヵ月後の一〇月三日、シュトレーゼマンは突然倒れ、そのまま帰らぬ人となる。彼の死後、順調に見えた独仏接近は音を立てて崩れていく。

③関係修復の試みと失敗

シュトレーゼマンの急死は、ドイツ外交の西側協調路線に終止符を打ったが、さらにその約三週間後にアメリカにて大恐慌が発生した。シュトレーゼマンの死と大恐慌からナチ体制が成立する一九三三年にかけて、協調の局面にあった独仏関係が大きく転換し、既存の国際的枠組みは徐々に脆弱化していった。

一九三〇年代初頭に独仏両国が抱えていた政治的問題は、大きく分けて三つあった。第一に、ドーズ案で鎮静化した賠償問題が再び登場したことである。大恐慌によってドイツ経済は深刻な打撃を受け、三一年六月にドイツ政府は賠償金支払いが困難であることを発表する。ドイツはフランスからの外貨融資のため、翌月に首相ハインリヒ・ブリューニングが訪仏した。しかし、ヴェルサイユ条約の規定のすべての尊重とヤング案（二九年に合意された、ドーズ案よりもさらに賠償支払いの軽減を定めた改定案）の支払い遵守を求めたフランスの要求を、国内での右翼からの圧力もあり、ブリューニングは受け入れなかった（大井 二〇〇八）。

ヨーロッパ各国は賠償問題の対応のためにローザンヌ会議を一九三二年に開催したが、ドイツはイギリスの支持を受け、賠償放棄とドイツの戦争責任を定めたヴェルサイユ条約二三一条の削除を同会談で要求した。ローザンヌ会議に参加した中道左派でヨーロッパ統合論者だったエリオ仏首相は、支払額の一定程度の削減には応じる用意はあったが、賠償の放棄に応じるつもりはなかった。しかし同会議にて、賠償金額を大幅に減額することで、ドイツの賠償支払いの実質的な打ち切りが決定された（減額されるも残った賠償支払い義務も、ナチ政権下で無視された）。

ローザンヌ会議はフランス外交の大きな失点となった。というのも、賠償権が実質放棄させられただけでなく、それとセットとなるべき軍縮要求が通らなかったからである（Schirmann 2006）。この軍縮問題が、第二の独仏間の争点だった。ジュネーヴ議定書不成立以降も、国際連盟は世界規模での軍縮を進めるべく協議を続けていたが、一九三二年二月になって、ようやくローザンヌの隣州ジュネーヴで大規模な軍縮会議が開かれた。このジュネーヴ会議でドイツは軍備平等権を強く要求し、フランスの反対を受けると一度会議を脱退さえした。フランスは窮地に立たされ、英米伊を交えて協議した結果、譲歩して同年一二月にドイツの軍備平等権を承認した（大井 二〇〇八）。

第三の問題が、経済関係だった。大恐慌の打撃を受けたドイツは、経済立て直しのためにオーストリアとの経済的関係を緊密化しようとした。一九三一年三月にドイツは英仏の反対を押し切って、独墺関税同盟協定を締結した。この動きに対しフランスは強く反対し、英米資本も中欧の政情不安を感じて投資引揚げを行ったため、同年秋に関税同盟協定案は破棄された。しかし、ドイツ国民の反仏感情が高まったため、ブリアン外相は首相ピエール・ラヴァルと共に訪独し（フランス首相の訪独は戦争後初）、独仏経済委員会の設置が合意された。ただ、同委員会でも議論は紛糾し、ブリアンが亡くなった翌三二年二月以降は活動を停止する（大井 二〇〇八）。

以上の動向は、フランスとドイツの力のバランスを変え、フランスが外交的なパワーを失っていくことを意味していた。ヴェルサイユ体制は一九三〇年代前半のナチ政権誕生前に、すでに大きく揺らいでいた。

下からの協調の模索

とはいえ、ブリアン提案の失敗から大恐慌にかけての時代は、単に独仏関係が危機に陥っただけではない。独仏二国間の友好を民間レベルで実現しようとする「下からの独仏関係」の動きもまた存在していた。そこで、主要な三つの独仏友好のための団体を紹介したい。

まず挙げられるのが、エミール・マイリッシュが一九二六年に組織した「独仏情報委員会／独仏調査委員会」、通称マイリッシュ委員会である。マイリッシュはルクセンブルクの大手鉄鋼コンツェルンを経営する、同国を代表する実業家だった。彼の会社は、ルクセンブルク、フランス（ロレーヌ地方）、ベルギー、ドイツ（ルール地方）にまたがって活動しており、これらの西欧諸国の政治経済上の良好な関係は、安定的な企業活動にとって不可欠だった。

他方でマイリッシュは、夫人のアリーヌとともにサロンを開き、アルザス出身のドイツ人文学者エルンスト・ローベルト・クルティウスらとともに、ヨーロッパ的な視野で思索を巡らせていた。クルティウスは、ドイツとフランスを橋渡しするヨーロッパのアイデンティティの可能性を、文学を舞台に論じた（津田二〇一六）。こうしたヨーロッパ性の追求は、国境を越えた経済的協調を求めるマイリッシュと共鳴するものだった。

マイリッシュは、ヨーロッパ各国の鉄鋼会社に呼びかけ、国際粗鋼カルテルの結成を主導した。彼のイニシアティブにより、戦間期のヨーロッパ統合は一部実現したと言える。しかし一九二八年、マイリッシュは自動車事故で死亡した。彼の突然の死によって求心力を失った委員会は、活動を停止せざるを得なくなった。

第二の団体が、ドイツで主に活動した「独仏協会（DFG）」である。この団体は、一九二八年に美術史家のオットー・グラウトフによってベルリンで設立され、月刊の会誌『独仏ルントシャウ』を発行し、独仏間での意見交換と両国の友好を推進しようとするものだった（Bock 2005）。グラウトフがDFGを設立する際には、先行して存在していたマイリッシュ委員会からの妨害を受けたといわれる。しかしグラウトフは、外務省からの補助金も獲得するなどして、DFGを公的な存在に準じた組織とすることに成功した。DFGはベルリン以外にも、フランクフルト、ケルン、ニュルンベルク、ブレスラウ（現ポーランド・ブロツワフ）などのドイツの各都市およびウィーンに支部を設立した。

DFGは政治的には保守的で、ドイツ人民党や中央党と関係の深い人物が多く参加した。フランス側には、DFGの姉妹団体として「ドイツ研究者連盟」が設立された（Beaupré 2014）。

しかしDFGは、ナチ政権成立後の一九三四年に解散に追い込まれた。グラウトフ自身もパリへの亡命を余儀なくされ、三七年に当地で客死する。DFGの解散を主導したのが後述するオットー・アーベッツで、アーベッツはDFGの名前を使って翌年にパリで同名の団体を立ち上げた。アーベッツのDFGはナチの敗北によって消滅するが、グラウトフを受け継ぐ団体が、第二次世界大戦後の四九年にベルリンで復活する。

第三にして異色の「独仏友好」団体が、このアーベッツによる独仏青少年交流とゾールベルク・クライスである。一九〇三年生まれのアーベッツは、第一次世界大戦後、美術教師の傍らフランス語を学び、独仏間の青少年交流活動に携わった。彼は三〇年にドイツのバーデン地方にあるゾールベルク青少年宿舎で、独仏友好論者のジャン・ルシェールと合同青少年集会を開催した。この集会の参加者を中心にゾールベルク・クライスが作られ、翌年八月には仏アルデンヌ地方のレーテル、三二年三月にはドイツのマインツで同様の集会が開かれた（Lambauer 2001）。

この過程でアーベッツとルシェールは親交を深め、アーベッツはルシェールの秘書と結婚した。アーベッツもルシェールも当初は中道左派の平和主義者だったが、アーベッツはその後急速にナチへの傾倒を深め、リッベントロップ事務所（後年ヒトラーの下で外相となるヨアヒム・フォン・リッベントロップが、ドイツ外務省に対抗して独自に設置した機関）に入所してフランス専門家として重用されることとなる。そして四〇年八月、ドイツ占領下に置かれたパリにアーベッツは駐仏大使として赴任し、ルシェールは文字通りの対独協力者《コラボ》となった。ゾールベルク・クライスは、ナチ期の独仏協力関係を担う人脈を形成した。

④ナチの登場と戦間期秩序の崩壊

一九三三年一月にアドルフ・ヒトラーを首班とする内閣が成立すると、ヒトラーは、従来のドイツ外交が進めていたヴェルサイユ体制の修正路線をさらに推し進め、同盟や国際連盟、軍縮といった、大戦後にドイツを封じ込めていた幾重もの仕組みを一つ一つ解体していく。

まずヒトラーは国際連盟から脱退し（一九三三年一〇月）、翌年一月に、ポーランドとの相互不可侵協定を共同で宣言した。このポーランドへの接近は、フランス外交を動揺させた。なぜならポーランドは、東欧でのドイツ封じ込めの要諦だったからである。ドイツの東部国境、とりわけポーランド回廊（ヴェルサイユ条約によりポーランドに与えられた旧ドイツ領）をめぐり独ポは強く反発し合う関係にあり、それゆえ大戦終了間もなくの二一年二月に、フランスはポーランドと同盟を締結して対独包囲網を敷いていた。これに対しヒトラーは不可侵協定によって、東部国境の現状を固定すること（つまりポーランド回廊の回復は諦めるとアピールすること）で、ポーランドを自らの方に呼び寄せたのである。

この独ポ協定は、国際的な外交ゲームの幕開けとなった。イギリスは好意的に反応した一方で、ソ連は独ポの接近に自国への敵対を見出して警戒心を強めた。フランスにとってこの協定は、自らの外交的影響力が衰え始めていることを意味していた。

ナチの新しい外交路線に対して、フランス外交筋の反応は大きく分かれた。当時の駐独大使でフランスを代表するドイツ通だったアンドレ・フランソワ＝ポンセは、ヒトラーを評価し、ドイツとの協調を進めるべきと考えた。これに対して外相のジョセフ・ポール＝ボンクールはナチを警戒し、対英提携を深めイギリスからの対独安全保障を得るべきとした。

一九三四年一月の政権交代によりポール＝ボンクールは外相を辞任し、同年二月にルイ・バルトゥが新たに外相に就任する。バルトゥは、独ポ相互不可侵協定にソ連が反発したのを見て、「東方ロカルノ」と呼ばれるドイツ東部国境の固定化と対独封じ込めを、ソ連とともに推し進めようとした。またイタリアのベニート・ムッソリーニへも、ドイツを牽制するために伊墺国境のブレンナー峠に軍を駐留させることを提案した。しかしこの外交は、同年一〇月のユーゴスラヴィア国王アレクサンダル一世の暗殺事件にバルトゥが巻き込まれ、国王もろとも命を落としたことで突然幕が引かれた。バルトゥの後を襲ったラヴァルは対ナチ協力の筆頭ともいうべき人物で、フランスはヒトラーの積極的で巧みな対独包囲網の突破をやすやすと許してしまう。

ヒトラーによるヴェルサイユ体制の転覆は、一九三五年一月のザールラントのドイツへの返還から始まった。フランスがドイツからの分離を目論んだ炭鉱地域のザールラントは、ヴェルサイユ条約で国際連盟の委任統治領と定められ、条約発効（一九二〇年一月）から一五年後の住民投票で帰属を決着することとされた。ドイツ系住民が大半を占めていたザールラントでは、ドイツ復帰に九割もの得票が集まり、ナチ・ドイツへの復帰が選択された。なおザールラントは、第二次世界大戦後も同様に独仏間の係争の地となる（第2章3節および第3章2節参照）。

さらにヒトラーは、再軍備宣言を一九三五年三月に行う。これは明確なヴェルサイユ条約違反だった。英仏伊三ヵ国はこのドイツの動きに対して、ストレーザ戦線と呼ばれるドイツ包囲網を一旦は成立させるものの、これはわずか二ヵ月で崩壊する。同年六月にイギリスは軍縮協定を破ってドイツとの海軍協定を締結した。対英比率で一〇〇対三五での海軍力の保有を認めたこの協定を、ヒトラーは再軍備宣言に対する事実上のイギリスの追認と捉えた。

翌一九三六年三月七日、ヒトラーは仏ソ援助条約の締結（一九三五年五月）を口実として、ラインラントに進駐してロカルノ条約の破棄を表明した。この決定的なヴェルサイユ体制の侵犯に対して、フランスは外交的な抗議に終始し、実力行使に出ることはなかった。

ラインラント進駐に、なぜフランスは強く出なかったのだろうか。フランス随一の外交史家ジョルジュ＝アンリ・ストゥは、ブリアン以降のフランス外交が集団安全保障にとらわれ過ぎて、他国と足並みを揃えることに拘泥し、単独で行動することに躊躇したためと指摘する（Allain et al. 2005）。フランスと足並みを合わせる友好国は、このときすでに消滅していた。イギリスは英独海軍協定を結び、イタリアはエチオピア問題を契機に国際連盟から離れてドイツに接近し、ポーランドは相互不可侵協定を結んでいた。フランスは外堀を埋められていたのである。

一九三五年から三六年にかけて、ヴェルサイユ体制を支えていた柱が一つ一つ崩され、最終的に体制全体が崩壊していった。これ以降、ナチは第二次世界大戦に至る道を走り始め、三八年三月にはヴェルサイユ体制で明示的に禁止されていた独墺合邦《アンシュルス》を実現し、さらにチェコスロヴァキアとの国境地帯であるズデーテン地方の割譲を要求する。

これに対して、九月に英仏伊独によってこの割譲を認めるミュンヘン協定が結ばれ、対独宥和政策が取られた。この時点で、フランスの国際的な発言力はほぼ消えていた。ヒトラーは、割譲はズデーテン地方に限るという約束を反故にして、翌一九三九年三月にチェコを併合してボヘミアとモラヴィアを保護領に、スロヴァキアに傀儡《かいらい》政権を樹立した。八月二三日にはソ連と独ソ不可侵条約を結び、九月一日、ポーランドに宣戦布告することなく侵攻した。二日後、フランスは仏ポ同盟に基づきドイツに宣戦布告した。

こうして第二次世界大戦は幕を開けた。第一次世界大戦が休戦してからわずか二〇年後、ドイツとフランスは再び全面的な戦争に陥ったのである。

3　三度目の衝突——第二次世界大戦

奇妙な敗北

宣戦布告からおよそ八ヵ月間、フランスへの攻撃の機会をうかがっていたナチは、一九四〇年五月一〇日に突如西部戦線で進撃を開始した。ドイツ軍は、三日でフランスの前線を突破し、月末にはダンケルクに英仏軍を追い詰めた。ダンケルクからは主にイギリス軍からなる三四万人の兵士が脱出したが、フランス軍は崩壊状態となり、一九〇万近い兵士が捕虜となった。フランス政府は六月一〇日にパリを無防備都市宣言して放棄、南西部のボルドーに移動した。六月一四日、パリは陥落した。ボルドーへの政府の移動は、独仏戦争でも、また第一次世界大戦でも行われたが、今回フランス政府は帰ることができなかった。

当時の首相ポール・レイノーらはさらなる抗戦を主張したが、副首相で第一次世界大戦の英雄でもあったフィリップ・ペタンは休戦を主張した。六月一六日、レイノーは辞任し、ペタンが首相に就任した。ペタンはドイツに休戦を申し入れ、六月二二日、フランス北部ピカルディ地方のコンピエーニュの森の中の鉄道車両で、ヒトラー臨席の下で休戦協定が調印された。第一次世界大戦の休戦協定時と同じ場所で、当時使用された車両を博物館から移動させての調印だった。

独仏関係にとって第一次世界大戦と第二次世界大戦の最大の違いは、フランスが敗北したか否かにある。二〇世紀前半のフランスを代表する中世史家のマルク・ブロックは二度の大戦のどちらにも従軍したが、第二次世界大戦の緒戦でフランスがなすすべなく敗れたことを『奇妙な敗北』にて容赦なく描いた。ブロックは、戦間期のフランスがあれほど安全と平和を求めていたのに、実際の戦争でいかに勝利するかという点を軍部も政府も真剣に考えていなかったと批判し、そしてその背景に、フランスが知的怠慢に陥り「致命的な自惚れ」があったと指摘した。

いずれにせよ、フランスは戦闘に敗れた。休戦協定によって、フランスの北部は直接ドイツに占領され、南部は「自由地区」として自治が許され、アルザス゠ロレーヌはドイツ本国に編入された（ナチから見ればヴェルサイユ条約で奪われた旧帝国直轄領エルザス゠ロートリンゲンを取り戻した）。

七月一日、ドイツ占領地域となったボルドーから中部フランスの「自由地区」に位置する小都市のヴィシーに、フランス政府と議会が移動した。一〇日、上下院合同の議会が開催され、新憲法の制定とペタンへの全権委任が可決された。こうして第三共和政は廃され、ペタンを国家主席とする権威主義的な「ヴィシー政府」が発足した。ヴィシーは、フランスの正当な後継政府として対外的に承認される一方で、傀儡政権とは言えないもののドイツに喉元を押さえられていた。

「新秩序」の中の独仏関係——一つのドイツと二つのフランス

さて、ペタンが第三共和政最後の首相を引き継いだ直後の六月一八日、後のフランスの命運を左右する声明が、海を隔てたロンドンから発せられた。レイノー内閣で国防次官だったシャルル・ド・ゴールが、密かに渡英してラジオを使い徹底抗戦を呼びかけたのである。後に「六月一八日の呼びかけ」と呼ばれるこの声明で彼は、「フランスは戦闘に敗れたが戦争には負けたわけではない」と語り、英米からの支援や植民地に残された戦力を使えばまだフランスは戦えると、フランス人に訴えた。ド・ゴールはこの国外抵抗運動を「自由フランス」と呼び、以降、実際に植民地戦力を活用して、また理念に共鳴した官僚などを登用するなどして、ロンドンを拠点に（一九四三年以降はアルジェに移して）事実上の亡命政府として活動を続けた。

国内でも、地下抵抗組織のレジスタンスが生まれ、地道な対独闘争が繰り広げられた。ド・ゴールと自由フランス、そしてレジスタンスに集まった政治家や官僚は、戦後フランスを支える屋台骨となる。その意味で、戦後のフランスを考える際、自由フランスはその重要な起点となった（他方ヴィシーは長らくタブー視されるが、現在ではヴィシーから戦後フランス

ド・ゴール　救国の英雄にして、のちに第五共和政を打ち立てるド・ゴールは、独仏関係においても特筆すべき役割を果たすことになる

へ有形無形の連続性が指摘されている)。フランスはこのとき、ヴィシー政府と自由フランスという二つのフランスに分裂していた。一九四〇年から四五年までの独仏関係は、一つのドイツと二つのフランス間の関係だった。

ヴィシー政府は、一九四〇年七月から四二年まで南部を中心とした「自由地区」にあって、比較的自由な外交を行えた。そのため、対独協力国家というイメージはあるものの、ヴィシー内部には伝統的な外交路線と対独協力の推進という路線対立があった。

ペタンは同盟による勢力均衡の確保という伝統的な外交を志向しており、ドイツと対等な同盟関係を構築することを望んだ。そのため、アメリカの駐ヴィシー大使を招き、ソ連とも接触した。四一年七月には、駐仏大使アーベッツを介して仏独伊三ヵ国による「枢軸」の形成をヒトラーに提案さえしている(Allain et al. 2005)。四一年にヒトラーは、ほぼ全土がナチ・ドイツによって占領されたヨーロッパ大陸をナチの論理に沿って再編する、「新秩序」を打ち出した。アーベッツは、この「新秩序」の中で調和的な独仏関係(つまり独仏双方がナチ的な世界を一緒になって支える関係)の構築を追求しようとした。

しかし、その後一九四二年に「自由地区」もドイツによる直接占領へと変更されたことで、ヴィシー政権の外交的な動きは封じ込まれた。これ以降、ヴィシー政権はより直截にナチ・ドイツの占領地区の下請け行政としての役割のみしか果たせなくなっていった。

自由フランスの戦後対独構想

ヴィシー政権の力の喪失と反比例して影響力を拡大していくのが、自由フランスだった。自由フランスは当初は弱体な組織でしかなかったが、ヴィシーの正統性を否定し、それに代わるフランス政府となることを目標として活動を続けた。ド・ゴールはイギリスからの支援を得つつ、植民地に働きかけて領土や兵力を整え、事実上の亡命政府としての組織化を粘り強く進めていった。

また、レジスタンス指導者のジャン・ムーランと連携して国内の各種抵抗組織をまとめ上げ、「全国抵抗評議会（CNR）」を設立させる。CNRはド・ゴールが首班となって臨時政府を早晩樹立することに同意し、国外レジスタンスと国内レジスタンスの連携と統合を進めていった。

他方で、地中海対岸の北アフリカ・マグレブ地方は、フランスの勢力下にあった。一九四二年一一月に英米連合軍が北アフリカ上陸に成功すると、アルジェリアはヴィシーに対抗する戦後フランスを準備する舞台となる。ド・ゴールは自由フランスの本拠をロンドンからアルジェに移動させ、一九四三年六月には当地で「フランス国民解放委員会（CFLN）」を設立する。同委員会はフランスの中央政府であると内外に向けて発表し、英米ソも承認した。CFLN内での権力闘争を勝ち抜いた彼は、四四年六月のノルマンディー上陸作戦後の連合国軍によるフランスの国土解放で抜け目なく立ち振る舞い、八月二五日、フランス独自のパリ解放を実現した。フランス共和国臨時政府が樹立され、ド・ゴールはその首班となる。

自由フランスを率いたド・ゴールは、ほぼ無の状態から事実上の亡命政府を立ち上げ、最後は救国の英雄となった。ド・ゴールが戦後の臨時政府を率いたため、自由フランスの対独政策が、第二次世界大戦後の独仏関係の出発点となる。その対独政策の大枠は、一九四四年八月に、CFLNの防衛委員会によって策定された。それは、ドイツ帝国の再建に反対し、ルール地方およびラインラント（ライン左岸）を分離させ、ザールラントをフランスに経済的に編入させることであった（宮下二〇一六）。

つまりここで戦後のドイツ政策として打ち出されたのは、戦間期から変わらない、ドイツが敵国であることを前提とする対独強硬路線だった。同年一二月には、モスクワを訪れたド・ゴールは、ソ連と対独封じ込めのための軍事協定（仏ソ協定）すら結んだ。フランスのドイツ政策の転換はまだ遠いように見えた。

このように、ドイツとフランスは一九世紀後半に両国が近代的な統一国家を成立させてから半世紀余りの間に、三回、全面的な戦争に突入した。ヨーロッパの列強によるパワーバランスと同盟網が国際秩序そのものだった一九世紀からの構造のもと、敵対的な関係がビルトインされて成立した独仏関係はその対立構造を解消できず、第一次世界大戦によって互いに憎悪し合う「宿敵関係」にまで至った。戦間期も、独仏間の敵対関係はヴェルサイユ体制の中に埋め込まれてしまい、協調の試みはあったものの、対立を解消できなかった。

こうして勃発した第二次世界大戦は、両国にとって暗黒の時代となる。ドイツにとっては、ナチを生み出し、そのナチが引き起こした大戦によりヨーロッパ中原の大国の地位を失ったばかりか、ホロコーストに手を染めたことによって。フランスにとっては屈辱的な敗北と占領を経験し、共和主義を否定するヴィシー政権を生み出したことによって。独仏関係は、世界を地の底に沈め、そして自らも地の底にまで沈んだ。

第2章　第二次世界大戦からの再出発とその限界
——冷戦からドイツ分断へ

パリ解放からおよそ一〇ヵ月後の一九四五年五月、ヒトラーの自殺とベルリンの陥落を経てドイツは無条件降伏した。独仏にとっての第二次世界大戦はここに終わりを告げた。両国に残されたのは、第一次世界大戦を上回る国土の荒廃だった。ドイツは米ソ英仏の連合国軍によって直接かつ分割占領され、ドイツ政府はいったん消滅した。そして米ソ間での東西対立の激化とともに、ドイツは東西に分断される。

また、東部国境が変更されたことでドイツは領土のおよそ四分の一を失い（オーデル川とナイセ川をつなぐ「オーデル・ナイセ線」以東がポーランド管理下となり、東プロイセンはポーランドおよびソ連の管理下に置かれた）、大戦末からの逃避を含め東欧全体で約一五〇〇万人ものドイツ系住民が強制移動の憂き目にあった（川喜田 二〇一九）。この「零時《シュトゥンデ・ヌル》」とも呼ばれる終戦の到来は、ドイツ史の大いなる転換を意味していた。

第二次世界大戦後、「先祖代々の宿敵」だったドイツとフランスは、友好と協調の関係へと一八〇度転換する。第一次世界大戦では変わらなかった関係性が変化した理由は大きく二つある。一つは戦後秩序の違いである。ヴェルサイユ体制と違い、第二次世界大戦後の秩序である冷戦はヨーロッパ外の米ソの関係性に規定され、独仏間の敵対関係が全体的な秩序の不安定性とは連動しなくなった。第二に、ドイツの分断によって両国間のパワーは似たようなものとなるのと同時に、フランスが戦勝国として政治的に強い立場を得たことである。

これまで見てきたように、ドイツは常にフランスよりも大きい存在感を示していた。しかし東西に分断されると、西独（ドイツ連邦共和国）の対仏人口比はおよそ一・二倍程度、東独（ドイツ民主共和国）はフランスの半分以下の人口にすぎなくなる。戦後のフランスと西独は、人口比はやや西独が大きく経済力も上だが、軍事力はフランスが上で政治的にも優越しているというふうに、パワーバランスが取れた関係となった。

戦後当初のフランスの対独政策は、第一次世界大戦後のような対独強硬でドイツ弱体化を目指した。しかし冷戦が本格化すると、フランスはこの外交方針を転換せざるを得なくなる。では、独仏はすぐに協調と和解に至るかと言えば、そう簡単にはいかなかった。

1　フランスの対独強硬路線の継続

フランスの二つの対独路線とド・ゴールの対独観

第一次世界大戦後のフランスの対独強硬政策は、戦間期の国際秩序に大きな影響を与えたが、第二次世界大戦後にはそうはならなかった。というのも、戦勝国の地位を手に入れたフランスは確かにドイツに対しては圧倒的に優位に立ったが、第一次世界大戦時とは異なり、英米ソという三大国の後塵を拝していたからである。アメリカ大統領のフランクリン・D・ルーズベルト、ソ連書記長ヨシフ・スターリン、イギリス首相のウィンストン・チャーチルが、一九四三年末にテヘラン会談で直接協議して以降、英米ソの三ヵ国は戦争をどう勝ち抜くかのみならず、戦後処理をどうするかという問題を話し合い始めていた。フランスは、戦後ドイツの国際的な位置づけに関するこのような議論に、ほとんど関与できなかった。

フランスの対独路線は、戦間期よりクレマンソーやポワンカレのような強硬姿勢と、ブリアン的な協調姿勢の両方があったが、戦後すぐのフランスにあって支配的だったのはやはり対独強硬姿勢だった。その路線を代表していたのがド・ゴールや共産党であり、レジスタンスや中道左派はブリアン的な路線を求めた。

とはいえ、ド・ゴールの対独観というのは、単純なドイツへの復讐に彩られたものではなかった。確かに、当時のド・ゴールの対独観は基本的には「宿敵」観に彩られていた。しかし、同時に彼はドイツ文化に深い敬意を抱いており、士官学校時代、語学習得のため長期休暇中に何度もドイツに滞在している。

後年、西独を訪問したド・ゴールはドイツ語での演説を何回もしているが、これは彼が若い時から研鑽して得た高いドイツ語能力に裏打ちされたものだった。また、ド・ゴールの祖先にはバーデン地方出身の人物がいることが家系図より分かっており、自らに僅《わず》かながらもドイツの血が流れていることを自覚していた。このような、ドイツへの反発や嫌悪と同時にドイツへの敬意の混合が、ド・ゴールの対独観の根底にあった（Defrance 1994）。

ド・ゴールは終戦からほどない一九四五年一〇月にドイツ占領地区（フランスのドイツ占領への関与は後述）を回り、トリーアやコブレンツで演説を行っている。この演説は基本的にはドイツ人行政官相手に行われ、物質的な面だけでなく、道徳的な復興が必要だと述べられた。興味深いのは、ド・ゴールがフランス人とドイツ人を同じ「我々」と括る時、「西ヨーロッパ（人）」という認識を示すことである。フランス人とドイツ人という同じ西ヨーロッパ人が、物質的道徳的復興という共通の任務に従事しようと、ドイツ人たちに向かって呼びかけたのである（de Gaulle 1999）。

ライン地方分離の試み

第二次世界大戦の終戦後も、フランス政府の対独強硬路線は継続し、第一次世界大戦後と同じく、ルール地方の管理とライン地方分離といった弱体化政策が試みられた。ド・ゴールは、仏ソ協定を締結した一九四四年末のソ連訪問時に、ルール地方の国際化をスターリンに提案した。

この提案は、ソ連を含む連合諸国の管理下に同地方の産業を置くことを意味する。これはフランスによる取引の提案だった。つまり、ソ連が西方ドイツ占領地区に関わり合いを持てるようにする一方で、その代わりにド・ゴールは、ザールラントを含めたライン河左岸を、ドイツから分離独立させることをスターリンに持ち掛けたのである。

これは、ドイツの東側でソ連が提案したオーデル・ナイセ線によって東方ドイツが切り離され、もはやドイツではなくなるように、西側でも、いわば「ライン線」（このような言葉が当時使われたわけではないが、仮にこの考えが実現していればそう語られたであろう）に沿って西側地帯をドイツから切り離すという発想だった。ド・ゴールはこの仏ソ会談以降、西側国家がまとまる「西側ブロック」という言葉を慎重にも使わなくなったが、これはライン分離構想をスターリンから支持してもらうための譲歩だった。もっとも、スターリンはド・ゴールを評価しておらず、ソ連からの支援はなかった。

さらに、このようなライン地方分離の試みは、第二次世界大戦後に当たっては、第一次世界大戦後とは異なる別の問題をクリアする必要があった。それは、この地帯はイギリスによって戦後占領されることが予定されていたことに加え、そもそも戦後ドイツの占領にフランスが関わることは予定されていなかったことであった。それゆえ、このドイツ西方地帯の分離独立は、フランスのドイツ占領への関与と不可分な要求だった。そこでド・ゴールはチャーチルにフランスへの支持を訴え、チャーチルもそれに応えた。

一九四五年二月の米ソ英によるヤルタ会談で、チャーチルの擁護によってフランスは戦勝三ヵ国で行う予定だったドイツ占領の一角に入ることを許されることとなった。フランス占領区域は、スターリンの要求により、すでに確定していた英米の占領地区からそれぞれ分け与える形で決まった。このため、フランスの占領地区の形はいびつとなり、二つの三角形を足したような形となった（ただしフランス政府はこの大きさに満足せず、ケルンやマンハイムなどを含むより広大な地区を望み、英米に追加で交渉しようとした。Soutou 1989）。さらに、首都ベルリンも別に四ヵ国で分割占領されることとなり、こちらにも参入した。

このフランスのドイツ占領の参入は、戦後の独仏関係に決定的な影響を与えた。なぜならその結果フランスは、戦勝国としてドイツに対して明確に政治的に優位な立場に立ったからである。たとえば、ドイツは分断されることになるが、将来的に統一する際、フランスをはじめとする戦勝四ヵ国の了承が必要になった。

強硬路線の敗北

一九四五年六月には占領地区をめぐる米英仏間の交渉は終了し、七月の米英ソによるポツダム会議でフランスを加えた四ヵ国による直接占領が決定され、七月よりフランスの占領軍がドイツに入った。ドイツはこの時点で米ソ英仏の四ヵ国がそれぞれの占領地区を直接統治する分割占領体制に置かれ、ドイツ全体に関する問題については、ベルリンに設置された四ヵ国による「連合国管理理事会（Allied Control Council）」で全会一致により決定されることとなった。とはいえ、将来的なドイツ政府の樹立のため、早期にドイツ中央行政機構を設置することは、ラインラント分離を求めるフランスが占領に参画したそばから拒否した。

フランスは引き続きライン地域の分離を求めたが、それがどのような形をとるのであれ、その地域を占領しているのがイギリスである以上、同国の了承と協力がなければ実現しない話だった。またイギリスだけでなく、分離独立となれば戦後ドイツの処遇に大きく影響するため、米ソの合意も不可欠だった。ドイツの占領地域確定後の一九四五年の一〇月から一一月にかけて、フランスは同地域の分離独立を求めて英米ソと交渉を進めた。

その結果は惨憺たるものだった。イギリスは、ルール地方以外のライン左岸の分離については、ある程度フランスと妥協する用意があったようである。ただ、同時にルールの産業を一刻も早く再建して経済的復興を進めたかったため、同地を国際管理下に置くことに強く反対した。イギリスの反対を前にして、フランスのジョルジュ・ビドー外相はこの問題を連合国外相理事会で議論しないことをド・ゴールに提案した。しかしド・ゴールは頑なに、プファルツ、ライン（トリーアからコブレンツまで）、ヘッセンがそれぞれ分かれて独立すること、ルール産業を国際的な管理下に置くことを求めた。そのため仏外務省の高官が米ソに出向き、ライン地方独立を訴えるも一蹴された。

アメリカは、フランスが求めるルール国際化はソ連に譲歩し過ぎであるし、核兵器が出現したこの時代にドイツを分割することのどこがフランスの安全保障の向上につながるのかと辛辣《しんらつ》に返答した（Soutou 1989）。ソ連は、ルール地方もライン地方もどちらもイギリスの占領地域下の問題と捉えており、そこに首を突っ込むことには慎重だった。

ライン地方分離もルール産業の国際化も実現の見込みがないまま、翌四六年一月にはド・ゴールは臨時政権の首班から降りてしまう。とはいえ、臨時政権を引き継いだフェリックス・グアン内閣、その後成立する第四共和政（同年一〇月に成立したフランスの政治体制。議院内閣制で議会に強い権力があることが特徴）政府でも同様の路線が引き続き追求される。

他方で、当初からのフランスの反対からドイツの中央行政機構は再建の目途が立たない状況にあり、英米はドイツ問題に加え東西間の対立に関心を移していた。アメリカは当初ドイツを将来的には統一させることを考えていたものの、ソ連からの賛同を得られず、ソ連との対立を深めていく中で、ドイツの分断もやむなしの方針へと転換する。

四六年七月にイギリスは、占領地区からノルトライン＝ヴェストファーレン州などを創設することを発表した。さらにその二ヵ月後、ジェームズ・バーンズ米国務長官はシュトゥットガルトでの演説で西側占領地区の経済統合を示唆し、実際翌四七年一月に英米の占領地区が経済的に統合された。この二つの出来事は、ライン地方分離を求めたフランス外交の明白な敗北を意味していた。

2　西独成立とフランスの対独政策の行き詰まり

戦後ドイツ外交の与件とアデナウアー路線の登場

第二次世界大戦によって、ドイツはどう変化したのだろうか。第二次世界大戦の終戦＝「零時」とは、過去との断絶の中でゼロベースでの再出発を意味する言葉だった。もちろん、終戦を区切りに出来ない構造や現象は存在するし、過去との断絶はホロコーストといった戦争犯罪への免罪を意味しない。

しかし、第二次世界大戦を契機とする変化は巨大だったのもまた確かである。ドイツの国制としての「帝国《ライヒ》」は消滅し、旧軍は完全に解体された。そして終戦直後は明確ではなかったが、結果的に一九四九年にドイツは東西に分裂し、九〇年に再統一されるまで、二つのドイツが続いた。そして戦前のドイツ領土の多くを継承し西側陣営に入った西独で、民主主義は不可逆的に根付いた。

大きな変化は外交路線にも見られた。第二次世界大戦までのドイツは、地理的にヨーロッパの真ん中に位置し、軍事的に強大であり、それゆえに「ドイツ問題」がヨーロッパ安全保障の中心的な課題だった。またドイツ自身、その地政学的な理由もあって、東方との結びつきを重視したり、中欧を勢力圏としようとする東・中欧的な志向を有していた。これまでも

アデナウアー　戦後にアデナウアーが打ち立てたドイツ外交の方向性は、その後のドイツの安定に大きく寄与する

見てきたように、フランスにとってドイツは決定的に重要な隣国だが、ドイツにとってフランスは大きな隣国の一つに過ぎなかった。

しかし、第二次世界大戦後のドイツ分断と冷戦の勃発は、このドイツの東・中欧志向に終止符を打つものだった。ドイツが分断され、冷戦によってその西方ドイツが西側陣営に入ることで、ドイツの中欧性は薄まり、西方の隣国との関係がより重要になるのである。

また、二度の世界大戦の記憶は、ドイツ外交の性格に一定程度変容を迫るものだった。ドイツ外交史家のヘルガ・ハフテンドルンは、戦後ドイツ外交の特徴を「自己主張と自己抑制の狭間」と記した。冷戦と分断の中で、それまでの外交から一転して非常に慎重な振る舞いが、保守／社民問わず国内で共有された。

以上のような戦後ドイツ外交の形成に対し、初代西独首相コンラート・アデナウアーが果たした役割は非常に大きかった。戦間期に、イギリス占領下に置かれたケルンの市長として市政を司りつつ、フランスのラインラント分離構想とも向きあったアデナウアーは、プロイセン的で中欧志向のドイツとは異なる、ライン的で西欧志向の（西）ドイツへ、戦後ドイツの大枠を作り替えたのである。

アデナウアーの外交観の根底には、個人の自由の尊重、キリスト教倫理観、反共主義的で二元的な世界観があった（板橋 二〇一四）。彼は一九四五年一〇月末という終戦後の早い時点で、東西間の分断は不可避で、西欧は英仏を指導国として「連合」の結成を最終目標とすると認識していた。アデナウアーは四九年の首相就任以前に、いくつものルートでフランスや他の西欧諸国の政治家と接触し、ヨーロッパ統合や独仏協調の実現に向けた話し合いをしていた。

アデナウアーは、独仏の和解と協調を基盤として、アメリカを引きこんだ西欧諸国による「ヨーロッパ連合」の設立を望んだ。独仏協調のもと、イギリスやベネルクス（ベルギー、オランダ、ルクセンブルク三国の総称）諸国が参加するヨーロッパ連合が建設され、アメリカと一体となる西洋世界《アーベントラント》がソ連共産主義勢力と冷戦を戦う。これが西側結合（Westbindung）と呼ばれる、独仏協調、ヨーロッパ統合、冷戦下での対米協調を推進するアデナウアーの外交路線だった。戦間期のドイツ外交は、中欧志向と西方志向の二つの外交路線に揺れ、最後にはナチによる新秩序に至った。これに対して戦後西独の外交路線として明確に西側結合が取られたことで、戦後ドイツ外交は長期的な安定を得ることとなる。

ヨーロッパ統合と独仏関係

戦間期の箇所で触れたように、ヨーロッパ統合は戦後の独仏関係の協調化に決定的な役割を果たすこととなる。次章で触れるが、ヨーロッパ統合が国際的に実現し、両国が協力して統合を推し進める構図が確立したとき、はじめて独仏は安定的で持続的な協力関係を打ち立てられるようになるからである。とはいえ、このヨーロッパ統合の実現は簡単なことではなかったし、そもそも統合とは何を意味するのかも一義的ではなかった。統合、連合、連邦といった用語も複雑である。

そこで、まずこの点をまとめておこう。「連合（Union/Confederation）」とは、単に国家同士が何かしらの約束に基づいて結びついたものを意味する。これに対してヨーロッパ「統合（Integration）」とは、その結びつきにおいてより強く、一つの政策を共有するような共同体を形成するものを意味する。現在ヨーロッパ連合（EU）が成立しているため、「連合」は「統合」よりも強い結びつきを意味しているように感じられるかもしれないが、歴史的には「連合」という用語が意味する結びつきの程度は「統合」よりも弱い。

そして、「連邦（主義）Federation（Federalism）」とは、いくつかの国家（邦）が集まって一つの主権国家になることを意味する。したがって、「連邦」がもっとも強い結びつきを意味する。ただし連邦主義には、一つの主権国家への成立を目指すものと、実際に成立した国家内の州（邦）の自治を強調するものと、二つの種類があることに注意が必要である。

冷戦、西独建国とフランス外交の転換

さて、時間をいったん西独成立前に巻き戻し、西独が成立するプロセスを確認しよう。一九四七年一月の英米ドイツ占領地区の経済統合の後、東西対立は激しさを増し、マーシャル・プランにより米ソ間の冷戦は決定的なものになっていった。この間フランスも、ソ連の脅威の高まりを認めざるを得なくなったが、それでもドイツへの脅威認識を失ってはいない。この四七年から四八年初頭にかけて、フランス外相ビドーは、「東側の支配下にドイツが置かれれば、間違いなくフランスにとって歴史上あり得ないくらい巨大な危険となる」と、再三にわたりソ連と結びついたドイツの脅威を語っていた（Fritsch-Bournazel 1989）。

しかしチェコスロヴァキアでの共産党によるクーデタが起きた一九四八年二月に、ドイツの将来を協議する英米仏ベネルクスによるロンドン六ヵ国会議が始まると、フランスの方針は転換を余儀なくされた。ロンドン会議において、フランスは西独建国を受け入れたが、それと引き換えに他の参加国にルール国際化を承認させた。

六ヵ国は、英米仏のドイツ占領地区が合併して、一つの民主主義的で連邦的なドイツ国家（西独）を設立するための憲法制定会議を許可する文書（ロンドン勧告）を、同年六月七日に発表した。ソ連はロンドン勧告に抗議し、ベルリンの管理理事会から脱退する。なお、フランスの国民議会はこのロンドン勧告をわずか四票差で採択した。これは、いかにソ連の脅威

があろうとも、ドイツ国家の復活がフランス国内ではどれだけ歓迎されていなかったかを示していた。

この直後に、ソ連によるベルリン封鎖が勃発し、ソ連は管理理事会の消滅を宣言した。これにより冷戦は誰の目にも明らかになった。一九四九年五月、西独の憲法に当たる「基本法」が採択され、ここにドイツ連邦共和国（西独）が設立された。基本法の発布に伴い初の総選挙が八月に行われた結果、第一党を占めた保守系のキリスト教民主同盟（CDU）の党首アデナウアーが、初代西独首相として選出された。彼は同年九月に英米仏三ヵ国の高等弁務官より占領規約を受領し、ここに戦後西独の歩みが始まることになる。この西独建国に対抗して、同年一〇月に、ソ連占領地域がドイツ民主共和国（東独）として成立した。

ルール産業の国際化については、一九四八年一二月に、同地方の産業を管理する国際機構である「ルール国際機構（International Authority for the Ruhr: IAR）」の設立が合意されていた。IARは、ルール地方の生産物（石炭、コークス用石炭、粗鋼）のドイツ国内向け消費分と国外輸出分との配分責任と、同生産物の国外輸送と価格付けへの責任を負った組織として、翌四九年六月より本格的な活動を開始する。同年一一月以降は西独もIARに代表の派遣が許されたが、ドイツ側から見れば、IARは連合国によるドイツへの懲罰的措置の一環として映った。そのため西独政府内ではIARの解散を求める声が高まるものの、アデナウアーは西独のIAR参加に一定の理解を示した上で、西欧経済統合に資するような組織改編を望んだ。ルール問題は、独仏間でまだ解決されない課題のままだった。

冷戦勃発と西独成立は、フランスのそれまでの対独強硬方針を袋小路に追い込むものだった。しかしフランス外交の行き詰まりとは対照的に、この時期以降、独仏関係に大きな影響を与える国際的な動きはむしろ活発化していった。それが、ヨーロッパ統合の高まりと米欧一体の安全保障の枠組みの形成だった。

「父親は冷戦だった」

ヨーロッパ統合については、大戦中に対独地下抵抗《レジスタンス》活動に従事した各国の活動家や政治家やイギリスの運動家などによって、ヨーロッパ連邦の成立を求める声が高まり、一九四八年五月にオランダでハーグ・ヨーロッパ会議が開催された。ここには欧米各国から政治家や知識人など約七〇〇名近い参加者が集まり、最終的にヨーロッパ組織の設立を求める政治決議が採択された。

ここから成立したのが、一九四九年にストラスブールに設立された欧州審議会（評議会）である。これは、英仏の主導で作られた、史上初のヨーロッパでの一般的な国際機構であり、最初のヨーロッパ共同体だった。欧州審議会の成立により、ヨーロッパ統合は、現実的な制度へと結実した。しかしこの欧州審議会は、連邦主義者が求める「ヨーロッパ共同体」というより、イギリスが求めた政府代表による協議の場に過ぎなかった。そのため、ヨーロッパ統合は引き続き西欧諸国の重要な争点となる。

もう一つの重要な外交的な動きは、西ヨーロッパの安全保障の枠組みが米欧一体のものとして作られていったことである。それが、一九四九年四月に米欧の一二ヵ国で調印された北大西洋条約だった。この条約は、集団防衛のための軍事組織として機構化され、五〇年には北大西洋条約機構（NATO）となる。NATOの成立は、西ヨーロッパの安全保障がアメリカと一体のものとして成立したことを意味した。

北大西洋条約第五条には、有名な集団防衛の規約がある。重要なのは、この第五条の適用が、「締約国がヨーロッパに駐留している占領軍に対する武力攻撃」（第六条）、すなわち西側ドイツを含む点だ。つまりこの北大西洋条約は、このとき成立が見込まれていた西独を、北米と西欧の安全保障秩序の中に実質的に組み込むことを意味した。ただし次章で見る通り、実際に独立した西独がNATOへの加盟を実現するには大変な紆余曲折が待っていた。

このとき、フランスとドイツは史上初めて、同じ安全保障秩序の中に置かれることを規定づけられた。これは、第一次世界大戦後には生まれなかった、まったく新しい状況だった。冷戦という大きな国際秩序、ドイツの分断という戦後ドイツの姿、NATOという米欧一体の安全保障秩序、これらは相互に連関しながら成立した。戦後フランスを代表するドイツ政治研究者のアルフレート・グロセール（次章3節参照）はこの様子を、「西独と北大西洋条約は双子の姉妹として生まれた。父親は冷戦だった」と呼んだ（ルップ 二〇〇二：三）。

3 ザール問題

「ザール問題」の発生

第二次世界大戦後の独仏関係で、ルール問題以上に二国間で軋轢の原因となったのがザール問題だった。これは、フランスに隣接する現在のドイツのザールラント州を、フランスが分離独立させようとした問題である（ザールラントはドイツ語の名称で、フランス語ではザールと呼ぶ。以下、固有名詞以外はザールで統一する）。今となってはほとんど忘れ去られているが、この問題は、第二次世界大戦後の独仏関係が全面的に協調していくプロセスを理解するうえで不可欠である。

フランスが戦勝四ヵ国の一角として、自国に隣接する西方の区域を占領したのは先に見た通りである。フランスはその中でも特にザールラント州を特別扱いした。いうまでもなくザールは、前章で見たように、第一次世界大戦後のパリ講和会議においてフランスがドイツからの分離を主張し、国際連盟の委任統治下に置かれたのちにナチ期にドイツに復帰することで、ヒトラーによる対独包囲網の突破に勢いを与えた因縁の土地である。

フランスは、一九四六年一月という戦後の早い時点で、ザールのみを占領区域から分離させた。その結果、ザールは連合国管理理事会の権限から脱することとなった。通貨は、ドイ

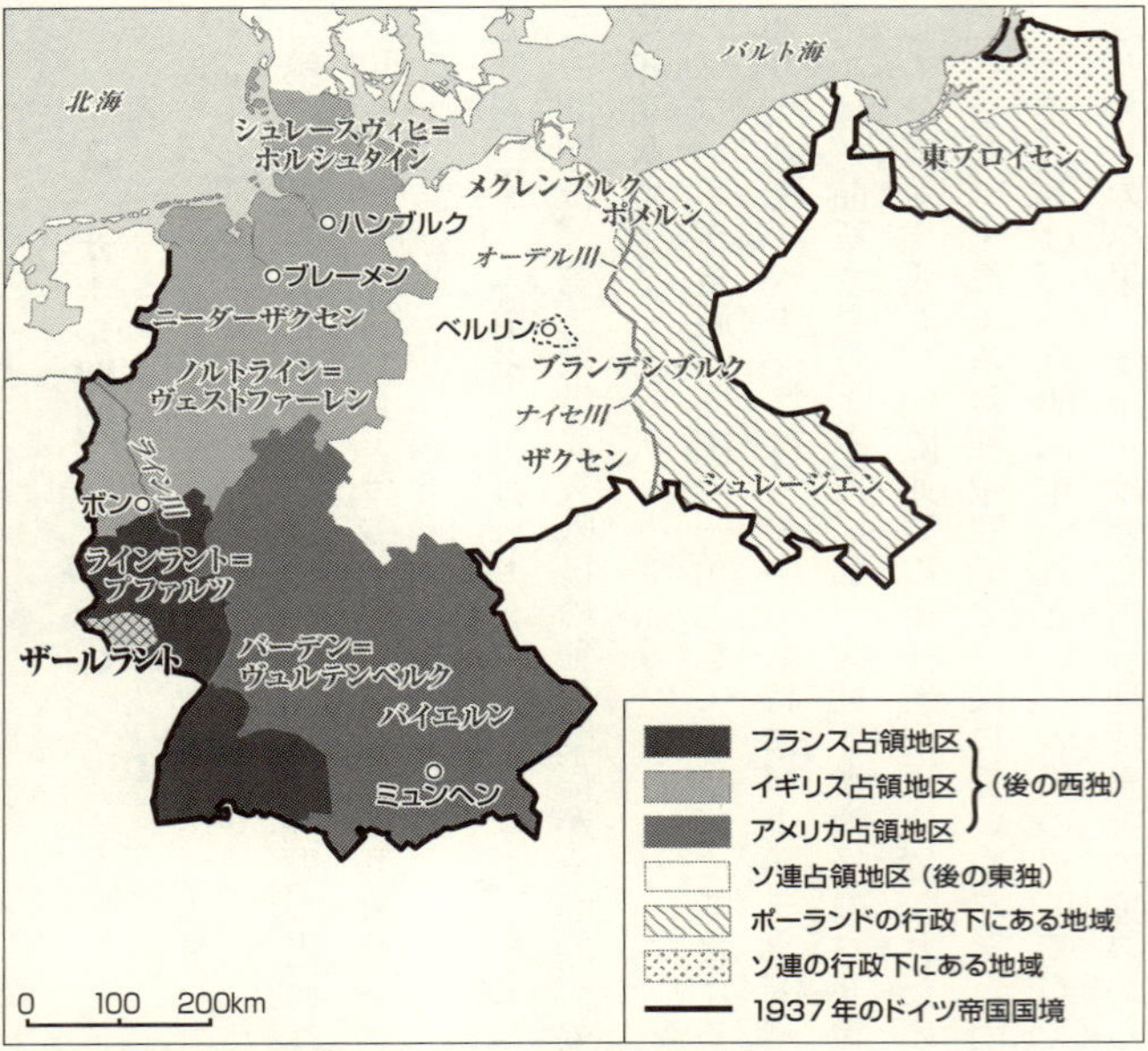

第二次世界大戦を挟んだドイツの領土の変化　ベルリン内も英米ソ仏の四ヵ国で分割占領されている

石田勇治編著『図説 ドイツの歴史』（河出書房新社、2007年）などを基に作成

ツのライヒスマルクを廃して、四七年一一月以降フランス・フランを流通させ、一二月にザール地方議会は「ザールラント憲法」を採択し、ザールの独立が宣言された。

ザールラント憲法は自治に関する規定が主であり、前文では、ザールとフランスが経済的関税的に一体であること、ザールの防衛と対外的な利益の代表はフランスが行使すると規定されていた。そしてザールには引き続きフランス軍が駐留し、高等弁務官職が設置された。高等弁務官は議会の立法に対する拒否権を持っており、ザールが実質的にはフランスの保護領であることは明白だった。

翌一九四八年七月にはザール国籍が創設され、ドイツ国籍をもったザール住民はこれに置き換えられた。さらに五〇年三月にフランスとザールは経済関税同盟を形成した。ザールとフランスは経済的に一体となり、ザールとドイツ間の分離状態は一層強まった。

フランスがザールを分離独立させようとした問題は、解決まで一〇年近い年月を要することとなる。激しい反応をドイツ国内にもたらしたものの三年ほどで解決した戦間期のルール占領とはまた違った形で、ザールは戦後における独仏対立の火種となった。

ザールの「独立」

このときフランスがザールの分離独立を首尾よく進めることができたのは、何と言っても、そこがフランスの占領地区内に位置していたからである（地図参照）。さらに、フランスがザールの「独立」を進めた一九四七年から五〇年という時期は、西独建国が実現していく時期に当たる。つまり、ザールの分離は、西独建国をフランスが容認する代わりの対抗措置でもあった。フランス占領地区は英米占領地区と合併して西独の一部となったが、ザールだけは独立させることで、わずかながらもドイツの力を削ごうとしたのである。

とはいえ、終戦後しばらくのドイツ経済の窮状から、ザールがフランスと経済的に結びつくことには一定程度の住民からの支持もあった（Long 2015）。さらにザールがより強い自治権を享受することに積極的なドイツ人も少数ながら存在していた。フランスはそのような自らの立場に好都合な勢力を支援し、一定の手続きのもとで「独立」を遂行させた。

独立に先立ち、ザールで「自由」選挙が行われた。ザールの立法議会を設立するために、一九四七年一〇月に実施されたこの選挙で、ザール・キリスト教人民党（CVP）が五〇議席中二八議席を得て第一党となった。この総選挙にはザールに拠点を置く政党の候補者しか立候補できず、かつその政党はフランス占領当局によって「審査」された。そのためザールのドイツへの復帰を求める政党からの出馬は承認されなかったとされる。

当時ザールで使用されていた切手　ザールラント憲法制定一周年を記念している。値段はフラン（F）表示

CVPは一九四六年一月に、ジャーナリスト出身のヨハネス・ホフマンによって設立された地域政党だった。戦間期からホフマンは、国際連盟の管理下に置かれていたザールの自治強化を求めており、同地のドイツ復帰に反対していた。さらにナチ政権成立以降は反ナチ的記事を執筆したため、第二次世界大戦期には、ルクセンブルクからフランスを経て、南米に亡命していた人物だった。

一九三五年に行われた、帰属を決める住民投票（第1章2節参照）でドイツへの復帰に九割の住民が賛成票を投じたことを考えれば、一貫してザールの自立的な立場を求めるホフマンの考えが現地では少数派であるのは確かだった。しかし彼の存在は、ドイツからザールを切り離したいフランスにとって好都合だった。CVPはキリスト教民主主義政党とも言え、カトリックが大半を占めるザールでは一定の支持があった。フランスの後ろ盾のもとホフマンは、四七年一二月よりザール政府の首相となり、以後四期にわたって五五年一〇月までザール政府を統率することになる。

疑似独立国家として

一九四七年のザール「独立」は、フランスの後押しもあって一定の国際的な承認を得て、ザールは一部の場面で独立国家のように振る舞った。今でも「独立国家」ザールの痕跡は記録として残っている。ザールは一九五二年のヘルシンキ五輪と、五四年にスイスで開催されたサッカー・ワールドカップ（W杯）のヨーロッパ予選に参加していた。ヘルシンキ五輪には三六名の選手が参加している（メダルの獲得はなかった）。W杯予選は五三年六月から翌年三月にかけて行われ、このときザールは奇しくも西独とノルウェーと同組となって本戦出場を争った。結果は予選敗退も、ノルウェー相手に一勝を挙げた。

この五四年スイスW杯は、戦後に西独が参加を許された初めてのW杯であり、西独は同大会で歴史的な初優勝を遂げる（次章で見るように、この優勝は大きな影響をザールに与えた）。ちなみに、このときザール代表を率いて西独チームに挑んだ監督ヘルムート・シェーンは、ザールの西独復帰後ナショナルチームの監督となり、一九七四年のワールドカップでは「皇帝」フランツ・ベッケンバウアーを擁し五四年以来の優勝を果たす。

ザールは独自の国旗、国歌の制定はもちろん、独自の切手や自動車のナンバープレートを発行し、西独国境との間に検問を敷いて独立国家としての存在を示そうとした。

このような独自性の主張は高等教育の面にも現れた。ザールにはもともと大学が存在しなかったが、フランス主導で設立されることとなった。一九四六年にザールの小都市ホンブルクにあった病院に医学診療教育の機能が付けられ、翌四七年に「ホンブルク高等研究所」がまず設立された。そして四八年二月にナンシー大学の第二キャンパスという形でホンブルクに医学部が設立され、一一月にはさらに法学、哲学、自然科学の三学部が増設された総合大学としてのザールラント大学が開学した。

この時点でザールラント大学の運営には独仏双方が均等に関わることになっており、その仕組みはフランスとドイツの高等教育制度を折衷するものだった。なお、その後ザール問題が解決してザールラント大学がドイツの高等教育制度に完全に回帰しても、ザールラント大学は積極的に自らをヨーロッパ的大学としてアピールし続ける。

一九四〇年代末から五〇年代初頭にかけてのザールは、フランスの保護のもと「独立国」

の体裁を取った。この状態は、ザールが西独に「復帰」することが決まる五六年まで続くことになる。フランスはザールの「独立」を既成事実化しようとし、西独はこれに抵抗した。

一九五〇年三月、アデナウアーはアメリカ人ジャーナリストとのインタビューの中で、独仏両国が一つの議会を共有する「独仏連合」の設立を訴えた。しかしこの構想は、ザール問題の解決を前提としており、読み方によっては、ザール問題の解決をフランスに訴えるものでもあった。このザールをめぐる衝突は独仏間の喉に刺さった骨として、両国間での全面的な友好と和解を難しくしていた。


以上のように、第二次世界大戦後、ドイツは分割占領され、ゼロからの再出発を余儀なくされる一方で、フランスは相変わらずの対独脅威認識を継続した。しかし冷戦とドイツ分断により、このフランスの対独強硬政策は放棄せざるを得なくなったうえに、フランスとドイツ（西独）との関係は初めて同じ安全保障上の利益を共有する関係へと転換した。

しかし、フランスは西独建国の代償としてルールの国際化とザール分離を追求した。これらの問題に見られるように、一九四〇年代後半の独仏関係は友好関係に転じたとはいえず、旧来の動きと新しい動きの双方が入り混じる状況が、一九五〇年五月まで続いたのである。

第3章　関係改善と安定化へ向かって
――シューマン・プランとヨーロッパへの埋め込み

前章で見たように、冷戦の高まりの中で、フランスは対独弱体化政策を諦め、西独建国を認める一定程度の対独協調路線へと転換した。しかしその協調路線は限定的で、西独建国を容認する代わりに、ルール国際化やザール分離といった新しい問題を惹起さえした。

そのフランスが、より根幹的な対独協調へと舵を切ったのが、一九五〇年五月のシューマン・プランの発表だった。同年五月九日にフランス外相ロベール・シューマンによって発表されたこの計画は、独仏の石炭鉄鋼資源を共同管理し、その管理を行う超国家的機関の設立を呼び掛けるものだった。これは、独仏対立に終止符を打ち、フランスの経済的利益に資し、ドイツを国際社会に復帰させ、ヨーロッパ統合を進めることで、冷戦という東西対立の中で西欧諸国の結束を狙ったものだった。

シューマン・プランの発表後、冷戦が深刻化する中で、独仏をはじめとして米欧諸国は戦後のヨーロッパ国際秩序の確立を求めてジェットコースターのような展開を繰り広げる。結果的に西欧は、五〇年代を通じた国際交渉の結果、大西洋（NATO）の枠組みの中で安全保障秩序を確立し、独仏はヨーロッパ統合の共同体の枠組みに安定的な関係を見出す。

本章は、歴史的転換点となるシューマン・プランから戦後西欧の国際体制が確立する一九五八年の欧州経済共同体（EEC）成立までを扱う。そして政府間交渉だけに回収されない、民間レベルでの独仏交流に戦後直後より取り組んだ人びとの試みについても触れる。

1　シューマン・プランという転換点

「ヨーロッパは一瞬で実現するわけではありません」

シューマン・プランは、石炭鉄鋼という特定の経済領域に限定して、加盟国の主権を超国家的なヨーロッパ組織に移譲し、その政策管理をヨーロッパ組織が行うという計画である。これは、具体的な権限が付与されたヨーロッパ組織を、初めて発足させることを意味した。加盟国が寄り集まってヨーロッパ連邦を作るわけではないが、統合される政策領域を管理する機構（共同体）は国家を超えた存在となるという発想は画期的だった。なお、ここでいう「超国家的（supranational）」とは、共同体の権限が加盟国から独立し、かつ上位にあることを意味する。

このアイディアを形にしたのは、当時フランス計画庁長官のジャン・モネだった。かつてモネは自由フランスに参加しており、対独弱体化を趣旨として、西欧経済統合によりフランスとヨーロッパを不可分に結びつける戦後構想を当時練っていた。つまり骨格としてきわめて類似した構想を、独仏和解を具現化させるものに転換させたのである。

モネは一九五〇年三月に、シューマン外相の官房長（ここでいう官房とは閣僚級の有力政治家を補佐する部署で、高級官吏が勤務する）ベルナール・クラピエを介して、統合計画を温めていることを伝えた。シューマンはモネに具体的な文面を求め、モネは四月中旬よりわずかな数の側近とともに文面を作成し始める。モネのチームが計画案の最終文面を仕上げたのは五月六日、発表のわずか三日前のことだった。作成開始から完成まで、実に三週間という突貫作業だった。

モネの構想は発表まで殆どの人に伏せられていたばかりか、関係各国からの事前了解の取り付けも直前のことだった。たとえば米国務長官ディーン・アチソンへの通知は、五月一〇日に開催予定だった英米仏外相会談のためにパリに入った五月八日だった。発表の前日である。さらにシューマンは、西独首相のアデナウアーからの了解を取り付けるために、部下のロベール・ミスリッシュを同日夕刻にボンに派遣する。

シューマンは彼にこう指示したという。「明日の午後までにアデナウアーと会ってこの文書を私的に渡してほしい。その内容は明日九日の閣僚理事会で私が提案する予定だが、内容を知っているのはモネとクラピエだけだ。だから、少しでも中身が漏れればすべてが無に帰する。それに、この文書の中身を、アデナウアーはまったく知らない」。ミスリッシュは不安に駆られこう尋ねた。「しかしアデナウアーがこの内容を知らないなら、ザール問題やルール問題について聞いてくるのではないでしょうか」。単なる伝達役には、そのような返答は荷が重すぎるものだった。しかしシューマンはこう断言した。「大丈夫だ。この提案は、まさにそういった問題を解決するためにあるのだし、もし彼がそれに触れたなら、その問題はいずれ解決されるとだけ言えばいい」(Mischlich 1987: 372)。

それまでシューマンとはザール問題をめぐって激しく対立し、また独仏間の連合構想にも反応を得られなかったアデナウアーは、この申し出を即座に了承した。シューマンからの文面を一瞥したアデナウアーが、それがいかに尋常なものではなかったかを回顧録に記している。だが、アデナウアーはこのシューマン・プランの目的が「ドイツとフランス間のおよそすべての火種を抱えている問題についてきっぱり清算することなのだ」と理解する。そして「石炭と鉄鋼」という言葉は、「軍備と戦争」という考えと結びついている。この軍備と戦争という考えと結びついた危険な観点は取り除かなければならない」(遠藤編 二〇〇八:二三五)と評価し、シューマン・プランを支持したのである。

アデナウアーからの賛意を知らされたシューマンは、午後の閣議で同計画を提案し、了承を得ると、同日夕刻に仏外務省の「時計の間」で発表を行った。

シューマンは宣言した。「ヨーロッパは一瞬で実現するわけではありません（……）。ヨーロッパ諸国が一つとなるためには、ドイツとフランスの一世紀におよぶ敵対関係を一掃しなければなりません。そのためには、まずフランスとドイツが行動に着手すべきなのです」。そして、こう提案したのだった。「フランス政府は、独仏の石炭および鉄鋼の生産のすべてを共通の高等機関のもとにおき、ヨーロッパのその他の国々が参加する開放的組織とすることを提案します」（遠藤編 二〇〇八：二三一）。

境界人シューマン

フランス第四共和政の前半期の外相は、シューマンとビドーの二人で代わる代わる担われたが、ビドーがヨーロッパ統合にも独仏和解にも慎重なリアリストなのに対し、シューマンはどちらも非常に積極的に推進した。歴史に「たられば」は禁物であるが、シューマンがもしこのとき外相でなかったら、モネの構想は受け入れられず、計画はなかったかもしれない。

シューマンは、独仏関係の視点から見れば、取り上げざるを得ない人物である。一八八六年生まれの彼の人生には、ドイツとフランスが糾《あざな》える縄の如く絡まっているからである。実は、シューマンは「フランス人」であると同時に「ドイツ人」でもあった。

正確に言えば、シューマンはドイツ人としてルクセンブルクで生まれた。父ジャン＝ピエールは、ルクセンブルクとの国境沿いにある仏ロレーヌ地方モーゼル県の小さな町に生まれたフランス人だったが、独仏戦争（普仏戦争）でのフランス敗北にともなう同地方のドイツへの割譲により、ドイツ国籍となった。母ウジェニーはルクセンブルク人だったが、ジャン＝ピエールとの結婚によってドイツ国籍となる。その二人の間の子として生まれたのがシューマンだったのである。

シューマンは中学校までをルクセンブルクで過ごした後、メッツ（当時ドイツ帝国直轄領エルザス＝ロートリンゲン、現在フランスのメッス）の高校でアビトゥーア（大学入学資格）を取得した。シューマンはボン、ベルリン、ミュンヘン、シュトラースブルク（ストラスブール）といった大学で法学を学び、一九一〇年には法学博士号を取得した後、弁護士となった。第一次大戦時には一兵卒として従軍したが、健康上の理由から前線に出ずに終戦を迎えた。この時シューマンはすでに三二歳となっていたが、ヴェルサイユ条約によりアルザス＝ロレーヌ地方のフランスへの返還が決まると、フランス人となることを選択した（Poidevin 1986）。「フランス人」となったシューマンは積極的に政治にかかわり始めた。フランス国籍を取得した一九一九年には選挙に立候補し、下院議員として当選している。第二次世界大戦勃発後、ゲスターポに逮捕され強制収容所に移送されそうになるものの、あるドイツ人高官の機転によって収容所送りは回避され、さらに脱走してレジスタンス活動に身を投じた（Poidevin 1986）。戦争を生き延びたあとは政界に復帰し、大戦後に設立された中道右派の政党「人民共和運動」所属の有力政治家として、首相や閣僚を歴任するに至ったのだった。

シューマンは国境地帯に生まれ、文字通りドイツとフランスの二つの国を行き来した人生を送った。幼少期彼は家庭ではルクセンブルク語を話したが（母語もルクセンブルク語といわれる）、基本的にドイツ語の世界で育った。フランス語は中等教育の中で身につけたという。ド・ゴールはシューマンのことを「奴はドイツ野郎《ボッシュ》だ。いいボッシュだが、ボッシュであることには変わりない」（ボッシュとはドイツ人に対する侮蔑的な呼称）と評したという（Maier 1993: 37）。シューマンは分かりやすい「フランス人」ではなかったが、「ドイツ人」ではもっとなかった。

なお第1章で登場した、一九二〇年代に主に活躍した独仏和解・ヨーロッパ協調主義者の文学者クルティウスは、シューマンと同じ年に、同じエルザス＝ロートリンゲンの小都市タンに生まれた。大学卒業までエルザスで過ごし、第一次世界大戦後ドイツ国籍を選択し「ドイツ人」となりながらもヨーロッパ統合を志向したクルティウスは、シューマンと写し鏡のような存在だった。

シューマン　シューマン・プランの発表日は、現在「ヨーロッパの日」としてEUの記念日となっている

このようにシューマンは、国境の境界地域で生まれ、自らは動いていないにもかかわらず、生涯のうちに複数の国家を生きた

文字通りの「境界人」だった。当時のイタリア首相でオーストリア＝ハンガリー帝国領南チロル出身のアルチーデ・デ・ガスペリも似たような境遇の境界人だった（デ・ガスペリも「首都」ウィーン大学で博士号を取得）。

シューマン宣言が出された時、フランスの外相とイタリアの首相が、ともにドイツ語圏で高等教育を受けた境界人であったことは歴史的な偶然かもしれない。しかしこの点は、第一次世界大戦以前までのヨーロッパでは、揺れ動きうる国境と複層的な文化で構成される社会が、それほど珍しくなかったことの証左でもあろう。ヨーロッパ統合は、一面では一九世紀以前のヨーロッパの姿を、二〇世紀後半の国際政治の現実に適応させる試みでもあった。

三元連立方程式の解として

シューマン・プランを受けて、それへの加盟を表明した独仏伊ベネルクスの六ヵ国によって、一九五二年に欧州石炭鉄鋼共同体（ECSC）が成立した。モネはECSCの超国家的な統治機関である「高等機関」の委員長に就任する。後年政権に復帰したド・ゴールは、シューマン・プランを、ルール産業の国際管理化を無効にした「詐欺的行為」（Peyrefitte 2002）と批判した。しかしシューマン・プランは、このときフランスが陥っていた三重の問題を一挙に解決する、三元連立方程式の解だった。

その三重の問題とは、対独安全の確保、ドイツの資源へのアクセス、そして安定的な国際秩序の再建だった。

一番目の対独安全の確保は、近代以降のフランスが一貫して最優先課題としつつもその解決策を見出せなかった問題だった。西独の石炭と鉄鋼という基幹産業の命運をフランスと共有化し、戦争への暴発を防ぐことができると考えたシューマン・プランは、まぎれもなくフランスがドイツに対して安全を確保するための一手段だった。

第二の問題は、フランスが戦後復興と経済の近代化を可能とするようなルール地方のエネルギー資源に恒常的にアクセスすることだった。ヨーロッパを代表する工業地帯であり、製鉄の際に不可欠なコークス用石炭を豊富に産出するルール地方の確保は、フランス経済に大きな効果をもたらすことが期待された。同時に、強力な経済力を身につけることが、フランスの対独安全の確保にもつながると考えられた。

第三の問題は、ドイツを組み込んだ安定的な安全保障秩序の確立であった。建国された西独をいかに国際秩序の中に安定的に組み込むのかは、喫緊の課題だった。西側のヨーロッパ諸国が結束することは冷戦状況下では必要不可欠であり、ヨーロッパ統合はそのような国際秩序の一つの姿だった。

そして、シューマン・プランが三元連立方程式の解だったことは、フランス側だけでなく、西独にとってもそうだった。第一にシューマン・プランは、西独が石炭鉄鋼の共同体の一員となる道を開いたことを意味したが、これは外交主権をまだ回復していない西独が望む国際舞台への復帰への第一歩であった。第二に、そのことによって、西独は西欧の枠組みの中に位置づけられた。そして第三に、フランス同様、フランスと西独間の関係改善は、冷戦の文脈においてソ連に対する西側の結束として求められたことだった。

こうしてシューマン・プランは、冷戦、統合、対独安全確保、アデナウアーの西側結合といった数多くの要因が絡み合いながら実現に至った。冷戦という新しい国際環境は、フランスと西独を同じ西側陣営の中に置き、両国は大きな方向性として安全保障上の利益を一致させざるを得なくなった。フランスがいかに対独安全を叫んだところで、それは西独にとっても受け入れられるものでなければならなかった。こうして、第二次大戦後のヨーロッパ統合の枠組みの中で独仏協調を可能とする、新しい路線が誕生したのだった。

2　戦後ヨーロッパ国際秩序への埋め込み

西独再軍備問題とEDC

シューマン・プラン発表以降の一九五〇年代前半は、独仏関係のみならず、戦後ヨーロッパの国際秩序が確立した時期にも当たる。数多くの問題が次々と噴出し、安定的なヨーロッパの国際秩序の確立を求めて急展開の外交交渉が続いた。

最初の問題が、西独の再軍備問題並びにそれと不可分に結びつく欧州防衛共同体（ED

C）だった。一九五〇年六月に勃発した朝鮮戦争を受けて、対ソ脅威認識は最高潮に高まった。ソ連の後ろ盾を得た北朝鮮側からの侵攻により、戦争が始まったからである。もしソ連軍が西側に攻め込んでくるならば、ドイツを通ってフランスなどへ進軍することになるだろう。そのため西独を再軍備して、ソ連軍の侵攻をドイツ領域内で食い止めることが求められたのである。

この西独再軍備問題に対して、仏首相ルネ・プレヴァンは一九五〇年一〇月に欧州防衛軍構想、通称プレヴァン・プランを提案した。これはまたもやモネの発案によるもので、ECSC諸国で統合された欧州軍を設立し、その中に西独軍を組み込むことで再軍備問題を解決する提案だった。議論はすぐに、欧州軍の設立だけでなくそれを管理するヨーロッパレベルの国際組織の設立にも焦点があてられるようになる。その組織がEDCであった。

ECSC諸国はEDC構想を推し進め、その設立条約が一九五二年五月に調印された。しかしその批准をめぐって、案を出した当のフランスでは紛糾に紛糾を重ねた。なぜならば、まだ終戦してから十年も経っていないその当時、西独の再軍備はフランスにとって留保なく受け入れられるものではなかったからである。そもそもプレヴァン・プランを構想したモネは、政治家（議員）ですらなかった。当時の議会の多数派を占めるド・ゴール派と共産党は左右の違いはあれEDCに強く反対した。フランスの主権と安全保障の根幹に触れるこの問題は、フランス政界を分断こそすれ、まとめるものではなかった。

最終的に一九五四年八月三〇日、仏国民議会で条約の批准は否決された。議会でEDC条約の批准否決を決議する前に演説の場に立ったのは、戦間期に活躍した元首相エリオ（第1章参照）だった。「抽象的な存在に、人を超えた存在に、いやロボットの一種に、われわれは命令され、統治され、そして管理される」と、エリオはEDCを完全に否定した（遠藤編二〇〇八：二八七）。親ヨーロッパ的で対独協調主義者だった戦間期のエリオの姿は、いまやどこにもなかった。

フランスがEDC条約を否決したことにより、EDC構想は消滅したばかりか、ヨーロッパの安全保障秩序もあやうく行き場を失いかけた。しかしイギリスの仲介もあり、同年一〇月に西独が主権を完全に回復することに加え、NATOに加盟する協定（パリ条約）が締結された。この時アデナウアーは、西独がABC（核・生物・化学）兵器の製造と保有を行わないことを宣言した。一九五五年五月に西独の主権回復とNATO加盟が完了し、戦後ヨーロッパの安全保障秩序はようやく一つの安定したかたちをとる。

ザール問題の解決へ

西独のNATO加盟という形での西独再軍備問題の解決は、西欧の安全保障秩序を確立したという点では大きな意味があったが、戦後西欧の安定した国際秩序はまだ完成したわけではなかった。ヨーロッパ統合に対するフランスへの態度が急変し、独仏間の関係正常化に資する枠組みとしては充分ではなかったからである。

もう一つ、独仏間には前章で見たザール問題という難問があった。ただしザール問題はEDC問題と並行して進展し、実は一九五五年の時点で解決の見通しが立つまでになっていた。そこで時計の針を少しだけ前に戻し、ザール問題が解決に転じる経過を確認したい。

一九五〇年のシューマン・プランは、実はフランス政府のザール問題への対応にジレンマをもたらした。というのも、シューマン・プランをうけて作られたECSCの設立条約にはザールの存在が言及されており、フランスはECSCへのザールの参加を画策していたからである。西独はザール問題の解決には平和条約か対等な条約の締結が必要として、これに抵抗した（*BDFD-I*, Nr.83）。そのため、ECSC設立条約には、当該条約の締結はザールの国家承認を意味しないことを明言する西独による文書が付帯された。

また欧州審議会についても、ザールはすでに一九五〇年よりオブザーバーとして参加することになっていた。西独政府は、この点にも強く反対していた。ザールの対外的行動はフランスの意思に基づいていただけに、アデナウアーは再三フランスにその解決を求めた（*BDFD-I*, Nr.84）。ザール問題が、シューマン・プランで推進するはずのヨーロッパ統合と独仏協調を阻害しているのは明白だった。

他方で、当初は経済的な理由からフランスとの関係を一定程度受け入れていたザール住民に、自らのアイデンティティを考えさせる出来事が一九五二年以降起こった。その一つがサッカーだった。当時ヨーロッパ有数の強豪チームだったFCザールブリュッケンは、四八年に参加したフランス二部リーグでトップの成績を残し、翌シーズンに一部リーグへの参加を願い出た。この申請はフランス政府から支持されたが、実現はしなかった。というのも、第二次世界大戦中にドイツリーグに強制的に組み込まれたアルザスやモーゼルのクラブが強く反対しただけでなく、「ドイツ」のチームを優勝させたくないという思惑が働いたから、という指摘がある（Long 2015）。同チームは、一九五二年に復帰したドイツリーグの国内選手権で準優勝を収め、ザール住民に歓喜をもたらした。さらに先に触れた五四年のW杯での西独チームの活躍に、ザールの人びとは熱狂した。

加えて、フランスがザールに課した教育政策に対する不満があった。フランスはザールの初等教育にフランス語教育を導入したが、これはドイツ語の習得を妨げるものと多くのザール住民からの反発をもたらした（Long 2015）。また、ザール首相のホフマンは親ドイツ的な政治活動に抑圧的な態度をとり、かえってザール住民の親独・反仏感情を高めていた。

こうした状況から、フランスは、自国への併合はもちろん、ザールの完全な分離独立も困難であることを理解し始めていた。そこでフランスがこの問題の落としどころとして考えたのが、ザールの「ヨーロッパ化」だった（*BDFD-I*, Nr.85）。ヨーロッパ化とは、ザールにECSC本部を置き、ザールをヨーロッパ共同体の管轄とするという構想だった。西独にとって、このザールの「ヨーロッパ化」は扱いに困る提案だった。ザールのドイツ復帰を実質的に否定するこの提案を受諾はできないものの、さりとてこの提案はヨーロッパ統合の深化を前提としており、それは西独にとって望ましかったからである。

一九五三年、思わぬ方向からザール問題の解決に向けた進展が起こった。オランダの政治家マリヌス・ファンデルフース＝ファンナーテルスが、欧州審議会でザール問題を取り上げ、フランスと同様のヨーロッパ化を提案したのである。この提案により西独はヨーロッパ化案を無碍《むげ》に扱えなくなり、フランスにとって大きな後押しとなった。

一九五四年八月、先に見たようにＥＤＣ条約がフランス国民議会で否決され、それにともない西独の国際的位置づけをめぐって状況が急展開する中で、フランスと西独は、同年一〇月の西独の全面的主権回復を認めるパリ条約の締結と抱き合わせる形で、同時に「ヨーロッパ化」が盛り込まれたザール協定に調印した。このザール協定では、ザールが「ヨーロッパ的地位」を得ることが規定された。そこには、ファンデルフース提案を参考に、以下のような内容が盛り込まれた（*BDFD-I*, Nr. 103）。

まず、ザールにＥＣＳＣの本拠地が置かれ、ＥＣＳＣと欧州審議会の正式な構成国にもなる。域内においてはザールの行政と立法が自律的な権限を保有し、対外的には欧州審議会の閣僚委員会がザールの安全保障利益を代表する。経済的には、フランスとザールの経済同盟はヨーロッパレベルでの経済通貨同盟および新しい共同市場の創設へと発展的に解消される。そして最後に、このザールの新しい地位をザール人民が受け入れるか否かを住民投票で決するものとされた。なお文化に関しては、同年三月の段階でドイツ側が、ザール文化のドイツ性を尊重し言語を独語とすることを提案していたが（*BDFD-I*, Nr. 98）、最終文面には盛り込まれなかった。

要するに、住民の承認さえ得られれば、ザールは正式に西独から分離し、政治的にはヨーロッパ的な地位（アメリカ合衆国におけるワシントンDCのヨーロッパ共同体版）を得て、また経済的には現在はフランスと一体化しているものの、いずれ西欧での経済統合が実現すればヨーロッパ全体で経済は一体化するというのである。

この五四年の協定は独仏間の妥協の産物だった。フランスはヨーロッパ化提案を西独に飲ませることで、形式的ではあれザールのドイツ切り離しの可能性を最後まで追求した。他方で西独は、ヨーロッパ化提案を飲みはしたが、実現の条件として住民投票による賛同を含めており、住民の総意でザールの帰結が定まるように求めた。

実際、翌一九五五年一〇月に実施された住民投票で、ヨーロッパ化提案への反対票は六七・七％にのぼった。この住民投票の結果を受け、フランスはザールが西独に復帰することを受け入れる。五六年一〇月二七日、独仏間でザールの西独復帰を規定する「ルクセンブルク協定」が調印された。この協定には、モーゼル川の運河建設なども盛り込まれ、独仏国境地帯において両国が共同でインフラ整備を進める姿勢も示された。五七年一月一日、ザールは正式に西独へと復帰し、戦後の一〇年間ドイツとフランスの対立のしこりとなっていたザール問題は最終的に解決された。

ローマ条約交渉と独仏対立

ザール問題の解決は、独仏間に刺さった棘《とげ》を抜いた。ただ、統合をめぐる両国の関係が安定化するには、あともう一段階が必要だった。それが一九五五年から始まるローマ条約交渉である。

一九五四年のフランスによるEDC条約の否決によりヨーロッパ統合に黄信号が点ると、オランダとベルギーがベネルクス覚書と呼ばれる経済統合構想を提起した。この提案を受けて、ECSC六ヵ国とイギリスが五五年六月一日から二日にかけて南イタリアのメッシーナに参集し、ヨーロッパ統合の再出発について話し合い、新しい共同体の設立に向けた交渉を開始することが合意された。

このメッシーナ会議以降の六ヵ国の交渉（イギリスはこの交渉からすぐに離脱する）は、ローマ条約交渉と呼ばれ、一九五七年三月にローマでの欧州経済共同体（EEC）および欧州原子力共同体（ユーラトム）の設立条約調印に結実する。翌五八年一月一日に成立したこの二つの共同体は、EUに連なる経済統合の直接的な前身となるものであり、その成立によって、ヨーロッパは今に至る仕組みを手に入れた。

ローマ条約によるEECの成立は、その後のヨーロッパ統合やそこに埋め込まれる独仏関係の展開に決定的な重要性をもたらすことになった。しかし、ローマ条約交渉当初、もっとも逡巡し、その成立を妨げていたのは、他ならぬフランスだった。ヨーロッパ統合史家のローラン・ワルルゼはその理由を以下の三点にまとめている（Warlouzet 2008）。

第一に、EECの中核である共同市場（加盟国間でヒト〔労働者〕、モノ〔商品〕、資本、サービスが自由に流通するもの）の成立は、経済的な意味以上に、フランスが西欧に外交基盤を置くことを含意するが、政府ならびに外務省はそれに及び腰だったこと。

第二に、ヨーロッパ統合の代名詞となっていた超国家的統合は（EECはこの手法を採用しなかったとはいえ）、その生みの親でもあるモネの母国フランスにとっては、政府を拘束する警戒すべき手法だったこと。

第三に、対外的には関税同盟を形成し、対内的には域内に自由貿易体制を作る共同市場は、植民地との政治経済的な結びつきを重視するフランスの経済構造とはマッチしにくいこと。実際、三番目の問題は「帝国かヨーロッパか」をフランスに迫るものであり、ローマ条約成立以前より、ビドーのように、ヨーロッパ統合への慎重な姿勢の理由の一端になっていた。

これに対してアデナウアーの西独は、一貫してヨーロッパ統合に積極的だった。西側との結束を重視し、対外的な存在感と近隣諸国との関係改善に重きを置くアデナウアーにとって、ヨーロッパ統合は西側との協調を体現し、西独の国際的発言の場を確保する、願ってもないプロジェクトだったからである。

ただし、西独の戦後経済復興の立役者として知られる経済相のルートヴィヒ・エアハルトは、西欧諸国間の経済協調の重要性は認識していたが、地理的に西ヨーロッパに限定されない自由貿易体制の枠組み（たとえばGATT〔関税および貿易に関する一般協定〕など）の中で行うべきと考えており、ヨーロッパ統合には消極的だった。アデナウアーの強いリーダーシップが、政府内の路線対立をなんとか抑え込んでいた。

このように、フランスと西独の立場は一致しておらず、交渉が始まってもフランス政府内には共同市場受け入れ反対の官僚も多く、受け入れ表明は一九五六年九月にまでずれ込んだ。経済統合に関する各国の社会経済的条件の調整をめぐっても、独仏は強く対立した。両国間の対立が最終的に解消されるのは、同年一一月にパリで開催された首脳会談だった。

スエズの衝撃と独仏対立の解決

この一九五六年一一月の独仏会談では、共同市場をめぐる独仏間の対立が解消されただけでなく、このとき勃発していたスエズ危機をめぐって切迫したやり取りがなされた。

スエズ危機とは、同年七月に当時のエジプト大統領ガマール・アブドゥル＝ナーセルが、英仏が共同出資していた会社が権益を有していたスエズ運河を一方的に国有化宣言したことに端を発するものである。英仏はスエズ運河を奪還するためにイスラエルと共謀し、一〇月二九日のイスラエルのエジプトへの攻撃に合わせてスエズ運河に出兵した。当時のエジプトはソ連と関係を持ち、エジプトへの攻撃はアメリカからの支持を得られるものと英仏は考えていた。しかしアメリカは英仏の行動は植民地主義的だとして、ソ連とともに英仏を非難し即時撤退を求めた。

一一月の独仏会談が行われたのは、まさにこのスエズ危機に関して、国連と英仏外交当局が対応を協議している真最中のときだった。アデナウアーは米ソが共同で世界を統治する気でいると不満を表明し、超国家的かどうかを問わず、ヨーロッパを結束させる必要を仏首相ギィ・モレに訴えた。イギリスとの協調関係を重視していたモレだったが、植民地帝国を外交基盤とする未来はないと悟り、ヨーロッパにこそ自らの基盤を求める方向に転換した。

一九五六年一一月以降、共同市場の設立をめぐって対立していた独仏は妥協し、さらにフランスにとって懸案だった海外領土の問題も、海外領土と共同体が特別な協定を結ぶことで解決に至った。その解決とは要するに、フランスが「帝国かヨーロッパか」と二者択一に捉えて帝国を優先していた態度から、「帝国もヨーロッパも」と両者が併存できるように考え始めたことを意味する。そのうえで、「帝国からヨーロッパへ」と態度を変えたことで、ヨーロッパの枠組みを優先したうえで植民地の問題を考えるようになったのである。

共同市場を受け入れ、ヨーロッパ統合を外交的基盤とする考えは、確かにスエズ危機以前から一部にはフランス政府内にあったが、植民地はもはや維持できず、帝国からヨーロッパへと自らの外交的基盤を移すしかないことを突き付けた点で、スエズ危機のインパクトは多大なものがあった。そして、共同市場の設立の合意には、独仏間の妥協と合意が不可欠だった。ヨーロッパ統合の推進に独仏間の合意が埋め込まれており、独仏が合意するためにはヨーロッパという枠組みが必要という構図は、シューマン・プラン以降、姿を現していたが、ローマ条約交渉とスエズ危機は、それを不可逆的なものにした。

3　独仏和解を求める民間交流

戦後の独仏関係を見る際には、これまで触れてきたような両国政府間の政治外交面における関係改善の歩みだけでなく、民間レベルでの動きもまた重要である。

冷静に考えれば、緒戦に負けて自国を何年にもわたって占領されたフランス人が、ドイツ人と「和解」するのはそんな簡単な話ではなかったはずだ。実際、終戦直後は数多くの混乱と止めどない復讐心による報復が繰り広げられた。約一万人におよぶ裁判なしによる私刑、戦争中にドイツ人将校と関係をもったとされたフランス人女性に対するリンチなど、エピュラシオン（粛清）と呼ばれる報復行為は、フランスがドイツから受けた屈辱を物語っている。

しかし、エピュラシオンは比較的短期間で急速に収束し、以降フランスでのドイツへのマイナスイメージは底を打つ。また終戦直後より、フランスの一部の知識人やグループが、対独関係改善に向けた地道な活動を開始した。戦後の独仏間の和解では、侵略された側のフランスがいかに対独観を緩和させ友好的な関係を築けるか、という点が重要だった。侵略されたフランス側が、侵略したドイツ側を許さなければ、和解の道は開けないからである。

ドゥ・リヴォとBILD・GüZ

独仏関係の文化的関係の礎としてまっさきに挙げられるのが、一九四五年八月にイエズス会の司祭ジャン・ドゥ・リヴォによって設立された「連携および資料の国際事務所（BILD）」およびそのドイツ側の組織の「国境横断的提携のための協会（GüZ）」である。以下、ドゥ・リヴォの軌跡について、彼の片腕を務めたミシェル・ゲルヴェルの回顧と独仏関係研究者アンリ・メヌディエの論稿を基に紹介しよう（Guervel 1993; Ménudier 2002）。

ドゥ・リヴォは一九〇三年にフランス西部の地方都市ル・マンの裕福なブルジョワ家庭に生まれ、聖職の道に進んだ。彼は第二次世界大戦が始まるとレジスタンスに身を投じるが、四四年にドイツ軍の捕虜になり、ミュンヘン郊外にあるダッハウ強制収容所に送られる。しかしドゥ・リヴォは九死に一生を得て、第二次世界大戦を生き延びた。

終戦後ドゥ・リヴォは、ドイツが直面した物理的荒廃と精神的彷徨に強い衝撃を受けた。彼が終戦直後、ルートヴィヒスハーフェン教区のドイツ人主任司祭を訪問した際、ドイツには今後何が求められるのかと尋ねたところ、逆に次のように質問された。「私たちは、これから何が私たちに降りかかるのかも、私たちがどこに行くのかも、世界でいったい何が起こっているのかも、分かりないのです。ですからまず、私たちに教えてください」。ドゥ・リヴォはダッハウに収容されるまで、ドイツについてほとんど何も知らなかったが、すぐに彼は現状を把握するために同国をまわり始めた。その中でもう一つドゥ・リヴォの考えを決定づけるエピソードがあった。彼はマンハイム近くで、ライン川の向こう岸に渡ろうとする一人のフランス人兵士と出会う。その兵士は兄弟に会いに行くと話し、ドゥ・リヴォは訝しがる。「兄弟？　君にはドイツに兄弟がいるのか？」「自分は共産党員です。向こう岸にも共産主義を信奉している人がいるのか確かめに行きたいのです」。

ドゥ・リヴォはカトリック聖職者として、ソ連および赤軍に対して強い警戒心を抱いていた。それゆえ独仏の共産党員同士が結びつきおうとしている姿を見て、独仏のカトリックもまた結びつき合わなければならないと彼は考えた。ドゥ・リヴォはさっそく自らの司教区の財産を売却して資金を捻出し、独仏のカトリック間の相互理解を推進するために雑誌を創刊した。この雑誌はフランス語の『ドキュモン（Documents）』とドイツ語の『ドクメンテ（Dokumente）』として同時に刊行された。特徴的なのは、二誌が同じ誌面の別言語版なのではなく、内容も編集組織も異なるものであったことだった。第一号の発刊は、彼がドイツ人司祭と会話してからわずか二ヵ月後のことだった。

ドゥ・リヴォはさらに、自らが司教として赴任したフランス占領地区のオッフェンブルクに友好団体を設立した。この団体は、重要なフランス語書籍のドイツ語への翻訳、雑誌『ドキュモン』『ドクメンテ』の発刊、独仏間の相互対話となるような交流事業の企画を行った。しかし、一九四八年から四九年にかけて、ドイツ分断と東西ドイツの建国を受けて、フランス側の組織とドイツ側の組織に分かれる。フランス側の組織のBILDが『ドキュモン』を、ドイツ側の組織のGüZが『ドクメンテ』を発行する役割を担うこととなった。

この二つの雑誌は、もともと独仏のカトリックの連携と相互理解のために立ち上げただけあって、ドゥ・リヴォが編集責任を担っていた創刊当初は教会関係の記事が多かった。ドゥ・リヴォ自身、独仏間の関係では、政治的経済的な問題よりも、宗教的道徳的な問題を重視していたという。

しかし、冷戦が深刻化する一九四八年頃からカトリック関係の記事は影を潜め始める。ドゥ・リヴォが編集から離れた五〇年以降は宗教的な色彩が消え、両誌は独仏およびヨーロッパ情勢に関する政治・経済・文化・社会の論説を掲載する総合雑誌へと変貌し、二〇一八年まで発刊された（その後はウェブメディアに移行）。ドゥ・リヴォは独仏間の友好的関係への貢献を認められ、五四年には西独の功労勲章（大功労十字章）を授与され、六七年にアデナウアーが死去した際にパリのノートルダム大聖堂で行われた追悼ミサを取り仕切った。

ドゥ・リヴォとBILD／GüZは、独仏間の青少年交流についても早い段階から推進していた。一九五一年には、四五〇名のドイツ側の児童が二ヵ月間フランスにホームステイすることを実現している。その数は翌年には九〇〇名、さらに次の年には一四〇〇名へと増加する（Krotz & Schild 2013: 107）。ドゥ・リヴォと彼が設立したBILD／GüZは、当初のカトリック同士の連携という意図を超え、独仏間の友好関係の基盤と結節点を提供することになる。

ローヴァンと「ドイツは私たち次第だ」

とはいえ、独仏間の友好関係の推進と維持に文字通り人生をささげたもう二人の知識人がいなければ、独仏間の民間レベルの友好関係はかくも進まなかったのかもしれない。この二人は、どちらもユダヤ系ドイツ人として生まれ、その後フランスに移住（亡命）した点で共通していた。彼らの名を、ジョセフ・ローヴァン（ヨーゼフ・ローゼンタール）、アルフレート・グロセールと言う。

ローヴァンの回顧録（ドイツ語版）　正式な書名は『かつてドイツ人だった、あるフランス人の回想』である

ローヴァンは一九一八年にミュンヘンにて、ユダヤ人の家系に生まれた。父親はプロテスタントに改宗していたものの、三四年に一家はヒトラー政権の成立にともない、パリに亡命することになる。彼は四〇年からレジスタンス活動に参加し、出生名ローゼンタールからローヴァンと偽名を名乗

って活動する。しかしやがてゲスターポに逮捕され、ドゥ・リヴォ同様ダッハウ強制収容所に送られた。強制収容所にはフランスのレジスタンスとしての容疑で収監され、ローヴァンは自らがユダヤ系であることを隠し通した。

終戦後、解放されたローヴァンはパリに戻り、収容所内で知り合った政治家の紹介によって、フランスに残されたドイツの民間人を母国に帰還させる国防省での業務に従事した。彼は一九四六年にフランスに帰化し、偽名だったローヴァンを本名とした。その後ドイツのフランス占領地区に渡って役人を務め、西独建国後は故郷ミュンヘンのラジオ局の特派員となり、六八年からはドイツ史・ドイツ政治を担当するパリ第八大学教授に就任し、フランスでのドイツ研究を牽引する立場となった。

ローヴァンは、終戦直後より独仏和解に向けた活動に取り組んでいた。彼は雑誌『エスプリ』の一九四五年八月号に「ドイツは私たち次第だ」という論稿を発表した（Rovan 1945）。この論稿は、ドイツの将来がどうなるのかは、連合国、とりわけフランスの責任であることを強調したものだった。つまり、ドイツを敵国として憎む対象とするのではなく、友好関係を生み出すこと、そしてその鍵はフランスが握っていることを主張したのである。このような対独友好論が終戦直後に発表されたのは、政府の対独政策がまだ復讐路線に拘泥していたことを考えれば、非常に先駆的だった。

ローヴァンは一貫して独仏間の友好関係を促進する立場を取り、八〇年代には西独首相へルムート・コールとも親しい間柄となり、政策顧問的な役割も務めた。ドゥ・リヴォが設立したBILDの所長及び『ドキュメン』の編集長も、一九七九年から二〇〇一年まで務めている。相手国への友好的な姿勢を、ドイツ側の意思表明の前にフランスが先んじて示すべきだと主張した点に、彼が果たした重要な役割があった。

グロセールと「新生ドイツとのフランス交流委員会」

ローヴァンと並んで独仏和解に重要な役割を果たしたのが、アルフレート・グロセールである。グロセールは一九二五年に、小児科医で大学教授のパウル・グロセールの息子としてフランクフルト・アム・マインに生まれた。パウルはユダヤ系で、ヒトラー政権樹立後の三三年に一家はパリに亡命を余儀なくされた。ところがパウルはパリに移動してから半年余りで亡くなった。父が亡くなった時、アルフレートは九歳になったばかりだった。ローヴァンが第二次世界大戦をレジスタンスとして戦い死線を潜り抜けたのに対し、グロセールは若く、戦争が終わった時点でまだ二〇歳の若者だった。

グロセールは学業に優れ、名門にして人文系最難関のグランゼコールである高等師範学校《エコール・ノルマル》を受験する。彼は教員として安定した職に就くことを望んでいた。ノルマルへの入学は果たせなかったものの、一九四五年にアグレガシオン（中高等教員・教授資格）を取得した際にチャンスが訪れた。ドイツ占領地区にわたって、ドイツの現状を調査報告する任務の話が来

グロセール　パリ政治学院教授を長く務めた彼の著作の多くは、独語でも出版された

たのである。グロセールは国籍取得から一〇年後の四七年一〇月に、フランスの公的な仕事に就くことが認められ、ドイツに向かった。

グロセールにとって、このドイツ経験は人生を変えた。彼は西側占領地区を自由に通行する許可書を携え、数多くの知識人、政治家、各種団体の指導者などと会ってインタビューを重ねた。そして、レジスタンスの発行紙『コンバ』に「ドイツの若者」と題する連載を発表する。

グロセールを教えたドイツ文学者ジョセフ＝フランソワ・アンジェロズ（一九五〇年にザールに新規設立されるザール大学学長）は彼の論稿に注目し、その推薦を受けてグロセールは一九四八年春にカトリック知識人のエマニュエル・ムーニエが設立した団体「新生ドイツとの交流にかんするフランス委員会（Comité français d'échanges avec l'Allemagne nouvelle）」（以下「交流委員会」）に参加することとなった。このときグロセールはまだ二三歳の学生に過ぎず、交流委員会のメンバーの中でもっとも若かったが、五〇年にムーニエが亡くなった後、彼は事務局長として運営の中心人物となった。

交流委員会の特徴は、その名前に表れていた。まず「独仏委員会」ではなく「フランス委員会」という名称には、被害を受けたフランス側がまずドイツ側に接近し和解を主導すべきだという意思が現れていた。また、「交流」という言葉も、戦争に敗れナチという過去を背負ったドイツに対して「再教育」を施すのではなく、あくまで対等な立場として意見を交換し合い、市民社会間の関係を再構築する意図があった。

そして「新生ドイツ」には、戦後ドイツは戦前の罪をそのまま背負った存在なのではなく、新しく生まれ変わり、フランスとの新しい関係を作り上げていくのだという姿勢が表れていた。ドイツの戦争犯罪に対して市民や特に若者には贖罪を求めず、むしろ未来志向の友好関係を打ち出していこうとしたのである。

交流委員会は、教師、生徒、大学生が留学や研修、オペア（ホームスティし滞在先家庭の保育・家事を行うことで報酬を得る留学、滞在形態）のために互いの国に訪問することの支援を行う一方で、ドイツの知識人によるソルボンヌでの公開講演会などの企画を開催し、独仏間の学術交流を促進しようとした。

ムーニエの存命中にこの講演会に招聘《しょうへい》されたドイツ側の知識人は、カトリック左派に属する人物でほぼ占められ、しかもその回数は少なかった。とはいえ、その最初の講演者として招待されたのがオイゲン・コーゴンだったのは、象徴的である。終戦のわずか一年後に上梓されたナチズムにかんする古典的研究書『ＳＳ国家』を著したコーゴンは、ナチ体制に反対し実に六年間もブーヘンヴァルト強制収容所に収監されていた反ナチの人物であるのと同時に、ヨーロッパ統合運動にも積極的に参加する、活動する知識人だった。設立当初の交流委員会が、戦後ドイツの生まれ変わりと民主化の進展に対して、フランス側から支援する強い意図があったことは明白だった。

ムーニエが死去して以降、交流委員会の運営はほぼグロセールに仕切られることになった。グロセールが運営し始めた交流委員会は広範なドイツ人を招聘するようになったが、次第にその内容は教育と青少年交流に傾いていった。たとえば左派のSPD青少年組織と保守のカトリック青少年団体の責任者を招いてシンポジウムを行ったり、ノルトライン＝ヴェストファーレン州のフロートー青少年センターの所長クラウス・フォン・ビスマルクや、ドイツの市民教育機関の全国組織DVV代表ヘルムート・ベッカーを招聘した。これはドイツにおいて分断されていたカトリックとプロテスタント系の青少年組織や市民教育組織を、フランスにおいて結びつけようとする野心的な試みだった（Albrecht 2002）。

このような独仏交流の実践に従事しながらグロセールは学問の道に入り、フランスを代表するドイツ政治外交／国際政治研究者として名を馳せるようになる。そして、一九六三年に独仏間の青少年交流に主眼を置いた独仏青少年事務所（OFAJ／DFJW）が発足すると（次章参照）、自らの役目を終えたとして六八年に交流委員会は解散した。

ドイツ側の動き

フランス側からは両国の和解を目指した多数の民間アクターが登場した一方で、ドイツ側からはローヴァンやグロセールに相当する人物は出現しなかった。西独はむしろ制度的な学術交流を整備する。筆頭に挙げられるのが独仏研究所（DFI）の開設である。DFIは、シュトゥットガルト近郊のルートヴィヒスブルクに、ドイツ側はSPD（ドイツ社会民主党）議員カルロ・シュミットと西独大統領となるテオドール・ホイスが、フランス側はローヴァンおよびグロセールが主導して一九四八年に設立された。同研究所は、両国で唯一の「独仏研究所」として、独仏関係研究と研究者間交流を実施している。

シュミットは、母親がフランス人のためフランス語が堪能で、この当時のドイツ議員の中ではやや珍しい明確な対仏友好論者だった。とはいえ、フランス占領地区にDFIを設立するとフランスの影響が過度なものになるので、ドイツ側として意図的にアメリカ占領地区に位置していたルートヴィヒスブルクを選んだと言われる。

また、一九五〇年の外交関係の樹立以降、フランスとの文化的な交流機関が相次いで設立された。まず、パリ国際大学都市（学生寮の集合地区）内にドイツ館が五六年に開館した。ドイツ館は寮の機能だけでなく、図書室とホールを備え、独仏関係に関するドイツ側の文化的発信拠点の一つとなった。

もう一つ重要な動きが、パリ・ドイツ歴史研究所の設立だった。もともとパリにドイツ系の研究所を置く考えは、二〇世紀初頭から中世史研究者を中心に構想されていた。戦後、フランス占領地区の文化的中心都市となったマインツに、アーベントラント概念（ヨーロッパを地理的ではなく、反近代的かつ反個人主義的に、文化的な紐帯に基づいてその連帯を説く概念）に親近感を持つライン地方出身のキリスト教の中世史・近代史家の小さなグループが集まった。彼らを中心に「独仏関係史研究に関する学術委員会」が置かれ、独仏和解を推進することにも寄与する学術施設をパリに設置するべく、政府に働きかけ始めた（Defrance 2005）。

やがて「ドイツ歴史研究センター」財団がパリに設置されることが一九五八年に政府内で決まり、マインツの学術委員会委員長だった中世史家のオイゲン・エーヴィヒが初代所長に就任した。そして、六三年のエリゼ条約（次章参照）を受けて、西独の科学研究担当連邦大臣の管轄の下で「パリ・ドイツ歴史研究所」が六四年に開設された。この研究所は、ドイツ語によるフランス史研究の中心となる一方で、独仏関係とヨーロッパ統合に積極的な学術企画を数多く実施し続けることとなる。時代は下るが、二〇〇〇年代に同研究所が大きく関わる形で、中世から二一世紀初頭までの独仏の歴史を、交錯する一体的なものと捉えて描写する「講座独仏史」が全一一巻で出版された。

誰が和解を進めたのか

戦後独仏和解に積極的に従事したのはどのような人々だったのか、ここでは、特徴的な二つの傾向に触れてみたい。

第一に、カトリックおよびプロテスタントの教会関係者や宗教的知識人である。相互理解のための知的プラットフォームであるBILDとGüZを設立したドゥ・リヴォはカトリックの聖職者で、「交流委員会」を立ち上げ『エスプリ』誌の創刊者でもあった哲学者のムーニエは、同じくカトリック教義に深い影響を受けていた。プロテスタントでも、ドイツ駐留フランス軍司令官付牧師であったマルセル・ストルムの提案により、一九五〇年三月に独仏友愛評議会が設立されている（Heimerl 1989）。

第二に、ナチの強制収容所からの生還者である。その理由として、強制収容所が持つトランスナショナル性が指摘されている（Defrance & Pfeil 2012）。強制収容所にはヨーロッパの各地から「反ナチ」の人びとが送りこまれており、その意味で、民主主義的志向を持ったさまざまな国から来た人びとで成り立つトランスナショナルな空間だったというのである。

実際にローヴァンは、「白バラ」（ミュンヘン大学学生のショル兄妹を中心とした非暴力のナチ抵抗運動）のニュースを戦時中に海外ラジオで聞き、ドイツの一般市民の中にナチ体制に反対し命を落としたものがいたことを知り衝撃を受けたと回想している（Rovan 1998）。ローヴァンが強調するのは、ナチの強制収容所に収監されていたフランス人は、そのほとんどがフランスの警察や軍警察《ジャンダルムリ》によって逮捕されゲスターポに引き渡された人びとであり、またダッハウを始めとする強制収容所に最初に収容されたのは、反ナチのドイツ人だったことである。つまり、この戦争は「ドイツ対フランス」ではなく、対ファシズム闘争としての国際的内戦であると、ローヴァンは認識していた。

政府間文化交流の限界

以上のように、一九五〇年代までの独仏間における民間レベルの交流は、市民社会での友好関係の確立に向けた文化的、学術的インフラを作り上げることに尽力するものだった。他方でフランス政府は、ドイツ国内の大衆レベルでのフランス文化の浸透のため、一九五二年頃より、フランス語の語学学校やフランス文化機関への支出を拡大し始めた。それまでフランス政府は、マインツに学術研究機関を設置し、フランスの国立行政学院を模したシュパイアー行政大学院を設立するなどの学術研究を重視していたため、このような政策転換は、ローヴァンやグロセールからの批判を受けた。

そこでフランス外務省は、一九五四年に独仏文化協定を締結して、独仏全体の文化政策上の交流を進めようと試みた。この協定では、大学研究者や専門家の相互派遣、相互の語学・文化学習の強化などが合意された（*DDF*, 1954, doc.290）。また同協定により、独仏両方からの専門家によって構成される常設委員会が設置され「初等教育から高等教育までの学生間交流、若年労働者交流、芸術家交流」の増大が期待された。しかし、この委員会に取り立てて権限はなく、なんら特筆すべき成果を上げなかった。

また西独のフランス語教育に関して、一九五五年二月に西独の各州政府による協定（デュッセルドルフ協定）において、西独の第二外国語は英語とすることが決定され、対独和解に従事していたフランス人たちは落胆する。グロセールは、「独仏関係にとって大惨事であり、我々の一九四八年からの活動は大きなダメージを受けた」と吐露したという（Defrance 2005: 248）。

文化協定は、当初期待されていた独仏間の文化的活動の不均衡の改善にも寄与しなかった。西独側の動きは学術交流の推進が主であり、フランスでの一般民衆を対象とする文化活動の展開に消極的で、フランス政府がもっとドイツ側に活発に活動してほしいと要望を出すほどだった。文化交流が活発になるには、六〇年代を待たなければならなかった。

一九五〇年のシューマン・プランは、独仏関係に巨大な転換をもたらした。シューマン・プラン以降の五〇年代、独仏は困難ながらも下からの和解を進めつつ、戦後ヨーロッパ秩序の一要素となるヨーロッパ統合という枠組みに安定的な関係性を見出すことに成功した。

ここで作り上げられたヨーロッパのかたちとは、大西洋の枠組みでの安全保障秩序（NATO）に立脚しつつ、アメリカに支援されたヨーロッパ統合という協調体制と不可分な、いうなれば「大西洋のヨーロッパ」だった。世界的大国の座を滑り落ちた独仏はこのヨーロッパの中で初めて構造的に安全保障上の利害を共有でき、和解とヨーロッパの統合を相互依存的かつどちらも独仏両国にとって国益にかなうプロセスとして進めることができた。独仏関係はようやく、ヨーロッパ統合という枠組みの中で根本的な関係改善に成功したのである。

第4章　エリゼ条約の成立――ド・ゴール、アデナウアーと友好の制度化

独仏関係は、ヨーロッパ統合という枠組みに安定的な関係を見出した。ヨーロッパ統合の成果であるEECが発足した一九五八年は、もう一つ両国にとっての転換があった年でもある。それはフランスで、第四共和政が瓦解して第五共和政が成立したことだった。

第五共和政は、現在まで続くフランスの政治制度である。議会中心かつ首相が短期間に入れ替わることが多かった第四共和政に対し、第五共和政は大統領を中心とする執行府重視の政治体制である。大統領は任期を全うでき、大統領は任期中、対外的な顔となる（第五共和制でも首相は存在し、任命権は大統領にあり、議会に対して責任を負う。原則として、大統領の意に沿って任命され内政を担う）。なお、これに対して議院内閣制の西独（統一後ふくむ）では、大統領は存在するも名誉職で、国家指導者は首相となる。

この一九五八年以降の独仏関係では、フランス大統領と西独（ドイツ）首相のコンビが、両国間の関係性を可視化し象徴するようになる。独仏関係を、独仏カップル（Couple franco-allemande/ deutsch-französische Paare）という言い方をするようになるのも、このド・ゴール

とアデナウアー以降である（ドイツでは二頭立て馬車や二人乗りを意味する「タンデム」という言い方もよく用いられる）。ただ日本語では「カップル」よりも、「コンビ」と言った方がおそらく伝わりやすいだろう。そして六三年には独仏間の協力条約が結ばれる。エリゼ条約と呼ばれるこの友好条約の成立によって、独仏関係は制度的な協力関係に入る。

本章は、独仏ともにそれぞれの思惑を抱えながら、ド・ゴールとアデナウアーが信頼関係を築き、両国の提携がエリゼ条約に結実する様子を描く。

1　ド・ゴール＝アデナウアー時代の始まり

コロンベでの邂逅

一九五八年六月、植民地だったアルジェリアの独立戦争をめぐる国内政治状況の急速な悪化を受けて、ド・ゴールが電撃的な政権復帰を果たした。このド・ゴールの政権復帰は、アデナウアーに大きな不安を呼び起こした。四四年の仏ソ協定などの第二次大戦末期のような反ドイツ的政策の復活のみならず、五〇年代中盤に大きな波紋を呼んだＥＤＣ（欧州防衛共同体）に強く反対したのはド・ゴールであったからだった。アデナウアーは回顧録に、このときフランスが再びソ連と結びつき、ひいては西側陣営から離脱して第三世界の盟主として君臨するのではないかと恐れていたことを率直に記している（Adenauer 1969）。

ド・ゴールは政権復帰後の演説で、自らに課せられた役目として、アルジェリア問題の解決と国家の改革を挙げていた（de Gaulle 1999）。アデナウアーから見れば、ド・ゴールの演説には独仏関係どころか西独にとって重要なヨーロッパ統合への言及がなく、フランス新政権の外交の方向性がアデナウアー外交と合わないことを匂わせた。

そのためアデナウアーは異例にも、最初の会談を、ド・ゴールの私邸があるコロンベ・レ・ドゥ・ゼグリーズ村での個人的な面会として行うことを願い出た。ド・ゴールとの会談が失敗に終わることを恐れ、会談に公的な意味合いを持たせないためだった。しかも、毎夏過ごす北イタリアのコモ湖湖畔の別荘からドイツに帰国する際に、足を延ばしてド・ゴールの自宅に寄る、という形を取ったのである。

しかし、九月一四日にド・ゴール宅に訪れた警戒心露わだったアデナウアーは、考えを改める。両者は、自国が今取り組まなければならない課題について意見を交わした。アデナウアーは、西独が打倒しなければならない敵として「ナショナリズム、物質主義、無神論者」を挙げ、ナチズムという過去とソ連がこれに当たると述べた。そして、アメリカ依存から脱却して、独仏間の友好を基盤とした自立したヨーロッパを作り出すことをド・ゴールに訴えた（*DDF*, 1958, Tome II. doc. 155）。ただしアデナウアーは、すぐに独仏間の合意が可能とは考えておらず、むしろ、孤立への恐怖やアメリカへの不信感からフランスへ歩み寄ったと思われる（Lappenküper 2007）。

これに対してド・ゴールが語った内容は、彼の独仏関係観を当初から示しており大変興味深い。やや長くなるが、以下発言を引用したい。

「フランスにとって、ヨーロッパの、あるべきかつ望ましいパートナー国はドイツだ。新しいドイツだ。私が公務についていた時、偉大さ、大国さ、復讐の政策を、ドイツに対抗するために遂行していると、ドイツでは言われていた。(……)私が望むのは、ドイツが侵略の手段を二度と取らないことだけでなく、敵対心を持たないようにすることだ。(……)私は大戦中に、ヨーロッパが作られなければならないし、それはドイツなしでは不可能であると、すでに発言している。今の両国は手を取り合わなければならず、それ以外の道はないのだ。(……)常にドイツと連絡を取ることを私は望む。ヨーロッパの未来にとって、つまりドイツの未来と同じく我々フランスの未来にとって、ヨーロッパを作ることが大事なのだ。さもなくば、ヨーロッパはなくなるだろう」(*DDF*, 1958. Tome II, p.344)

アデナウアーはこの時八二歳で、ド・ゴールより四歳年長だった。ともに一九世紀生まれの国政では遅咲きの政治家として、またイデオロギーよりも現実的なバランスを重視しつつ国益を第一に考える政治家として、両者は互いを尊敬できる人物と見定めたのであろう。

アデナウアーの回顧録からは、彼がド・ゴールに抱いていた先入観が払拭《ふっしょく》され、会談後の晩餐が打ち解けた雰囲気で行われたことが伝わってくる。両者は最初の会談から独仏間の接触を制度化しようと志向していたが、現実化するには数多くの困難があり、まずは恒常的な対話を持つことが出発点だと考えていた。ともかく、アデナウアーのコロンベ訪問は、「ダマスカスへの道」（新約聖書で、パウロがダマスカスに行く途中でイエスの声を聞き回心したことを指す）となったのである（Lappenküper 2012）。

しかし、コロンベ会談のわずか二日後にフランスが英米に秘密裏に提案したある計画は、アデナウアーを唖然《あぜん》とさせた。その提案とは、NATOを英米仏の三ヵ国で指導するように組織改革を行おうとするものだった。この案はすぐに英米から拒否され、秘密提案にもかかわらず同盟国にもリークされた（しかしド・ゴールはその後しばらく三頭制の考えを放棄せず、英米も代替的な協議を継続した）。

ただアデナウアーは、時に一方的に事を進めようとするド・ゴールに見切りをつけなかった。両者はその後も頻繁に会談を持ち、誤解を払拭する努力を怠らなかった。ちなみに両者は、六三年のアデナウアーの引退までの約六年間で、一七回会談をしている。およそ四ヵ月に一回の頻度で会っていたことになる。

アデナウアーがド・ゴールに見切りをつけなかった一つの理由として、一九五八年一一月に勃発する第二次ベルリン危機を皮切りに、その後数年にわたって東西間での緊張が高まったことが挙げられる。冷戦の象徴ともなった東西ベルリンを隔てるベルリンの壁も、この時作られた（一九六一年八月）。この危機の最中、ド・ゴールは一貫して西独側に立った。

一九六〇年五月にイギリス首相ハロルド・マクミランの提唱により、ベルリン危機を話し合うため、パリで英米ソ仏四ヵ国会議が開催された。会議は、その半月前に起こったU2事件（アメリカの偵察機U2がソ連領内で密かに偵察していたのをソ連に撃墜された事件）により失敗に終わったが、ド・ゴールはこの事件の顚末《てんまつ》に米ソは本当のところ戦争をするつもりがないと読み取った。彼は息子フィリップに「（米ソは）戦争に突入することを望んでいない」と手紙に記し、米ソが実際には手打ちをしているのならばヨーロッパにはヨーロッパ独自の道があると吐露する。「我々は我々自身によって存在しなければならない。特に有効な核戦力が我々には必要だ」（*LNC*, 2010: 238）。

このパリ四ヵ国会談の三ヵ月前の一九六〇年二月、フランスは核兵器保有に成功していた。核爆発実験成功の一報に対し、フランスはより強い国になったと、ド・ゴールは手放しでこれを称賛する。そもそもフランス外交の特徴は、フランスの「偉大さ」の追求にあるとしばしば指摘される。ド・ゴールは、偉大さを発揮するために、フランスが国際社会の中の大国として、ヨーロッパ秩序の実現を主導する外交に取り組んだ。そのような秩序構築のためには、現状の西側の安全保障を担うNATOを改革し、西ヨーロッパ各国間の提携関係を新たにする必要があった。

ド・ゴールの政治はゴーリズム（ド・ゴール主義）と呼ばれる。このパリ会談以降、彼は積極的なゴーリズム外交に乗り出していく。

政治同盟構想

一九六〇年七月、パリ郊外の古城ランブイエにて独仏首脳会談が開かれた。この会談でド・ゴールは、ヨーロッパ諸国による新しい組織化の構想を提案した。提案の主眼は五つあった。①ヨーロッパが政治、経済、文化、そして防衛の分野で独自に組織化すること。②超国家的統合ではなく政府間協力の手法に基づくこと。③当該協力分野の閣僚間の定期会談を制度化すること。④当該組織化は現状のNATOと適合しないのでNATOを改革すること。⑤この試みを成功に導くには独仏間の緊密な協力が不可欠であること（*LNC*, 2010）。

このド・ゴールの提案は、独仏二国間の関係を超え、米欧関係を含めた国際秩序全体を組み換えようとする、きわめて野心的な考えに基づいていた。彼は、フランスの核戦力を基盤に、NATOの現状を変革し、西欧の安全保障をアメリカによってではなく西欧諸国が担うことを志向したからである。ド・ゴールは手に入れたばかりの核戦力を梃子《てこ》に、既存の国際秩序を組み替え、ヨーロッパの自立性を求める外交へ乗り出した。

ド・ゴール外交は、西独およびアデナウアーの立場を難しいものにした。なぜならこの考えは、西独に対して、アメリカとフランス、どちらかの選択を迫るものだったからである。しかし、フランスが西独に提供する安全保障は、アメリカが西独に提供するものよりも劣ることは、フランス寄りのアデナウアーですら理解していた（Soutou 1996）。アデナウアーはド・ゴールの提案に対し、④のNATO改革の必要性については難色を示しつつも、独仏の提携を強化できると考え、ヨーロッパの組織化提案について受け入れた。

ランブイエ会談で独仏が合意した新しいヨーロッパの組織化の試みは、「政治同盟」構想という言葉で語られた。政治同盟構想は、EECの目的が共同市場という経済的な統合の実現に留まっていたのに対して、それ以上の政治領域での協力を視野に入れるものだった。ド・ゴールは政治同盟がヨーロッパ連邦のようなものではないことを明確にしていたが、それでも、EEC内部や一部のヨーロッパ統合論者にとって、政治同盟構想は政治統合への野心を焚き付けるものだった。

翌一九六一年二月にEEC六ヵ国は、この政治同盟の実現に向けた検討委員会（委員長の名からフーシェ委員会と呼ばれた）を立ち上げた。同年七月には政治同盟の創設を目指す宣言もEECで採択され、フーシェ委員会は一〇月には具体的な制度案を議論し始めた。そこでの最大の論点は、防衛領域について政治同盟とNATOがどのような関係を持つのかについてだった。ド・ゴールは、政治同盟が防衛機能を担うことで、NATOに代替する機構となることを目指した。しかしこの考えに対して、安全保障についてアメリカ寄りのオランダは強く反対した。また西独も、アデナウアー以外の主要政治家にはアメリカとの関係強化を望む声も強く、ド・ゴールの考えは他国から強い反対を受けた。

フーシェ委員会で他国との交渉の前線に立っていたフランス外務省は、五ヵ国との妥協の用意があったものの、ド・ゴールはあくまで持論にこだわった。それゆえフーシェ委員会での合意はまとまらず、政治同盟構想は暗礁に乗り上げた。一九六二年四月には実質的に交渉は頓挫《とんざ》し、政治同盟に関する議論は打ち切りとなった。

MLFをめぐる確執

政治同盟構想で問題となった、NATOと不可分につながる核兵器の問題もまた、独仏関係の重要な争点だった。フランスが核保有国となった一方で、西独は核保有が許されず（第3章2節）、核に関する両者の関係は圧倒的にフランス有利になった。とはいえアデナウアー個人は、西独が核保有して、自国の安全保障を強化することが必要だと考えていた。西独政府内には、アデナウアー以外にも、ヨーロッパ独自の核抑止力を保有することを主張した国防相フランツ・ヨーゼフ・シュトラウスといった核保有論者がいた。彼らは、アメリカへの依存よりも、対仏協調により西独の安全保障を確保しようとすることから「ドイツ・ゴーリスト」（ドイツのド・ゴール主義者＝対仏協調派）と呼ばれた。

西独政府内にこのような核武装への渇望があることは、アメリカ政府も承知していた。アメリカにとって、フランスの核保有と西独の核への願望は、NATO内の不安定要素であった。そのためアメリカは一九五七年頃より、核兵器への同盟国のアクセスを可能とする方策を検討し始めていた。そしてケネディ政権（六一年一月発足）で登場したのが、多角的核戦力（MLF）構想だった。

MLFとは、核弾頭を搭載した長距離ミサイルが発射可能な潜水艦を、NATOが運用して創出される戦力である。このMLF構想は独仏間の防衛協力に楔を打ち込むものだった。MLFを独自核に対抗するものと受け止めたド・ゴールは反対する一方で、アデナウアーにとっては核のボタンに間接的にかかわることができる点で魅力的な構想だった。とはいえ、一九五八年の第二次ベルリン危機勃発以降、ソ連への厳しい対応を躊躇するアメリカに、アデナウアーは不信を募らせていた。

このように、ヨーロッパ統合、NATOの両方が相互連関して既存秩序の変革を求める複雑な外交が、米独仏の間で繰り広げられた。

2 批准への道のり

先に見た政治同盟構想の棚上げが決まった一九六二年四月のEEC外相会談の一〇日後、ド・ゴールはアデナウアーに対して七月の公式訪問と自らの訪独を打診した。大西洋を跨ぐ国際秩序の変革を望んだド・ゴールは、政治同盟構想の頓挫とMLF構想の出現に至り、自らの方針を一部転換した。六ヵ国で政治同盟を作るのではなく、西独との二ヵ国で作る方針へとド・ゴールの考えは切り替わったのである。

アデナウアーは最後まで六ヵ国による政治同盟の構築を望んでいたが、結局は七月の訪問を機に、独仏両国は具体的な二国間提携に乗り出す。これが、翌年一月に締結されるエリゼ条約の出発点となる。

相互首脳会談

ド・ゴールとアデナウアーは、一九六二年七月と九月に相互に公式訪問を行った。それぞれに訪問国の各都市を回り、数多くの公式行事をともなったこの相互訪問で、独仏二国間の協力は形をともなうものへと進化することとなった。まず、アデナウアーが七月二日から八日まで訪仏し、その間に四回もド・ゴールと会談を持った。

この会談でド・ゴールはアデナウアーに、フーシェ・プランにより本来は六ヵ国で構築するはずだった政治同盟を、独仏二国で先行して作ることを何度も訴えた。アデナウアーは、六ヵ国の枠組みから離脱する可能性を憂慮し、提案を受け入れるかどうかの明言を、当初避ける。しかし七月五日の最後の全体会議の席上、ドイツはフランスと二国による政治同盟を締結する用意があるかどうかを今一度迫ったド・ゴールに対して、アデナウアーはついに「他国に開かれた二国同盟を受け入れる用意がある」と返答した。

ドイツ側の通訳官を務めていたヘルマン・クステラーの回顧によると、このアデナウアーの返答はそのとき会談に同席していた閣僚に衝撃を与えたという。西独とフランスによる二国間の提携を何らかの形で制度化する方向性は、こうして固まった。

パリで会談を終えたアデナウアーは、フランス各地を回ったあと、最後に北西部の都市ランスを訪れた。最終訪問地をランスにしたのは、ド・ゴール自身の発案だったと側近のアラン・ペールフィットが明かしている。ランスは何重もの意味で独仏関係にとって象徴的な街だった。何よりも、ランスが位置するシャンパーニュ地方は、第一次世界大戦で重要な会戦だったマルヌの戦いの舞台であり、土地が変形するほどの砲撃を受けた。他方でランスのノートルダム大聖堂は、当地で戴冠式を行って初めて国王として認知されるという意味で、フランス史の象徴でもあった。大聖堂は大戦時にドイツ軍により砲撃され被害を受けている。ランスとその大聖堂をアデナウアーが訪問することには、大きな歴史的な意味があった。

七月八日にランスを訪れたアデナウアーはド・ゴールとともにミサに出席し、賛美歌テデウムをともに歌い、独仏間の戦争で命を落とした犠牲者を追悼した。ミサには、ランス出身で第二次世界大戦中に拘束され強制収容所に送られた聖職者も出席した（Boulanger et al.

「理性的な結婚」 新郎のミハエル（独）と新婦のマリアンヌ（仏）の後ろには，ド・ゴール，アデナウアー，ブリアン，シュトレーゼマン，ヴィルヘルム1世，ナポレオン3世，ビスマルク，ルイ14世，シャルルマーニュなどの姿が見える

2005）。ドイツの風刺画家のクラウス・ピーラートは、アデナウアーのランス訪問を独仏間の「理性的な結婚」として描いた。この訪仏は、独仏間での相互和解を可視化させる、歴史的意義のあるものだった。

九月の会談では、独仏間の相互理解の促進と協調の取り組みをどのような形態で行うかに議論が集中した。アデナウアーは、この独仏間の協調をド・ゴールと自身との個人的な信頼関係に基づいて行うことを求めた。アデナウアーははっきりと、「紳士協定」として（つまり不文律として）二国間の協調を進めることを提案した。これ対してド・ゴールは、二人の間にはそのような紳士協定がすでに存在しており、慣習ではなく制度化された取り組みが必要だとした。アデナウアーは、実務的な提携をいかなる形で実現するのかについては今後の交渉に委ねることとした。

相互訪問で行われた首脳会談を締めくくったのは、ライン河を下りながら行われた船上での会談だった。この会談でアデナウアーはアメリカの外交政策に対する不信感を露わにした。ゆっくりと川を下る船の中で、両者はヨーロッパの話題から離れ、ソ連、中国、日本といった国際問題をつらつらと話し合った。このとき、アデナウアーとド・ゴールは確かに似たような国際認識を共有していた。米ソの力学から独立した西ヨーロッパが必要だという考えが、アデナウアーの心の中を占めていた。

この考えは、西側結合というアデナウアー固有の外交政策の方向性の放棄を意味していた。なぜアデナウアーは方向転換したのか。ドイツの歴史家ウルリッヒ・ラッペンキューパーは、三つの恐怖に囚われていたからと説明する。核の保有を許されない西独は安全保障が究極的には確保されない恐怖、フランスとの利害対立への恐怖、そしてフランスが西独を見捨ててソ連と結びつく恐怖である。特に三番目の恐怖をアデナウアーは口外せず、側近の外交官ヘルベルト・ブランケンホルンにだけ打ち明けていた（Blankenhorn 1980）。

さて、九月の首脳会談を受け、フランス外務省は独仏提携強化に向けた具体的方策を覚書にまとめ、西独側に通知した。この覚書は、これまでド・ゴールが会談で述べていた内容を整理し体系化したもので、首脳および閣僚級会談（外相、国防相、青少年・教育担当相）の定期化と、そこで扱う政策がまとめられた。この枠組みで話し合う外交問題は広範囲にわたり、第三国への共同開発援助やエネルギー政策も議論されていた。

独仏協調の制度化を国際条約として成立させるか、それとも協定という形で一種の申し合わせ事項として成立させるかという点で、西独政府内で対立があった。アデナウアーが条約化に消極的なことを受け、表向きは条約として成立させることに西独政府は否定的だった。他方で、フランスが提案した、対外政策での独仏両国間の協議を深化させることについては積極的だった。問題は防衛領域での提携で、当初のフランスの提案には二国間協議の対象にNATOの問題は含まれていなかった。西独はこの点につき、NATOも協議の枠組みのもとに置くことを提案する（*AAPD*, 1962, Dok.466）。

さらに、これらの独仏協力の交渉とは別に、両国の軍事協力交渉も進んでおり、この軍事交渉とMLFをめぐる問題は、西独の安全保障政策の根幹にかかわる問題だった。この問題をめぐって、西独国内では激しい権力闘争が繰り広げられた。

両国の内政の変化

というのも当時の西独政界では、アデナウアーに対する反対陣営が力を増しており、彼の権力が弱まるとともに、西独政府内での対外政策と安全保障に関する路線対立が先鋭化していったからである。

もともと、アデナウアーは、アメリカをはじめとする西側諸国と密に協調することで西独が西側に深く組み込まれ、そのことで力をつけてドイツ再統一を果たすことを外交政策の基本路線としていた。しかし、これはアメリカへの依存を意味し、西独独自の外交の余地は狭い。ここでアメリカに距離を取る姿勢を公然と示すド・ゴールの登場によって、フランスと結びつき、ドイツ外交の独自性・自立性を確立しようとする、シュトラウス国防相やブランケンホルンなどの「ドイツ・ゴーリスト」が出てきた。

これに対して、経済相エアハルトや外相ゲアハルト・シュレーダー（一九九八年からの首相とは同姓同名の別人）らは、フランスではなくアメリカとの協調関係を第一に考える「アトランティカー（大西洋派＝対米協調派）」だった。西独国内の政治的文脈では、対仏協調はドイツ・ゴーリスト路線の採用を意味し、アトランティカーからすれば、対仏協調を行うとしても対米協調の枠組みから逸脱しない必要があった。

それゆえ、アデナウアーが進める対仏協調路線は、必ずしも閣内で一致して支持されていたわけではなかった。さらにドイツ・ゴーリスト勢力は、一九六二年一〇月のシュピーゲル事件（国家機密漏洩のかどで西独の高級週刊誌『シュピーゲル』の関係者が不当に逮捕された事件。シュトラウスの意向が逮捕に関わったとされる）によって大きく弱体化する。同事件によってシュトラウスが国防相を辞任し、アデナウアーも六三年末での政権交代の約束を余儀なくされたからである。他方フランスでは、同じ六二年に国内の政治危機に襲われたが、西独とは対照的に、大統領ド・ゴールの政権基盤を一層強化して危機は終息した。

ド・ゴールの記者会見と条約の成立

このように、一九六〇年頃から始まった政治同盟に向けたド・ゴールの外交は、独仏協調、ヨーロッパ統合、NATO核戦略に加え、イギリスが六一年七月にEECに加盟申請した問題などと複雑に絡み合いながら展開していた。そして六二年一二月にパリで開かれた独仏外相会談で、翌六三年一月にアデナウアーが訪仏し、この独仏提携交渉に最終的な形を与えることで一致した。

ただし、この時点で独仏両国が条約としての締結を想定していなかったことが、現在では分かっている。むろん、西独外務省の条約局は、国内批准が必要な国際条約として成立せざるを得ないことを認識していたが、アデナウアーの了承はまだ先だった。

一九六二年一二月に、もう一つ重要なことが起こった。カリブ海北部バハマの首都ナッソーでの首脳会談にて、英米が「ナッソー協定」に合意したことである。ナッソー協定とは、アメリカがポラリス・ミサイルをイギリスに提供し、イギリスが潜水艦と核弾頭を提供して核戦力部隊を設立し、これを基盤としてNATOの統合核戦力の創設につなげることを合意した文書だった。

このような状況下でド・ゴールは、一九六三年一月一四日の記者会見の場において、イギリスのEEC加盟要求とナッソー協定で提起されたMLFへの加入の両方を否定し、独仏間の交渉が条約となって結実することを示唆した。

この記者会見を受け、アデナウアーと彼の西独外務省の支持者はともに、ついに明確に提携の条約化を決意した。条約化は、西独から見れば一方的なフランスの振る舞いに手綱を締めることを可能とするものだった。同じことが、西独政府内の親米路線ないしアトランティカーに対しても言えた。アデナウアーが求める親仏路線は、彼が政権を退いた後には変更される蓋然性が高まっていた。しかし条約化すれば、外交政策上の基本路線として投錨することが可能となる。アデナウアーは最後まで迷っていた独仏提携の条約化を、思いのままにならない二つの勢力に対する影響を制度化するために、決断したのである。

こうして、一月二二日午後に、フランス大統領府のエリゼ宮にてド・ゴールとアデナウアーの手により「独仏協力に関する条約」、いわゆるエリゼ条約が調印された。

ある西独外交官の回顧によると、一行は条約としての締結を想定せずにパリ入りしたため、調印式に必要な用品を用意しておらず、二二日の午前中にエリゼ宮近くの高級ブティックで文具を慌てて調達し、間に合わなかった用品はフランス側から貸与されたという（川嶋 二〇〇七）。このエピソードがどこまで真実なのかは分からない。しかしそれでも、エリゼ条約が独仏間の強い友好関係ゆえに締結されたのではなく、むしろその弱さを自覚していたゆえに締結されたことは、数多くの研究や証言から明らかだった。

こうして誕生したエリゼ条約だったが、アメリカやソ連からは非難された。アメリカはド・ゴールが西独とともにアメリカからの核の自立を果たすための試みと見ており、ソ連はフランスの核兵器を西独国内に配備することを狙っているとして独仏両政府に抗議した。

西独の政界内でも、エリゼ条約に対する異論が噴出する。次期首相に内定していたエアハルト経済相は二月に否定的な見解を表明し、与野党問わず、エリゼ条約に留保をつける動きが広まった。

シューマン・プランの作成者モネもまた、エリゼ条約に対米関係とヨーロッパへの脅威を感じた。モネは旧知の西独連邦議会議員を通じて、EEC及びNATOとの関係を明記した条項を「前文」として、批准法案に特別に挿入することを求めた（Schulz 1999）。この前文で「ヨーロッパとアメリカの緊密なパートナーシップの維持と強化」が宣言され、NATO枠内での共同防衛とイギリスのEEC加盟が支持された。実際西独連邦議会では、この前文を付して批准が行われた。両国議会の批准後、エリゼ条約は公的に発効した。しかしドゴールは、「条約は死んだ」と嘆いたという。

七月四日から五日にかけ、ボンにてド・ゴールとアデナウアーは最後の公式首脳会談を持ち、独仏青少年事務所（OFAJ／DFJW）を設立する協定が合意された。これにより両国間の青少年交流が促進され、未来志向の独仏関係を築くことが期待された（独仏青少年機関については第6章3節参照）。

公式会談直前の七月二日のエリゼ宮での晩餐会にて、薔薇が咲き誇るのが一瞬なのと同様独仏条約はすでに枯れ果てた、とド・ゴールは嘆いた。レーンドルフの私邸に自前の薔薇園を持つほど、その栽培をこよなく愛していたアデナウアーは、ボンでのテーブルスピーチでド・ゴールにこう返答した。「この条約は一つの薔薇の花ではなく、薔薇園のようなものです。一つの薔薇の花が枯れても、また別の花が咲き、薔薇の木は残っていくのですから」。

エリゼ条約は、確かにド・ゴールが望んだような、ヨーロッパ独自のパワーの基盤と枠組みとなるものではなかったが、同条約に基づき独仏両国は定期会談を常に実施し、その後の独仏関係を作っていくうえでの制度的基盤となった。一九六三年に、現在に至る独仏関係の制度的構図が定まったのである。

ド・ゴールとアデナウアーによる協調は、「理性的な結婚」という言葉が示すように、政治的な合意によるものでもあったが、同時にこの時期よりドイツとフランス間の公的な歴史和解の動きが始まったのもまた見過ごすべきではない。両国の歴史和解は、政治的な接近が起こったから可能だったし、また、同時に歴史和解が試みられたからこそ政治的な提携は一時的にならず、より確固なものになった。

七月の訪仏の際にアデナウアーがランス大聖堂のミサに出席したように、九月の訪独でド・ゴールは、ミュンヘン市内のオデオン広場で演説を行った。このとき八万人もの市民が集まったと言われている。大観衆を前にしたド・ゴールは、「過去にフランスとドイツとの間にどのような争いや戦いがあったとしても、それにもかかわらず、バイエルンとフランスとの間には理解と好感《シンパシー》がある」と友好を称賛し、広場の一角にある廟フェルトヘルンハレに立ち寄り、独仏戦争および第一次世界大戦の犠牲者に追悼の意を表した（Kramer 2005）。

この九月の訪独でド・ゴールは、各地を歴訪した後、最後に独仏研究所のあるルートヴィヒスブルクを訪れた。彼は当地にて、若者を相手にすべてドイツ語で演説を行った。ドイツ国民を先進的な科学や豊かな哲学を生んだ偉大な民族と称賛し、そのドイツとの衝突に満ちた過去を振り返り、未来に向けた関係を育むことの重要性を訴えたのである。軍人として二つの世界大戦をドイツと闘い、かつて対独強硬政策を捨てきれなかったド・ゴールは、ここにきて、国民間の和解と友好を語る意味を見出していた。

3　エリゼ条約後の漂流——アデナウアー退任後の景色

ド・ゴール＝エアハルト期

アデナウアーは一九六三年一〇月に退任し、経済相エアハルトが後継の首相に就任した。これ以降、独仏の関係は一転して冷え込むこととなる。しかしド・ゴールは、アデナウアー引退とエアハルトの登場により、エリゼ条約で意図したような二国間協調の道をすぐさま捨て去ったわけではなかった。いかにエリゼ条約が自分の意図に沿ったものではなくなったとしても、ド・ゴールは同条約で規定された定期会談の開催を遵守し、独仏関係の安定化に関心があるとシグナルを送った。実際六四年の首脳会談で、ド・ゴールはアデナウアーと同じような独仏二国同盟の可能性をエアハルトに問うた。

これに対してエアハルトは明確に拒否する。その理由は大きく分けて二つにまとめられる。第一に、政治観およびヨーロッパ観の違いである。ド・ゴールは外交では政治的な存在感や軍事的なパワーを重視していたのに対して、エアハルトは自由貿易を通じた経済的なパワーを重視していた。ド・ゴールが政府間的で対米的に自立したヨーロッパを求めたのに対して、エアハルトは経済統合が進みかつアメリカとも緊密な関係をもったヨーロッパを求めた。多くの点で、ド・ゴールとエアハルトは水と油だった。

第二に、前節でも触れたMLF問題に関して、西ヨーロッパの安全保障をめぐる両国の衝突があった。ド・ゴールはフランスの核抑止力を基盤とした独仏軍事協力によって安全保障を確保しようとしたのに対して、エアハルトは、六二年のナッソー協定で呼びかけられたMLF構想の実現を求めていた。ただしMLFを構想した当のアメリカが、ケネディ政権からジョンソン政権になると消極的となり、最終的には構想は撤回された。

詳述しないが、エアハルトとの提携が不可能と見たド・ゴールはこれ以降、対米自立を旨とする外交に転じ、EECをボイコットする「空席危機」、NATO軍事機構からの脱退、ベトナム和平提案、対ソ接近と緊張緩和など、独自かつスケールの大きい外交を繰り広げることとなる（川嶋 二〇〇七）。

ド・ゴール＝キージンガー期

一九六六年一二月、エアハルトは首相を辞任する。エアハルト政権は対仏関係で良好な関係を築けなかっただけでなく、外交全般でも問題を重ねていた。MLFは実現せず、六六年三月に東独以外の東欧諸国に提案された「平和覚書」は空振りに終わり、駐独米軍の駐留費用を負担する「オフセット協定」に関してアメリカと対立していた。

さらに同年に起こったルール地方での炭鉱危機を受けて州選挙で敗北したばかりでなく、失業率も増大していた。五〇年代の華々しい経済復興の立役者として知られるエアハルトにとって、外交上の行き詰まりのみならず経済・財政状況の悪化は致命的で、閣内からの突き上げもあり、一〇月末に連立相手の自由民主党（FDP）との連立が瓦解して辞任に至った。

CDUは連立交渉を進めた結果、西独建国以来のライバル政党だった左派SPDと連立政権を組むこととなった。一九六六年一二月、CDUのクルト・ゲオルグ・キージンガーを首相、SPD党首ヴィリー・ブラントを外相とする、CDUとSPDの左右二大政党による大連立政権が、こうして誕生した。

冷却状態に陥っていた独仏は、この政権交代にもかかわらず、緊密な協調関係を築けなかった。エリゼ条約に基づく政府間の定期会談は行われるものの、ド・ゴールにとって、もはや独仏関係は外交上の優先順位からは外れていた。二国間の関係改善の基軸となったヨーロッパ統合ですら、一九六七年に表明されていたイギリスの二度目のEEC加盟申請を、ド・ゴールが早々に拒否することで、袋小路に陥ることとなった。

他方で西独の側も、外交の手札を欠いた状態にあった。大連立政権は、一貫性を有した対外政策を打ち出しにくかったからである。外相のブラントは東方政策に関心を置きつつもアトランティカーだったのに対し、フランスとの関係はヨーロッパの中核であると発言するキージンガー首相は、どちらかと言えば対仏協調主義者だった（Lappenküper 2012）。しかし、ド・ゴールとキージンガーとの間の会談は、ド・ゴールによる時に刺々《とげとげ》しく辛辣な発言に満ちていた。

一九六八年五月、パリ郊外のナンテールでの学生争議から始まった、いわゆる五月革命では、旧来的な権威に対する若者の突き上げやさまざまな混乱が、ド・ゴールではなく首相のジョルジュ・ポンピドゥー主導のもとで解決されたこともあり、ド・ゴールの政治的な権威は地に落ちることとなった。

さらに、同年にチェコスロヴァキアで起こった民主化運動、いわゆる「プラハの春」の顚末は、対ソ接近を進めていたド・ゴール外交を死に体に追いやった。八月にソ連軍がプラハに軍事介入して民主化運動を粉砕したことで、ド・ゴールが進めていたソ連との緊張緩和路線は破綻したからである。六九年四月、自らが発議した上院改革および地方自治に関する国民投票が否決されると、ド・ゴールは大統領を辞任した。ド・ゴール政権の長い一一年間が、ここに終わりを告げた。

第二次世界大戦におけるフランス救国の英雄ド・ゴールは、一九五八年に政権に復帰するや、以前の対立的なイメージから一転して、協調的な独仏関係の構築に動いた。それは、冷戦構造の中でもヨーロッパが確固たる発言力と行動力をもつという、彼の外交目標のために必要なことだったからである。彼とアデナウアーとのタンデムによってエリゼ条約が結ばれ、独仏協調は制度化されることとなった。

確かにアデナウアー後の西独とド・ゴールとの間にすきま風は吹いたものの、エリゼ条約の成立により、長く続いた独仏間の憎しみをともなう敵対関係の消滅がシンボライズされ、ここに安定した友好関係の基礎が作られたのだった。

第5章　独仏コンビの時代――七〇年代から八〇年代にかけての「枢軸」化

独仏関係には歴史の偶然の作用が働くときがある。ド・ゴールが引退した一九六九年から八〇年代初頭にかけては特にそうだった。なぜならこの期間、独仏の首脳が互いに理由は異なれど、ほぼ似たような時期に政権の座に就いたからである。

一九七〇年代前半のポンピドゥーとブラント、七〇年代中盤から八〇年代初頭にかけてのヴァレリー・ジスカール＝デスタン（以下ジスカール）とヘルムート・シュミット、そして八〇年代のフランソワ・ミッテランとヘルムート・コールと、三組の首脳のコンビが、それぞれにほぼ同じ時期に政権を担当した。ド・ゴールとアデナウアーというコンビが独仏関係の枠組みを作ったように、七〇年代以降、フランスの大統領と西独（ドイツ）の首相のコンビが、独仏関係の代名詞となるのである。

この三組の「コンビ」はそれぞれに特徴ある協力関係を築いたが、特にジスカール＝シュミット時代の独仏は緊密な関係を誇った。そして、一九八〇年代から九〇年代半ばにかけて、互いに長く政権の座にあったミッテランとコールの時代をもって、独仏両国は堅固な関係を築き上げたと考えられるまでになった。

ド・ゴール以降、三世代にわたる独仏指導者のコンビによって、関係は安定し、ヨーロッパ統合やそれ以外の国際関係の難題に対して共同で対応し、時に「枢軸」と呼ばれるまでに強い影響力を発揮していった。本章は、一九七〇年代からベルリンの壁が崩壊する八〇年代末にかけての、個性豊かな政治指導者コンビに独仏関係が率いられた時代を扱う。

1　ポンピドゥー＝ブラント期

一九六九年四月にド・ゴールが大統領を辞任すると、後任を決める大統領選挙で、彼の下で長く首相を務めたポンピドゥーが勝利した。ポンピドゥーがド・ゴールの後を継ぐのは首相在任中から予想されていたが、七〇年代以降の独仏関係のみならず、ヨーロッパ国際政治を動かす主因となるのは、彼ではなく西独の政権を担うブラントの「新東方外交」だった。

新東方外交

一九六九年一〇月に発足したブラント政権は、西独建国初めての左派政党のＳＰＤを首班とする政権であり、それまでのアデナウアーによる保守派のＣＤＵの外交政策から大きく転換しようとした。それが、新東方外交である。この外交方針は、東独を国家として承認しソ連および東欧諸国との国交正常化を実現することで、ドイツ再統一を長期的なスパンながらも現実味のある目標とするものだった。ブラントによる新東方外交には既存の国際秩序変革の可能性が秘められていたからこそ、まずこの話から始めなければならない。

新東方外交の祖型は、ブラントが外相を務める前のベルリン市長時代に行った「接近による変化」に見出せる。その要点は「二つのドイツ」という現実の承認、ソ連との関係改善という二点に集約できる。アデナウアーの東方政策は、ハルシュタイン原則（東独と国交を結ぶ国家とは国交を取り消す方針）に基づき、東独をあくまでソ連占領地域とみなし、国家として否定する対決的な姿勢が特徴だった。これに対してブラントの東方外交は、東ドイツを正当な交渉相手として認め、対東側陣営の懐に入ってその態度の変容を導き出そうとする和睦的な姿勢を特徴としていた。

新しい西独の外交は、仏米を含む幅広い西側同盟国の憂慮を呼び起こした。ブラントはこの点をよく理解しており、新東方外交を成功させるために西側・EC諸国（ECSC、EEC、ユーラトムは一九六七年に機関合併したため、以降ECと称す）との協調にも重点を置いた。

これに対してポンピドゥーは、力を強める西独にバランスを取ろうとした。その手段が、ド・ゴールが二度にわたって拒否したイギリスのEC加盟だった。ただし、ポンピドゥーは単にイギリスをECの中に引きこむことで西独への対抗勢力を作り出そうとしたというよりも、イギリスの加盟によりECの統合を一層進めてその力を強め、西独を封じ込める枠組みを強化しようと試みた（Thiemeyer 2004）。

ポンピドゥーは、ドイツを怖れたがゆえにヨーロッパ統合に積極的だった。また、もともと銀行家出身の彼は、理念というより実務により関心があり、航空機生産や宇宙開発などの国際提携を、EC枠外で積極的に推進した。これらの提携は、エアバス社の設立や超音速旅客機コンコルドの英仏共同開発、のちにアリアン・ロケットなどの成果を生むことになる。

ブラントは一九六九年の仏大統領選挙戦でポンピドゥーの対立候補を応援したこともあって、両者の関係は当初から良くなかった。また、六〇年代末当時、フランス国内にドイツの脅威を案じる声が生じていたことも指摘しなければならない（Miard-Delacroix 2011）。

ポンピドゥー（左）とブラント

西独の経済力はすでに一九五〇年代にはフランスを上回っており、六九年には『我々はドイツを怖れなければならないのか（*Faut-il avoir peur de l'Allemagne*）?』と題する書籍が出版され、『アメリカの挑戦』が当時ベストセラーになっていたジャーナリストのジャン＝ジャック・セルバン＝シュレベールはこの年、「宿敵」と題する論説を自身が創刊した『レクスプレス』誌に掲載していた。

西独外務省も、フランス国内で対独警戒心が強まっていることを認識しており、独仏が反目し合う状況は避けたかった。しかし一九六九年六月、ポンピドゥー新政権で首相に就任したジャック・シャバン＝デルマスはドイツとの関係を「模範的」と議会での演説で評したが、これは実は、独仏関係が他の二国間関係より優越した関係ではないことを含意していた。

流動化する国際情勢

決して良好とは言えない関係で始まった、一九六九年から七四年までのブラント＝ポンピドゥー時代は、戦後国際秩序が急激に変動し、多くの歴史的なターニングポイントに直面した。ブラントが着手した新東方外交にともなう東側との緊張緩和（デタント）、ソ連を含めた欧州安全保障協力会議（CSCE）の準備とその開催（一九七三年）、電撃的な米中国交回復（一九七二年）、ブレトンウッズ体制の崩壊と変動相場制への移行（一九七一～七三年）、第四次中東戦争（ラマダーン戦争／ヨム・キプール戦争）の勃発とそれを契機とする石油危機の発生（一九七三年）、ワシントン・エネルギー会議の開催（一九七四年二月）、イギリスのEC加盟（一九七三年）などである。

ポンピドゥー＝ブラント期は、一九六九年一二月にハーグで開催されたEC首脳会談とともに幕を開けた。ポンピドゥーの提唱で開催されたこのハーグ首脳会談で、農業政策の完成、通貨統合の取り組み開始、イギリスのEC加盟（いわゆる、完成・深化・拡大）という三点が合意された。通貨統合という前例のない分野に加え、ド・ゴールによって二度も反対されていたイギリスの加盟実現（同時期にデンマークとアイルランドも加盟）は、ヨーロッパ統合が新しい段階に進んだことを意味した。

とはいえ、イギリスのEC加盟への独仏間の合意は同床異夢の産物であり、せっかく合意できた通貨統合は、一九七〇年代に入ると国際通貨体制の突然の変化を受けて極度の難問となる。七一年八月の金ドル兌換《だかん》停止の発表（ニクソンショック）にともない、国際通貨体制は固定相場制からの離脱を余儀なくされ、七三年に変動相場制に完全に移行した。

ECはちょうどこの国際通貨体制が激変する直前に通貨統合の仕組みについて合意し、一九七二年には「スネイク」と呼ばれる一定の変動幅を設定してEC各国の通貨価値を収斂させようとする制度が整備された。しかし直後の変動相場制への移行を受けてスネイクの運用は困難を極め、スネイク発足後のわずか二ヵ月後にイギリス・ポンドが、さらにその九ヵ月後にイタリア・リラが、フランス・フランも七四年にはスネイクから離脱し、通貨統合への道は袋小路に陥った。

悪化する独仏関係

ポンピドゥーはド・ゴール外交（ゴーリズム外交）の精神を受け継ぎ、対米自立に向けた意識も強かった。この志向性をブラントは快く思っていなかった。そのためポンピドゥー＝ブラント時代の独仏関係は、「ヨーロッパの根幹的な基盤」（ポンピドゥー）や「優先的協調」（ブラント）といった言い方とは裏腹に、冷たいものだった。

さらに経済以外の国際問題について独仏は意見が一致せず、刺々しい関係に陥った。その背景には、当時の米欧関係をめぐる問題があった。一九七三年九月にニクソン政権下で国務長官に就任したアメリカのヘンリー・キッシンジャーは、国家安全保障担当大統領補佐官時代の四月に「新大西洋憲章」を提起し、ヨーロッパ統合を明確に大西洋の枠組みの中に封じ込めようとした。当時、ECは毎年のように首脳会談を開催し、ヨーロッパ政治協調と呼ばれる加盟国間の対外政策協調を進めていた。これは、国際政治の舞台でECが存在感を発揮しようとしたのと同時に、アメリカに力関係で追い付こうとする意思の現れともみなされた。

実際、一九七三年からフランス外相を務めていたミシェル・ジョベールは、ド・ゴール亡きあとのゴーリズム外交の継承を掲げてキッシンジャーと対立した。ジョベールの態度の非礼さを、キッシンジャーは回顧録で暴露している。石油危機に対処するため七四年にワシントンで開催されたエネルギー国際会議に際しても、フランスは参加を逡巡した挙句、会議で孤立する憂き目を見た。当時西独財務相としてエネルギー会議にも関わった次期首相のシュミットは、ジョベールの態度を「大言壮語」と厳しく切り捨てた（Lappenküper 2013: 92）。

このように、一九七三年半ばから七四年にかけての独仏関係は、混乱する国際経済や米欧関係の衝突の中で、悪化の一途をたどった。しかし一連の動きは、独仏双方の予期せぬ政権交代によって、リセットされた。七四年四月二日、ポンピドゥーは白血病によって在任中に病死した。彼の正確な病態は伏せられており、突然のニュースはフランスに衝撃を与えた。そしてわずか三週間後、今度は西独で衝撃が走った。首相ブラントの秘書が東独のスパイと判明し、彼は責任を取って二週間後には退陣を余儀なくされたのである。こうして激動の七〇年代初頭を走っていたポンピドゥー＝ブラント時代は、唐突にその幕を下ろした。

ポンピドゥーとブラントは、考え方も異なり、個人的な友情と呼べるものもなかったが、イギリスのEC加盟、欧州通貨統合の着手、度重なるEC首脳会談の開催といった基盤的な問題については、それぞれ異なる理由とはいえ必要に駆られ提携した。ポンピドゥー＝ブラント期は、思惑は異なっていたとはいえ、独仏協調の路線を確実に再発進させ、時代が変化するその困難な時代でもプラクティカルな提携を進めた、つなぎの時代だった。

2　ジスカール＝シュミット期

ポンピドゥーの病死を受けて一九七四年五月に実施された仏大統領選挙では、彼の内閣で経済財務相を務めた中道右派のジスカールが左派のミッテランを僅差でかわし、第五共和政第三代大統領に当選した。西独では、辞任したブラントの後任として、同じ社会民主党（SPD）のシュミットが同月に選出された。

まったくの偶然により、独仏はほぼ同時に首脳が交代したのである。そしてこの両政権は、ジスカールが一九八一年の大統領選挙でミッテランに敗北すると、その翌年シュミットが不信任決議を受け辞任することで、ほぼ似たような任期を務めた形になった。

ジスカール＝シュミット間の緊密な関係

一九七四年から八一年までのジスカール＝シュミット時代の七年間は、独仏間の二国間関係がもっとも接近し、良好な関係性を実現した期間だった。この時期にこそ、ヨーロッパ政治における「独仏協調」「独仏枢軸」のイメージは作り上げられた。その関係の根底にあったのは、ジスカールとシュミット間の個人的な友情だった。

ジスカールは政治的には中道右派で貴族の家系に生まれ、学業優秀でド・ゴール政権期に経済財務相にわずか三五歳で就任するなど、フランスでも指折りのエリートだったのに対して、シュミットはハンブルクの労働者の家に生まれた苦労人だった。第二次世界大戦中は従軍して、まずは東部戦線で、その後西部戦線で戦った後、戦後は苦学して大学を卒業し、労働組合運動から政治活動に入った。

シュミット（左）とジスカール

シュミットはSPDの中で核戦略の専門家としての地位を確立する一方で、彼の名声を高めたのが、一九六二年に同市を襲った洪水危機に対するハンブルク市政府大臣としての対応だった。一九六〇年代が終わろうとする頃、彼はブラントに次ぐSPDのナンバー2の地位を築いていた（しかし、両者はライバルであり関係は悪かった）。

ジスカールとシュミットは、ともにブラント＝ポンピドゥー時代の財務相として面識があり、政治指導者となった後も相互に敬意を払い友情ともいえる親密な関係を育てた。二人は政治信条も出身階級も対極にあったが、理知的でかつプラグマティストという点で共通し、人としてウマがあった。

二人の友情を感じさせるエピソードは事欠かないが、初めて訪仏してジスカールとエリゼ宮で会談した後の様子を、シュミットは情緒豊かに振り返っている（シュミット 一九九二）。シュミットが会談を終え宿泊していたホテルに戻ろうとすると、見送り役のジスカールが付いてきて、二人はエリゼ宮からホテルまでのパリの街頭を徒歩で語らいながら移動した。二人は通訳をつけずに英語で会話した。任期中数えきれないほど直接電話で話し合い、ECを含む国際会議ではしばしば隣席を確保して、会議中に耳打ちしたりメモをやり取りしたりした。トップ同士の親密な関係に彩られたジスカール＝シュミット時代の独仏は、「枢軸」「特権的なパートナーシップ」「カップル」などと呼ばれ、きわめて親しく安定した協調関係を構築するのである。

ジスカールはまず、ポンピドゥー時代末期に悪化した対独関係の改善の梃子入れとして、外交で勇み足を繰り返していたジョベールを外相から外して、職業外交官で駐独大使のジャン・ソーヴァニャルグを抜擢した。

シュミットにとって対仏関係の改善は、ヨーロッパ統合の推進という点からも重要だった。彼はフランスのイニシアティブを重視しており、西独が一歩引いた立場から独仏関係を進める意義を理解していた。「ヨーロッパの民主諸国家の統合が可能なのは、パリがそうした統合を望み、それを自らの問題とする場合、またその範囲内に限られる（略）。鍵を握っているのは、ロベール・シューマン、ジャン・モネ、あるいはルネ・プレヴァンの時代以来のフランス人なのだ」とシュミットは振り返っている（シュミット 一九九一 上：一九六）。

シュミットにとってヨーロッパ統合は単なる理想ではなく、自国の国益に適うものだった。後年彼は、ドイツのような中欧に位置し多くの国境を接する国にとっては、ヨーロッパを統合してその中にドイツを埋め込むことで、安全保障上の戦略的弱点を回避するのが大事だったと振り返っている（Waechter 2011）。シュミットは、ブラントが着手した新東方外交をデタントと結びつけつつ、より強い西側結合とヨーロッパ統合の一体的進展を目指したのである。

通貨統合への取り組み

そのシュミットがジスカールとのタンデムで取り組んだのが、前任者の時から続く国際経済協調と通貨統合に関する問題だった。とりわけ両者がもっとも力を入れたのが、ECでの通貨統合の試みを軌道に乗せることだった。七〇年代初頭の通貨統合の試みである「スネイク」が、国際通貨秩序の変動の直撃を受けて、深刻な機能不全に陥ったことは先にふれたとおりである。ジスカールとシュミットはその立て直しを図った。

彼らは一九七八年に、通貨統合を実現する際に不可欠となる各国の中央銀行の責任者に、個人的に信頼の置けるクラピエ（仏）（元シューマン官房長。第3章参照）、ホルスト・シュルマン（西独）を任命し、渋るイギリスを説得しながら数ヵ月で欧州通貨システム（EMS）の制度設計を作り上げた。

EEC発足以降、通貨統合をどう実現させるかという点で独仏は対立し続けていたが、石油ショックなど七〇年代の国際経済の混乱は、両国が取れる立場を似たようなものにした（権上 二〇一三）。そのため政治的な取引の余地が拡大し、ジスカールとシュミットは連携しながら、EMSの原案を文字通り独仏二国で作り出した。EMSは、加盟国が国際収支危機に陥った時に短期に貸し付けを受けられる欧州通貨基金の設置に加え、エキュ（Ecu: 欧州通貨単位）と呼ばれる独自の通貨単位を導入することで、不十分ながらも通貨統合の実現を一歩推し進めた（エキュが現在のユーロにつながる）。

また、両者は一九七〇年から毎年のように開催されるECの首脳会談を定期会談として制度化して、統合のメカニズムに組み込むことを提案した。この提案は、七五年に欧州理事会の成立に至った。EC（のちのEUも）の首脳会談を機構化した欧州理事会は、共同体の基本方針をトップレベルで協議するための根幹的な機構へと位置づけられるようになる。

西側世界を股にかけて

現代史家クリスティーナ・シュポーアが指摘するように、戦後に打ち立てられた国際経済秩序が急激に変動していたこの時代、シュミットは新しい状況に対応できる国際経済ガバナンスの確立が必要だと認識していた。一九七五年から始まる先進国首脳会議（いわゆるサミット）は、このシュミットの考えに対応してジスカールとのコンビで実現させたものだった。ジスカールがホストとなってパリ近郊のランブイエ城に英米仏独日伊の六ヵ国が集まり、国際経済上の問題について議論を繰り広げた。シュミットの外交スタイルは、大国との関係性と同時に西側結合を重視していたアデナウアーを彷彿としており、一貫して指導者との個人的なやり取りを通じて外交目標を達成しようとした（Spohr 2016）。

他方で、前任者のブラントが新東方政策を推進するために対米関係を重視していたのに対して、シュミットは経済的な安定性と安全保障的な確実性を一体的に認識し、東西間の戦略的均衡を第一に考えたからこそ対米関係を重視した。この点で、東西関係と大西洋関係の力学に拘束される西独の立場を自覚するシュミットと、ド・ゴール的な安全保障観を引き継ぐジスカール間には、実は大きな乖離があった。

当時、西独を含む西欧各国が憂慮していた問題として、ユーロミサイル問題があった。この問題は、一九七七年よりソ連が新型中距離核ミサイルのSS－20の配備を始めたことで、東西間の戦略バランスが崩れ、西欧を舞台に核戦争の危機が高まったと考えられたものだった。もともと核戦略を専門としていたシュミットは強い危機感を持ち、グアドループ（カリブ海にあるフランスの海外県）で七九年一月に行われた英米独仏首脳会談にて、のちに「二重決定」と呼ばれるアイディアを提示した。

これは、SS－20とバランスを取るために西欧に新たなアメリカの中距離核ミサイルを配備する一方で、東西間で軍縮交渉を同時に進めるという「軍縮のための軍拡」を行うものだった。この場で賛同を得た二重決定案は、同年一二月にNATOの方針として採択された。

しかし二重決定は、西独の国内世論に加え与党内部でも波紋をもたらし、シュミットへの激しい反発が起こった。他方でフランスはすでにNATO軍事機構から脱退しており（前章

3節)、二重決定に対する態度を曖昧にしたが、これは間接的に西独不支持と受け止められた。この安全保障をめぐる独仏間の足並みの乱れは、シュミットとジスカールの個人的な仲の良さがあるだけ一層目立った。シュミットはこの点で対仏協調を強く求めなかったが、それゆえ、首相がシュミットからコールに変わった後のフランスの態度表明が重要になる。

さらなる高みを目指して

一九七九年一〇月、ジスカールは西ベルリンを公式訪問した。フランスの現職の国家元首がベルリン入りするのは、実にナポレオン以来だった。この頃からジスカールとシュミットは、独仏関係を「運命共同体」(シュミット 一九九一) と語り、もう一つ上の段階に高めることを考え始めた。それは、独仏間の軍事同盟をエリゼ条約の枠組み内で締結することだった。

一九八〇年になると両者は、エリゼ条約締結二〇周年となる八三年に独仏軍事同盟構想を発表できるよう、その準備の議論を始めた。同年七月のボン首脳会談後の談話で、シュミットは何度も独仏軍事協力の重要性を指摘していた。ジスカールは同会談の中で、「独仏の和解は実現したから、新しい段階が続かなければいけない」と語った (*AAPD*, 1980 Dok.199)。

しかしこの試みは、ジスカールが八一年の大統領選挙で敗北してしまったため、実現は次のミッテラン期を待たなければならなかった。

コールに首相の座が移った一九八二年、シュミットは首相在任時に議論された独仏間の戦略的提携イニシアティブについて、二つの要点を連邦議会で初めて明らかにした。一つ目は、西独は一二から一八個の、フランスは一二個の計最大三〇部隊を、ヨーロッパ防衛の共同作戦のためにそれぞれ部隊再編を行うこと。二つ目は、フランスは一方的宣言によって自国の核抑止力をドイツ防衛のために拡大使用を可能とすることだった。

この計画、特に後段のフランスの核抑止力の拡大適用が実現されていれば、ヨーロッパの安全保障の枠組みは大きく変動していたであろう。しかしこの計画は、後述するように、前者の共同作戦部隊のみがミッテラン＝コール時代に実現しただけに終わった。

ジスカール＝シュミット時代は、幾重もの意味で独仏関係が頂点に至った時代だった。とはいえ、東西緊張緩和、通貨問題、核問題など、シュミットとジスカールの前には数多くの難問があり、その難問を独仏で解決できたわけでも、その目途を立てられたわけでもなかった。しかし両者は、これらの問題を解決するには、独仏が拠って立つヨーロッパの枠組みが大事であり、その枠組みを両国で発展・深化させることの重要性を理解していた。

ジスカール＝シュミット時代が独仏関係の頂点だったのは、単に両者の関係が例外的な友情に彩られたから以上に、独仏二国間の関係深化とヨーロッパの枠組みの深化が連動していることを強く意識し、両国間のつながりの重要性を訴えることに成功したからだった。

3 ミッテラン＝コール期

一九八一年に行われたフランス大統領選は、七四年と同じ面子《メンツ》で決選投票が行われ、前回の敗者であったミッテランが雪辱を果たした。他方、ジスカールと緊密な関係を作り上げ、彼の再選の後には一層の提携を目論んでいたシュミットは、約一年後の八二年一〇月に連立政権を組んでいたFDPが離反したことから不信任決議を受け、政権を辞した。後任に就いたのが、CDU党首ヘルムート・コールだった。

こうして始まったミッテラン＝コール時代は、一九九五年にミッテランが大統領の座を退くまで一三年続く。独仏首脳のコンビが続いた期間としては、現在に至るまで最長である。しかもこの時代は、冷戦の終焉を挟んでおり、コールとミッテランがタンデムを組んでいた時代は起伏に富んでいた。そして両国関係の結びつきは完成、つまり不可逆的なまでに堅固なものとなった。

長かったミッテラン＝コール時代は、初期（一九八二〜八四年）、中期（一九八四〜八八年）、再統一期（一九八九〜九一年）、終期（一九九二〜九五年）と四つの時期に分かれ、それぞれに特徴が異なる。初期は不協和音が、中期は二国間協力とヨーロッパ統合の深化の不可分かつダイナミックな進展が、再統一期は歴史的大転換を目の前にして国際秩序の再編をめぐる諍《いさか》いと解決が、そして打って変わって静寂となる終期、というふうにである。

本節は、冷戦終焉前までの、この独仏コンビを「完成」足らしめた前・中期の、コール＝

ミッテラン時代のフェーズを中心に触れる。

ミッテラン時代のプレリュード

長く続くミッテラン＝コール時代の前に、ミッテランとシュミットは一年間という短い間であれコンビを組んだ。シュミットは一九八〇年一〇月の総選挙で勝利していたため、ミッテランからすれば、シュミットとのコンビは少なくとも三年間は続くはずで、決して一時的な関係で終わると考えられるものではなかった。そのため、ミッテランが大統領に就任してから最初の一年間は、彼の外交政策の特徴を考察するうえで重要な期間でもあった。

ミッテラン

そもそも就任前の一九七六年一月に、ミッテランとシュミットは、デンマークで開催されたＥＣの社民政党党首らによるヘルシンオア会議で対面し、共産党との連携をめぐって口論になった過去があった。シュミットはミッテランを警戒し、ミッテランもまたシュミットと緊密な関係を結んだジスカールへの対抗心から対独関係に距離を取ろうとした。「独仏枢軸という考えは不愉快」「議会制の母国イギリスに目を向けるべき」（Védrine 1996: 120-121）とミッテランは考えていた。

しかし、外交アドバイザーでのちに外相にもなるユベール・ヴェドリーヌや特別顧問のジャック・アタリは緊密な対独関係の維持が必要と大統領に強く進言し、ミッテランの対独政策はすぐに修正される。

大統領としてのミッテランの考えがはっきりと公言されたのが、就任一ヵ月後に掲載されたドイツ誌『シュテルン』でのインタビューだった。ここで彼は「優先的友情」という用語を使った。さらに一九八一年七月の独仏首脳会談でミッテランは、独仏関係を「取り換えのきかないもの」と述べる。一〇月にラッチュにある彼の私邸に招かれたシュミットは、社会党の大統領がド・ゴール以来の外交政策を踏襲し、独仏友好関係にも大きな変更をもたらさない人物であると理解した。

ただ後述するように、ユーロミサイル問題に揺れる当時、独仏間の安全保障、とくに核戦略をめぐる対立は根深く、外交面ではド・ゴール主義的なミッテランの登場は西独側に不安を感じさせた。西独外務省は、独仏関係の安定化を梃子として、安全保障政策上の提携を探ろうとする。

しかし、これらの試みが具体的な成果を上げる前に、ユーロミサイル問題をめぐり自党内の主流派から離反されたシュミットは、財政問題で連立相手のFDPとも対立し、翌一九八二年一〇月に不信任を突き付けられ、CDUとFDPによるコールを首班とする新政権の誕生へと至った。

困難な出発

こうして始まったミッテラン＝コール時代は、素早いコール側の動きから幕を開けた。コールは西独首相選出のわずか三日後にパリを訪れた。これまでミッテラン政権とつながりが一切なかったコールに対して、外相ハンス＝ディートリッヒ・ゲンシャーが助言したからだと言われている。

コールの訪仏は、シュミット＝ジスカール時代からの緊密で機能する独仏関係を継承する意思に思えたが、ミッテランとコールとの折り合いは決して良好とは言えなかった。コールは後年、ミッテランとの仲について「お互いに親愛の情と呼べるものは一切なかった」と振り返っている。それでも、在任期間が長かったこともあり、両者が顔をつき合わせた回数はその後一三年間で百回を超える（Lappenküper 2013）。

ミッテランは一九一六年にフランスの南西部シャラント地方の保守的な家庭に生まれ、カトリック教育を受けて育った。戦後、中道右派の立場から出発し、ド・ゴールへの反発や脱植民地の流れの中で徐々に左派に政治的立場を移すようになったミッテランは、第五共和政発足後は左派におけるド・ゴールの対抗者として常に存在感を発揮し続けていた。

これに対してコールは、ミッテランより一四歳若い一九三〇年に、ドイツ西南部のルートヴィヒスハーフェン・アム・ラインに生まれた。ヒトラーユーゲントに入るものの、年齢の関係で従軍前に終戦となり、フランス占領地区となった故郷に戻った。戦後に結党間もないCDUに入党し、政治活動の傍ら大学で法学・政治学を学び博士号取得にまで至る。一九五〇年代にラインラント＝プファルツ州議員に当選後は一貫して同州を舞台に活躍し、同州首相を経て、一九七三年からCDU党首を務めていた。

二人とも地方出身だが、若い時期に上京し人文学的な教養に溢れる洗練された権力志向のミッテランと、政治学で博士号を取得し地方政治家からの叩き上げでCDU党首に上り詰めたコールとでは、左派右派以前の人間的な共通点が非常に薄かった。

しかし、当初の独仏間の不和は、個人的な個性のぶつかり合い以上に、国内政治上の要因から生じていた。

コール

まずミッテラン政権は共産党を含めた幅広い左派勢力が結集して成立したもので、この政権は公約としてヨーロッパ統合から距離を取り、いわゆる一国社会主義政策と呼ばれる大規模な国有化政策を推進しようとした。また、前任者のジスカールはフランスの抑止力戦略の見直しを示唆していたが、ミッテランはこれを撤回し、ド・ゴール的な自立路線に回帰した。ミッテラン政権のこの二つの方針は、ヨーロッパ統合への推進と良好な対米関係を必要とする西独外交路線に、真っ向から反するものだった。

他方でコール政権にとっての懸案事項は、前任者のシュミットが残したNATO二重決議の国内履行だった。また、独仏コンビが強い影響力を発揮するECについても、農業予算の拡大と南欧の新規加盟をめぐって、両者の意見は真っ向から対立した。

独仏モーターへの転換

ただ、当初の不和は一九八三年から翌年にかけて解消され、それ以降は二国間協調とヨーロッパ統合の深化が有機的に連関しながら進展することとなる。ジスカール＝シュミット期から顕著となった、独仏間の協調がヨーロッパ統合を進める推進力となる構図は、独仏モーターと呼ばれる。ミッテラン＝コール期のその最初のきっかけが、八三年一月にミッテランがドイツ連邦議会で行った演説だった。ここで彼はSS‐20問題に関する西独の立場を支持し、大西洋同盟での連帯を呼びかけた。これは、二重決定にかんするジスカール期からの政策を軌道修正する用意があることを意味していた。

そしてミッテラン政権がはっきりと方針を転換したのが、一九八三年三月に明らかにしたEMS（欧州通貨システム）維持のためのフラン切り下げと一国社会主義政策の放棄だった。ミッテラン政権は、その政権の主眼だった一国社会主義路線を維持できず、ヨーロッパ統合へシフトした（吉田 二〇〇八）。

この一連のミッテラン政権の方針転換を受け、二国間での協議の取り組みと、ヨーロッパ統合での合意追求がより積極的に行われることとなった。一九八三年六月のシュトゥットガルト欧州理事会で、EUの予算案や制度改革が合意された。九月には、アデナウアーの別荘があった北イタリアのカデナビアに独仏の高官が集まり、数日間の「セミナー」が開かれた（Loth 2004）。ここでは、今後の二国間およびヨーロッパ統合において両国がどう協力するかについて、率直な意見交換が行われた。

一九八四年には、エポックメイキングな重要な決定や出来事が相次いだ。まず三月に、独仏両国はEC農業政策や攻撃ヘリの共同生産など広範囲な合意を成立させた。五月には、国境管理を漸次的に撤廃する協定が調印された。この協定は、翌年に成立する、両国にベネルクス三国を加えた国々による国境管理協定であるシェンゲン協定（人およびモノの国境管理を廃止、つまり国境の意味を実質的に取り去る協定。のちにEUにも組み込まれる）につながるものだった。

そしてもっとも重要な合意がなされたのが、六月にパリ郊外のフォンテーヌブローで開かれた欧州理事会だった。ここで、数年来ヨーロッパ統合の進展を妨げていたイギリスの還付金問題（イギリスがEC予算への拠出額より遥かに少ない利益しかECから受け取れないとして、拠出金に見合う「正当なリターン」を要求したこと）についてコールとミッテランが連携して英首相マーガレット・サッチャーを説得し解決に導いただけでなく、南欧へのEC拡大、単一市場の成立に向けた検討の開始、政治的統合深化に関する検討委員会の立ち上げなど、広範な内容が合意された。

転換の年となった一九八四年の最後を飾ったのが、ミッテランとコールによる「握手」だった。同年九月に第一次世界大戦激戦の地ヴェルダンで開かれた慰霊祭典で、事前の打ち合わせがなかったにもかかわらず、ミッテランは不意に手を差し出し、両者は手を取り合い両国の和解を演出した。ミッテランとコールが手をつなぐ写真は、その後幾度となく独仏間の和解と協調の象徴として使われることとなる。

慰霊祭典でのミッテラン（左）とコール

ヨーロッパ統合の深化と独仏関係の提携強化

独仏が協調に転じた一九八四年の翌年一月、ミッテラン政権で財政相を務めていたジャック・ドロールが欧州委員会委員長に就任した。彼のリーダーシップのもと、ヨーロッパ統合も飛躍的な進展を遂げるようになる。八六年二月に成立した単一欧州議定書は、五八年のローマ条約で規定された共同市場を現実のものとする具体的で詳細な設計図であり、八九年には通貨統合の実現に向けた「ドロール報告書」を発表するまでに至った。

ヨーロッパ統合がそれまでの部分的な経済統合の試みから、全面的で一般市民の日常生活に大きくかかわる政治経済現象へと深化したのは、この一九八五年から冷戦終焉前後にかけての局面が決定的だった。

この局面で独仏は、両国が統合の深化を進めるという方向性について一致し、ドロールを側面から支援した。と同時にこのヨーロッパ統合の深化と並行して、独仏間の二国間関係の提携も幅広い領域で進展させた。

その象徴的な提携とされるのが、独仏合同テレビ局の「アルテ」である。一九八六年一〇月のフランクフルト独仏首脳会談で、ミッテランとコールは独仏合同のテレビ局を将来設立することに合意した。この合意をもとに九一年に開局したのがアルテだった。アルテはフランスとドイツの複数の州間で締結された条約で設立合意され、「ヨーロッパ文化放送局」として九二年から実際に番組を放送し始めている（現在は独仏のみならずヨーロッパ各地で番組制作放映を行っている）。アルテは、質の高い教養チャンネルとしての地位を確立し、文化メディア領域での独仏提携の成功したシンボルとしてしばしば語られる。

安全保障・防衛領域での提携の試み

もう一つ、ミッテラン＝コール時代に進展した提携が安全保障・防衛領域の協力である。この領域では、最初の首脳会談の時からすでに、独仏安全保障・防衛委員会の設置が共同声明に盛り込まれており、その後の独仏二国間での軍事協力の出発点となった。

さらにコールはミッテランに対して、フランスの核抑止力の範囲を西独に拡大適用させ、フランスの安全保障をヨーロッパの安全保障と一体化させることを求めた。これに対してミッテランは、一九八四年二月のハーグでの記者会見で、自国の核兵器を西欧諸国のために使用することを明確に否定する。

しかし、独仏安全保障・防衛委員会での実務レベル協議を受けて、八六年二月には、ミッテランは中欧地域で「前戦略的兵器」（戦術核兵器）を使用する際には、西独と「協議」する可能性に言及するまでになった。このミッテランの表明は、留保はあるものの、ド・ゴール以降の一国主義的な核抑止戦略を転換させるものかと、驚きをもって受け止められた。

独仏軍事協力は、目に見える成果を次々と上げることとなる。八四年七月にフランスは、中欧で戦闘が起きた場合、即時に当地で陸戦を展開するための即応部隊（Force d'action rapide: FAR）を、四万七千人という人員で創設した。ＦＡＲの設立はフランスによるドイツ安全保障への関与表明であり、その三年後、戦後最大級の独仏合同軍事演習（Moineau Hardi/ Kecker Spatz）がドイツ南西部で実施された。

さらに一九八七年一一月の独仏首脳会談で、コールが独仏旅団（独仏共同部隊）の設立をフランス側に提案すると、ミッテランは旅団を管理する共同組織が必要だとして、閣僚レベルで構成される「独仏防衛・安全保障理事会」の設立を逆提案した。こうして設立された独仏防衛・安全保障理事会は両国の外相および国防相で構成され、独仏旅団に責任を持つ組織として位置づけられた。さらに、両国の防衛外交概念を共通化する議論を行うことや、ヨーロッパ安全保障に関する問題を協議すること、両国の軍事協力全般を向上させることもその任務となった。また独仏旅団は、一九九〇年代には欧州旅団としてEUの展開部隊としての役割を果たす、軍事機能の発展の重要な萌芽的存在となった。

ただし独仏旅団の設立は独仏の妥協の産物でもあり、フランスの西独安全保障への関与をつなぎとめるための細い糸のようなものだった。ミッテランはド・ゴールの対米自立外交を引き継ぎ、米ソが国際政治を仕切る構造に異を唱え、ヨーロッパの自立性を確保することで対抗することを望んだ。しかし実際のところフランスは、西独の安全保障に軍事的なコミットメントを確約することに最大限抵抗し、核抑止戦略が変更されたわけでもなかった。通常戦力枠内での軍事協力の進展や独仏旅団の設立、西独領域内での核戦力使用の「事前協議」の表明は、フランス側による精いっぱいの譲歩の現れだった。

フランスは譲歩の見返りとして、防衛・安全保障理事会と同時に経済財政理事会の設置を、翌一九八八年一月のエリゼ条約二五周年記念の共同声明で発表した。両国の経済相および中央銀行総裁で構成されるこの独仏経済財政理事会は、両国の経済政策を可能な限り調和させ、国際的な経済・財政秩序に関する立場を接近させるために、両国の通貨政策を緊密に調整できるよう、定期的に協議するものとされた。

しかし、これは両国間の協調のしるしであるのと同時に、フランスにとって都合のよいものだった。というのも、西独の経済力の基盤となるドイツ・マルクを、ミッテランは「西独の核兵器」と考えていたからである（Lappenküper 2013）。つまりこのような独仏間の密接な経済・財政協議を行うことで、フランスはドイツの経済力が自国およびヨーロッパの利益に反することにならないようにできるだけコントロールしようとした。なお独仏理事会と呼ばれる組織として、この時に文化理事会（ただし閣僚レベルではない）が、翌年には独仏環境理事会が設置合意された。

一九七〇年代から八〇年代にかけて、図らずも三組の「コンビ」が生まれて、独仏関係とヨーロッパ国際政治の双方で協調関係を進めていった。特にジスカールとシュミットの時代の緊密な独仏関係は、「枢軸」として後世において参照となるような協調的な関係を築いた。その次のコールとミッテランの時期には、さらに独仏間の二国間提携の拡大と深化に向けた制度的取り組みが活発化した。

独仏は、ヨーロッパ統合の歴史上類を見ないダイナミックな展開に積極的に参与し、独仏モーターを機能させて統合を推進することで、両国の地位を高め、二国間での提携を一層緊密化することに成功した。一九八〇年代後半、まさに独仏コンビの仕組みは完成の域に至ったのである。

第6章　新しいヨーロッパを求めて——統一ドイツの登場と冷戦後の模索

一九八五年に、若くて改革に意欲的なソ連指導者としてミハイル・ゴルバチョフが登場すると、戦後に作り上げられた冷戦的な対立の構図が徐々に変容し始めた。そのプロセスはここでは詳述できないが、やがて一九八九年夏頃から、共産圏の東欧諸国で市民による反体制運動が勢いを増し、東独では一〇月九日のライプツィヒでの大規模非暴力デモの成功以降、国家体制が激しく動揺し始めた。誰もが固唾をのんで情勢を見守っていた一一月九日の夜、国外旅行をめぐる政令発表の手違いから東ベルリン市民が大挙して検問所に押し寄せたことで、予想もしない形で突如東西ドイツ間の自由移動が実現した。ベルリンの壁の崩壊である。

すでにこのとき、コールとミッテランは、蜜月ともいえる協力的な二国間関係を作り上げていた。独仏の蜜月は突如として起きたこの歴史的地殻変動によって終わりを告げるが、問題は蜜月の終焉それ自体ではない。一夜にして起こったベルリンの壁崩壊は、一年後に東西ドイツ統一をもたらし冷戦を終焉させ、さらにソ連解体にまで至る、第二次世界大戦後における国際秩序の一大転換の幕開けとなった。独仏関係を規定していた国際秩序が根幹から変わる以上、ドイツ再統一と冷戦の終焉は独仏関係の構図に根本的な変容を迫った。

本論に入る前に、この変容について先にまとめておこう。これまで見てきたように、第二次世界大戦後の独仏関係の物語は、それまでの敵対関係から一転して友好的な関係を築き上げた「サクセスストーリー」に満ちていた。両者は冷戦構造の中で同盟国としてNATOという共通の安全保障秩序に包摂され、分断国家として政治外交的な制約を受ける西独と、政治的リーダーシップを握るフランスが、ヨーロッパ統合の中軸国として協調関係を推進してきた。独仏関係はつねに大西洋的なヨーロッパの中に位置づけられる存在だった。

しかし冷戦終焉によって、それまでの東西で分断されたヨーロッパ国際秩序は、新しく生まれ変わることが期待された。そのきっかけとなったドイツ統一は、冷戦後のヨーロッパ国際秩序をどう作り出すかという構想をめぐるプロセスでもあり、冷戦後の世界の出発点だった（板橋 二〇二二）。ドイツ再統一を契機にヨーロッパ統合が深化してEUが誕生し、東欧やソ連（ロシア）を新しいヨーロッパ国際秩序にどう位置づけるかが問われるようになり、アメリカはよりグローバルで強力なパワーとしてヨーロッパから遠ざかり始めた。

このような冷戦後の新しい時代の到来は、独仏関係の在り方を大きく変える。第一に、再統一により分断国家のドイツが受けていた政治的制約は消滅し、人口と経済規模でフランスを圧倒するようになった。フランスが政治的にドイツに優越しリードする従来の構図は消滅し、独仏間の力関係は逆転することとなる。第二に、独仏関係の基軸が、敵対関係を克服して協調関係を築くという二国間の視座から、冷戦後の新しい国際秩序の中で役割を発揮しなければならなくなる多国間の視座へと、その重要性が大きく転換する。

東西ドイツ統一から始まる九〇年代は、それまで独仏関係が依拠していた国際秩序が根底から変動し、新しい秩序を模索する時期だった。本章は、冷戦後のヨーロッパ国際秩序の形成プロセスと独仏関係の困難な歩みを概観しつつ、六〇年代から二〇世紀末までに市民社会領域で進んだ独仏二国間関係に触れる。

1　冷戦の終焉

統一の進展と統一ドイツの未来像をめぐる争い

ベルリンの壁が崩壊してからわずか三週間後、西独首相コールは、十項目計画と呼ばれるドイツ統一に向けた段階的な計画案を発表した。周辺国への根回しをほとんどしないままの突然の発表だったが、米ソを含むすべての国が無視できない、統一へと向かう政治的うねりが生み出された。

こうして始まった再統一に向けたプロセスでは、統一ドイツの安全保障の枠組みをどうするか（どの同盟にどう帰属するか）、ドイツ＝ポーランド間の国境をどうするか（第二次世界大戦後、戦前よりも大きくドイツの領土を奪う形で変更された国境線をどうするか）、ドイツ統一をいかにヨーロッパに埋め込むか、という三つが根幹的な問題となった（レダー二〇二〇）。ただし十項目が発表された時点で、どのようなかたちでドイツの再統一を行うかは自明ではなく、この三点の問題に対する各国のスタンスは分かれていた。コール自身は当初東西ドイツが国家連合を形成して時間をかけて統一する姿を思い描いていたが、英仏ソの三ヵ国は再統一に強く躊躇した。

冷戦後の時代を本格的に「歴史」として分析し始めた国際政治史家のメアリー・E・サロッティが整理したように、再統一過程では、四つの統一モデルが展開された。①戦勝四ヵ国による分割統治に時間を巻き戻す復古モデル、②東西ドイツが国家連合を形成したのち時間をかけて統一する連合モデル、③ソ連を含む汎ヨーロッパ的国際秩序を再構築したうえでそこに統一ドイツを埋め込む全ヨーロッパモデル、④すでに西側で構築されていた秩序（NATOとヨーロッパ統合）を東側にそのまま拡大するモデルである（Sarotte 2014）。

①は一九八九年末にソ連が提唱するも、非現実的な構想のためすぐに消滅した。②はコールが十項目計画で提唱し、東独も賛同していた有力な考えだった。しかし、当のコールが八九年末の東独訪問の際市民らの熱狂的歓迎を受けると、時間をかけて統一するのではなく④に基づく即急な統一を目指すようになる。④のモデルをアメリカのジョージ・H・ブッシュ大統領らも支持した。これに対抗したのが③だった。この構想が描く具体的な制度設計は必ずしも明確ではなかったが、ゴルバチョフ、ミッテラン、西独外相ゲンシャーらがそれぞれ

に似た構想を提唱した。

現実のものとなったのは④だった。九〇年二月末の独米会談でアメリカのブッシュ政権が示した西側秩序の拡大（西独が東独を吸収合併することで、統一ドイツはNATOに帰属し、西独が享受していた国際的地位をそっくりそのまま統一ドイツが引き継ぐ）路線をコールは受け入れた。さらに三月の東独総選挙でコールの支援する政党が勝利すると、即急な統一と東独の吸収合併という方向性は既定路線となった。最終的に同年七月のコーカサスでの独ソ首脳会談でコールとゴルバチョフが直談判し、東独に駐留しているソ連軍兵士の撤退に関する合意という形で、独米が望む形で再統一と統一ドイツの国際的位置づけが確定した（板橋 二〇二二; Sarotte 2014）。こうして同年一〇月三日に東西ドイツは統一された。

再統一過程の中の独仏関係とEUの誕生

この再統一過程において、独仏が向いていた方向はまったく異なっていたばかりか、従来の独仏関係とは異なり、主導権を握ったのは西独だった。とはいえ、フランスは無力だったわけではなかった。再統一過程にヨーロッパ統合の飛躍的な革新を織り交ぜることに、特筆すべき役割を果たしたからである。

ヨーロッパ統合は、ドイツ統一に大きく関わっていた。なぜならドイツ統一交渉の中の大きな論点だった、「いかなる形で統一ドイツをヨーロッパに組み込むか」について、ヨーロッパ統合は再統一に対する近隣のEC諸国の態度をすり合わせる舞台となったからである。ヨーロッパ統合に保留的だったサッチャーとは異なり、以前より統合を牽引するフランスは、この状況をフル活用した。ミッテランはドイツ再統一を了承する代価として、従来から求めていた通貨統合の確実かつ早期な実現を西独に求めた。通貨統合は、西欧で一番安定していたドイツ・マルクを基盤とするため、ドイツの強い通貨をヨーロッパに提供する含意があった。

ここで登場したのが、経済通貨同盟(簡単に言えば単一通貨の実現)と政治的に深化した新しい共同体の創設を、セットとして進めるという考えだった。再統一過程においてコールは、(ヨーロッパ)統合(Einigung)と(ドイツ)統一(Einheit)は一つのコインの表と裏であるという表現を好んで使ったが、これは言葉遊びではなく、ドイツ統一のためには新しいヨーロッパ統合の共同体(EU)が必要であることを意味していた。

しかし一九八九年一一月の十項目計画発表から翌九〇年四月まで、再統一をめぐり独仏は対立を重ね、コールとミッテランの関係はかつてないほど険悪なものとなった。そもそもミッテランはドイツ統一に消極的だっただけでなく、統一の代償として求める統合の深化の方向性でも対立したからである。フランスが通貨統合を優先させようとしたのに対して、西独は政治的な意義づけを重視した。さらにこの時期にミッテランは、ドイツとポーランド間の国境問題をことさらに取り上げて、ドイツへの不信感を表してコールの神経を逆なでするなど、対立は激しさを増すばかりだった。

この状況に危機感を覚えたのが、両首脳の側近や外務省高官たちだった。翌九〇年三月中旬にようやくミッテランがポーランド国境問題の取り下げに同意すると、両国の高官らは、独仏がヨーロッパ統合について新提案を共同で行う準備を始めた。西独側は再統一後もドイツがヨーロッパ統合に忠実であり続けることを示すために、統合の政治的最終目標を設定し（有り体に言えば将来的な目標としてヨーロッパ連邦の建設を掲げること）、ECの政策領域を広げて政治的な共同体を作り上げ、そこに自ら統合に組み込まれる「自己拘束」の姿勢を示そうとした。共通安全保障政策をヨーロッパ統合の政策に取り入れ、共同体が経済だけでなく政治的な役割を獲得する必要性を西独は強調した。

両国間の事前交渉は、新しい共同体の枠組み作りに大きな影響を与えた。西独は政治的最終目標を盛り込むことを断念し、フランスが主張する早期かつ確実な経済通貨統合の実現計画に応じる代わりに、フランスに対して共同体が広範な政策領域を導入することを受け入れさせた。独仏間の議論は、共同体全体の民主的正統化の向上、共同体機構の効率化、共通外交・安全保障政策の導入といった提案として結実した。コールとミッテランはこの内容を共同書簡として四月に発表し、六月のダブリン欧州理事会は、新しい共同体の設立を協議する二つの政府間交渉を年末に行うことで合意する。

東西ドイツ統一を前提として、ドイツが埋め込まれる新しいヨーロッパ統合の形が姿を現し始めた。一年間の政府間交渉ののち欧州連合（European Union: EU）の条約草案が合意され、一九九二年二月にマーストリヒトにて条約が調印された。こうして誕生したのがEUだった。ベルリンの壁崩壊から始まった政治変動は、ドイツ統一のみならず、ヨーロッパ統合の姿も根本的に変革し、新しい共同体となるEUを生んだのである。

ソ連の解体と新しいヨーロッパの試み

EUは冷戦終焉後のヨーロッパ秩序の基盤となるものだったが、より根幹からヨーロッパの歴史を画したのは、マーストリヒト条約の合意成立と同じ一九九一年の一二月に生じたソ連解体だった。

東西ドイツ統一の過程で、統一ドイツが置かれる国際秩序の在り方として、先に触れた④のモデルを、サロッティは既存のモデルをそのまま使うという意味で「プレハブ・モデル」と呼んだ。他方でプレハブは、工場で大量生産された資材を組み立てて安価かつ簡便に建物を建設できる工法のため、仮設住宅にしばしば用いられる。（サロッティにこの意図があったかはさておき）この仮設的という意味でまさに、ドイツ統一によってヨーロッパ統合やNATOという既存の西側の枠組みをそのまま東方に拡大するプレハブ・モデルは、同時に暫定的なものでもあった。

本来であれば、NATOに加えて、米ソを含む東西ほぼすべてのヨーロッパ諸国が加わる欧州安全保障協力会議（CSCE）による全ヨーロッパ的な安全保障体制や、EUの共通安全保障政策といった補助的な仕組みを組み合わせたうえで、ソ連や東欧諸国といった旧東側国家群をヨーロッパ秩序に安定的に組み込むことが必要とされた。そのための年が九二年のはずだったが、予期せぬソ連解体は冷戦後の包括的なヨーロッパ国際秩序形成を困難にしてしまったのである。

そのため、一九九二年以降ヨーロッパの安全保障秩序は、すでに冷戦期に成立していた西側秩序を基本としつつも、それに加えて、世界的大国だったソ連からヨーロッパ国家となったロシアを、いかにこのヨーロッパ国際秩序に位置づけるのかが問われ続けるようになった。

ここでいうヨーロッパ国際秩序とは、狭義の防衛・国家安全保障に限らず、より広義な地域秩序を指す。それゆえ、この問題はNATOだけでなくEUにも関係するものだった。そして、このヨーロッパ国際秩序は独仏関係を包み込むものであるがゆえに、冷戦後の独仏関係にとって、ヨーロッパ統合だけでなく、ロシアを含むヨーロッパ安全保障が重要な問題になるのである。

実際、コールが統一ドイツのプレハブ・モデルを受け入れた後、彼の外交顧問のホルスト・テルチクは、NATO存続と統一ドイツの加盟には、NATOを覆う「全ヨーロッパ的な安全保障システム」が必要と覚書に記していた（*DzD*, Dok.228）。また、EU設立に向けた政治統合の議論の中で、EUの共通対外・安全保障政策は、旧共産圏諸国との関係構築に資するものとされた。つまりNATOとEUは、冷戦期同様、表裏一体の国際秩序として引き続き役割を果たしていくことが求められたのである。

2　統一後のコール期およびシラク゠シュレーダー期

独仏による新しい外交の模索

冷戦終焉は、独仏双方にとってそれぞれに新しい外交の必要性をもたらした。

コールは再統一後のドイツを引き続き率いたが、同時に新しい外交的役割を慎重に模索し始める。それは、パワーある国家がそのパワーに見合った軍事力を備えて国際的な責任を果たすことであり、そのような志向性は「正常化」と呼ばれるようになる。湾岸戦争や旧ユーゴスラヴィア内戦の勃発、紛争地域での国連の平和維持活動の活発化は、新生ドイツに軍事力を含む国際貢献を求めるようになった。湾岸戦争ではドイツはNATO領域外での兵力展開に尻込みしたが、カンボジアとソマリアには平和維持部隊を派兵した。このように、国連の信託を受けた平和維持活動への貢献と軍事力の海外派遣を通じて「正常化」をいかに果たしていくのかが、冷戦後のドイツ外交のライトモチーフとなる。

冷戦の終焉はフランス外交にも深い影響を与えた。短期的には、ミッテランは一九九三年からのコアビタシオン（大統領と対立する政党勢力が議会の多数派を占めたため、大統領の意に反する首相が選出されている状態）の影響もあり、積極的な外交を展開しなくなった。ドイツに対し、不信感を隠さない言動も目立つようになる。しかし長期的に見ればより根本的な変化があった。それは、冷戦の終焉によりフランスが従来から望んでいた二極構造が消滅したことにより、フランスは二重の意味で、一層ヨーロッパ統合を必要とするようになったことである。

一方で、二極構造の消滅にともなうアメリカのヨーロッパでのプレゼンスの低下を、ヨーロッパの安全保障上の自立によって補うための手段として、EUの共通安全保障・防衛政策は不可欠となった。他方で、EUの中核である単一市場形成は、ドイツを経済的通貨的に埋め込むものとして、同様にフランスにとって不可欠な仕組みとなった。

と同時にフランス外交の特質である、フランスは世界的使命を果たす大国であるべきだという認識（Roche 2020）も残っており、それゆえヨーロッパという枠組みを通して、国際的な発言力の確保を目指そうとした。冷戦後のフランス外交は「世界レベルの使命と野心を有したミドルパワー」の外交だった（Bantigny 2013）。

NATO東方拡大、旧ユーゴ内戦と冷戦後ヨーロッパ安全保障秩序

冷戦後のヨーロッパ安全保障秩序の確立にあたって、新しい役割と姿をそれぞれに模索した独仏が直面した問題が、NATO東方拡大と旧ユーゴスラヴィアで勃発した内戦だった。

新生ロシアを率いたボリス・エリツィンは一九九二年一月、国が出発したまさにその時点の国連安保理演説で、自らをアメリカおよび西側の単なるパートナー国というよりも同盟国であると宣言した。つまり、ロシア成立当初のエリツィンは、自国のNATO加盟を希望していた。

だが、NATOへの加盟を希望していたのは旧東欧諸国も同様だった。アメリカはNATOをいつ、どうやって拡大するかという問題に直面した。結論から言えば、一九九四年に「平和のためのパートナーシップ」という形でロシアを包摂する緩やかな枠組みを形成する一方で、一部の東欧諸国から、NATOの完全な加盟（NATO設立条約の第五条の集団防衛規定を保証すること）を早期に行う方針が同年度中に固められた（Sarotte 2019）。

というのも、冷戦終焉直後にあってロシアを安全保障上の脅威と認識する（ソ連の桎梏《しっこく》からようやく解放された）東欧諸国からロシアのNATO加盟に反対する声が上がり、アメリカ政府内でもロシアの民主化の非徹底が問題視されたからである。

ロシア側は、当初NATOへの加盟を完全な形ではなく、（一九六六年より軍事機構から脱退している）フランスのような政治部門のみの加入を念頭においていた。しかし、この時勃発していた旧ユーゴスラヴィア内でのボスニア内戦をめぐり、当初期待した米露間での対等な協力は果たされなかった。冷戦後もアメリカとならぶ大国であると示せなかったロシア政府は、批判的な勢力に強硬な態度で臨む強いロシアを演じて国内支持を獲得する方向へ転換した（Radchenko 2020）。その帰結が、一九九四年末のCSCEブダペスト首脳会談で、NATOは冷戦の道具でありヨーロッパは「冷たい平和」に陥る危険性がある、と訴えたエリツィンの演説だった。これ以降ロシア側も、自身のNATO加盟はおろか東欧諸国の加盟にも強く抵抗する。

このロシアの姿勢の転換にもなったボスニア内戦は、ヨーロッパ安全保障秩序に大きな影響を与えた。一九九一年六月に、ユーゴスラヴィア解体の幕開けとなるスロヴェニアとユーゴ連邦政府間の紛争は、ECの仲介によって短期間で解決に至った。当時EC理事会の議長国だったルクセンブルクの外相は「今はヨーロッパの時間であり、アメリカの時間ではない」と発言した（遠藤編 二〇〇八：五六二）。

これは、当時設立交渉の最中にあったEU（一九九二年二月設立条約調印）の共通安全保障政策によって国際問題を解決し、これから成立するEUが、国際政治の場でも能力あるアクターであることを見せつけるチャンスと考えていたことを表していた。しかし、クロアチアもユーゴ連邦との武力衝突に発展し、ボスニア＝ヘルツェゴビナで内戦が勃発すると、対立状況は複雑化かつ深刻化するようになり、多くの市民が殺害される悲惨な状況が出現した。クロアチアの独立宣言（九一年六月）をドイツおよびECが拙速に認めたことが、ユーゴ内戦の泥沼化のきっかけになったと批判が起きたばかりか、EC（EU）諸国はこの紛争の進展を食い止められず、EUの共通外交政策は無力さをさらけだした。

この凄惨な状況を食い止めるべく、国連やEC（EU）、さらにロシアなどが仲介と和平提案を繰り返したが、対立は鎮火しなかった。それどころか一九九五年七月に、国連の平和維持活動隊（国連保護軍）が展開し、「安全地帯」と指定された区域内でもあったスレブレニツァで、七千名を超すムスリム人の成人男性が一挙に殺害される事件が起きた。「ジェノサイド」の再来にヨーロッパ諸国は震撼した。

事態はここに至り、NATOは国連の一定の信任を得て、翌八月よりボスニア内のセルビア人勢力区域に空爆を開始した。そして同年一一月に、アメリカ空軍基地内で交渉が行われたデイトン合意によって、ようやく戦闘は終結する。このボスニア内戦の結末が意味したのは次の二点だった。第一に、ヨーロッパの裏庭での内戦の勃発にEU諸国は無力であり、アメリカの介入が必要だったこと。第二に、ロシアはこの問題の解決に主導権を発揮できず、アメリカのジュニア・パートナーに甘んじたことである。

このように、冷戦後のヨーロッパ安全保障はEUの共通安全保障政策やCSCE（一九九五年に欧州安全保障協力機構〔OSCE〕へと改組）によってではなく、NATOの東欧諸国への拡大によって担われることとなった。それは、NATO内での力学と、ボスニア内戦の顚末で露わになった力学の双方が合わさってのことだった。

冷戦後ヨーロッパ安全保障秩序のための不可欠な一ピースとみなされていたロシアとのパートナーシップ形成は、NATOを通してではなく、指導者間の信頼関係（エリツィンのサウナ外交）やロシアのG7への加盟という形で行われた。コールはエリツィンと個人的な友情関係を築き、冷戦後のロシアが西側と関係を構築するための橋渡しの役割を積極的に買って出た（Bierling 2014）。

一九九七年三月に米露首脳会談が開かれ、ロシアはNATOへの東欧諸国加盟を認める代わりに、NATO新規加盟国に核兵器を配備しないこと、NATO＝ロシア常設理事会を設置してNATOとロシアとの間に恒久的な協議チャンネルを制度化することが合意された。そして同年七月、マドリードNATO首脳会談で、ポーランド、ハンガリー、チェコの三ヵ国のNATO加盟が承認された。

ボスニア内戦は、ドイツとフランスの冷戦後の外交にも影響を与えた。コールは当初慎重にも、第二次世界大戦中ドイツ軍が侵略した土地に軍を派兵しないという「コール・ドクトリン」を示した。しかしボスニア内戦へのドイツ連邦軍の関与は避けられず、一九九二年に対ユーゴ武器禁輸措置にともなうアドリア海への艦艇派遣の実施や、ボスニア上空での飛行禁止区域設定によって早期警戒管制機を参加させている。

これらのドイツ連邦軍のNATO域外派兵をめぐって憲法裁判が起こされたが、その判決ではNATO枠内での軍の参加は合憲とされるも、軍の域外派兵には議会の承認が必要とされた。一九九五年のデイトン合意後、ドイツ連邦軍がクロアチアでの平和維持活動に派遣されることとなり、この議会の承認に際しては、SPDや緑の党といったコール後に政権を担う当時野党の議員も多く賛成票を投じた。ドイツ外交の変化は確実に進んでいた。

フランスは、ヨーロッパが独自に安全保障上の機能を発揮することを望んでいたが、前述の通りボスニア内戦でEUが独自に果たせる役割はきわめて限られていた。他方で、ボスニアに兵力を現地展開したフランスは、NATOとの協働に乗り出さざるを得ず、ド・ゴール時代に撤退していたNATO軍事機構への復帰を考え始める。

しかしフランスは、ヨーロッパによる独自の安全保障の確立を諦めたわけではなく、ヨーロッパ統合の枠組みを使っての構築をその後も志向し続ける。したがって、NATOによる安全保障とヨーロッパによる安全保障をどう関係づけ、軍事的に意味のあるものとして制度化していくのかという問題は、以後も独仏関係を取り巻くヨーロッパ国際秩序の問題として、独仏関係の焦点であり続けることとなった。

シュレーダー赤緑連立政権の発足

一九九八年九月に行われたドイツの総選挙でSPDが勝利し、同党のゲアハルト・シュレーダーを首相とする同盟90／緑の党とのいわゆる赤緑連立政権が誕生した。四四年生まれのシュレーダーは、独仏通じて初めて第二次世界大戦の戦争体験を持たない戦後世代の首脳となった。ドイツは九九年にベルリンへ本格的な首都移転を果たし、「ボン共和国」から「ベルリン共和国」へと変貌していく。

シュレーダーは、アフガニスタンへの連邦軍の派遣など、統一後のドイツ外交の「正常化」路線を一層推し進めることになる。さらに内政でも、統一による経済的苦境を脱するための抜本的な経済改革を行うなど、コール路線からの大幅な転換を見せた。

また新政権誕生と前後して、小説家マルティン・ヴァルザーが、過去への過度な執着を批判する講演を行ったが、このような批判はホロコーストを過小評価するものと、国内で激しい歴史認識論争が引き起こされた（渡辺 二〇一四）。これらのさまざまな出来事が、戦後ドイツが新しい局面に入ったことを示唆していた。

独仏関係でいうと、シュレーダー＝シラク期は、一面では従来通りの良好な関係性をアピールしながら出発した。一九九五年に仏大統領に就任していたジャック・シラクは、ドイツの高級紙『フランクフルター・アルゲマイネ・ツァイトゥング』に独仏関係の活性化を望む論稿を寄せると、シュ

シラク（左）とシュレーダー

レーダーは首相就任前に訪仏しフランス重視を訴えた。両者は九八年一二月に、公式的には初の会談としてポツダムで首脳会談を行い、独仏関係がヨーロッパの「モーター」であることと、独仏関係の新出発となることを共同声明で発表した（Woyke 2004）。

しかし他方で、独仏関係にはそれまでにはない離反の徴候も見て取れた。というのも、シュレーダーは第一次世界大戦休戦記念日の八〇周年祭典（一九九八年一一月一一日）のフランスからの招待を断り、フランス側を驚かせた。他方でフランス側も一二月の英仏首脳会談で、EU加盟国の防衛政策の共通化推進やEU独自の防衛能力獲得に向けた取り組みを呼び掛ける「サンマロ宣言」を採択し、英仏関係を軸とする安全保障協力政策を推進しようとした。

この二〇世紀末の数年間、独仏ともにイギリスへの接近が見られた。この三ヵ国の政権が、イギリス首相のトニー・ブレア、フランス首相リオネル・ジョスパン（一九九七年選挙で左派勢力が勝利したため、保守派のシラクとは政治勢力が異なるものの首相に選出された）、そしてシュレーダーと、みな社民系の中道左派政権だったことも、三ヵ国の接近の背景にあった。独英間の接近は、翌一九九九年にフランスのジョスパンを外した形でブレアとシュレーダーの連名で、ヨーロッパ社民の未来を論じた報告書『第三の道』を公刊したことにも表れた。

このように冷戦終焉後の新しい環境に向けたシュレーダー＝シラク期の独仏の船出は、接近と離反の振れ幅が大きく、これまでのコンビのような安定した関係を確立できなかった。

EU東方拡大とヨーロッパ憲法をめぐる紛糾

さらに一九九九年から二〇〇〇年にかけて、独仏はヨーロッパ統合をめぐって対立を深めていった。その第一の問題は、旧共産圏の東欧諸国のEU加盟（いわゆる東方拡大）をめぐる問題と、それと密接に関係していたEUの共通農業政策（CAP）についてだった。もともとこの問題は、九五年にEUの東方拡大のための交渉着手が合意され、二年後にそのためのEUの予算改革案が発表された時から独仏間で争いになっていた。東方拡大によって広い農村地域をかかえる東欧諸国がEUに加盟すれば、その分EUからの農業補助金の支出拡大が予想された。そのため、EUへの拠出金が純負担になっていたドイツが農業補助金の削減を主張したのに対し、国内農家の多くがCAP補助金を受け取っていたフランスは、その受取額の減額に強く抵抗した。

そもそも東方拡大について積極的なドイツと、消極的であり南欧諸国との関係を重視したいフランスとの間には溝があった。これらの問題は一九九九年の二月からEU内で紛糾し、最終的に三月にベルリンで開催されたEU理事会で妥協が図られた。その際二〇〇六年までの予算が決定されたが、農業予算の圧縮率が抑えられるのと同時に、フランスが譲らなかった乳製品補助金引き下げが先送りにされるなど、議長国ドイツが譲歩する形での決着となった。これは独仏関係に「勝者」と「敗者」を生む交渉となり、この合意は問題の解決どころか、一層の関係悪化をもたらした（Neßhöver 2003）。

さらに同時期に並行して行われた、ヨーロッパの憲法体制もしくは最終目標《フィナリテ》をめぐる論争でも独仏間の不和が高まった。一九九九年一一月に、ドイツ大統領ヨハネス・ラウがヨーロッパ憲法に賛同する論稿をフランスの高級紙『ル・モンド』に寄稿すると、翌二〇〇〇年五月にフンボルト大学において独外相ヨシュカ・フィッシャーが、ヨーロッパ統合の最終形態として連邦制の導入を呼び掛ける演説を行った。野心的なドイツの構想に対して、同演説の一ヵ月後にシラクはベルリンの連邦議会で演説したが、政府間主義的な力学を重視し超国家的なヨーロッパの建設を否定するその内容は、ドイツ側を失望させるものだった。

フンボルト演説は、二一世紀初頭のヨーロッパ統合に大きな影響を与えた。EU各国は激しい反応を示し、最終的にヨーロッパ・コンヴェンションと呼ばれる国際会議を経て欧州憲法条約の制定に至るからである。そして詳しくは次章で触れるが、この欧州憲法条約の批准がフランスとオランダにより否決されたことで、一転してヨーロッパは危機の時代を迎える。

二〇〇〇年一二月、EU設立条約の改定を話し合うニース欧州理事会が開催された。ここで独仏は、特にEUの意思決定にかかわる論点でこれまでにないほど激しく対立し、エリゼ条約締結以降で最悪と評されるほどの関係悪化をもたらした。ヨーロッパ統合の中で協調し合うことで、統合を推進し自らの影響力を高め二国間関係も進展させてきた独仏だったが、ヨーロッパと独仏関係のシンクロは、ポスト冷戦期のシュレーダー＝シラク関係では機能しなくなったように思われた。ここにおいて、「枢軸の終わり」「パラダイム転換」が叫ばれるようになった。

ブレサイム・プロセスと関係改善

しかし独仏関係が底を打ったことは、シラクとシュレーダーが二国関係の改善に乗り出すきっかけともなった。ニースでの衝突から間もない二〇〇一年一月、アルザスの小村ブレサイムのレストラン「シェ・フィリップ」に、シラクとシュレーダーに加え、仏首相ジョスパンと外相のフィッシャー（独）、ヴェドリーヌ（仏）が集まって、非公式会談を持った。それ以降、首脳間でおよそ二ヵ月に一回、外相レベルで四週間から八週間に一回の頻度で、非公式に会談する「ブレサイム・プロセス（format Blaesheim/ Blaesheim-Prozess）」が始まった。ブレサイム・プロセスでは、両国が意見を異にしている論点をめぐり、それぞれの背景や構図をざっくばらんに意見交換し、信頼醸成を図ることが目的とされた。

実は一九九七年七月の独仏外相会談で、両国が外交問題に関して共通の立場にたつために両外務省間の交流を活発にすることが発表されていた。課長級の外務官僚が、互いの省庁の組織編成や行政手続きの詳細に触れるための交流を増やし、若手職員交流を活発化することで語学も含めて両国の互いの組織文化を知ることは、すでに着手されていた。ブレサイム・プロセスは、この交流を、首脳レベルを含めて着実に実行しようとするものだった。

その成果はすぐに出た。二〇〇一年一一月の独仏首脳会談で、シラクとシュレーダーはヨーロッパ憲法に関して合意した。さらに翌〇二年には、仏独それぞれで大統領選、総選挙で現職側が勝利し、シラクとシュレーダーは内政上の安定も得た。両者は一〇月のブリュッセル欧州理事会でついに東方拡大およびCAPに向けた予算措置に関して合意した。さらに、同年一一月から一二月にかけて、ヨーロッパ憲法の制定に向けた、安全保障政策および司法協力に関する共同覚書を提出する。

これらヨーロッパに向けた独仏提携の総仕上げが、二〇〇三年一月一五日に発表されたEUの将来的なアーキテクチャ（地域秩序の枠組み）に関する独仏共同提案だった。両国は、欧州理事会の常任議長の選出、欧州議会および閣僚理事会による欧州委員会委員長の選出、EUの対外安全保障能力の向上と深化、EUの政策決定に対する加盟国議会の参与強化といった、重要なEUの制度改革草案を提示した。この制度設計は、六月のヨーロッパ・コンヴェンションでの欧州憲法草案に反映され、最終的に同年七月にローマ宣言という形で、欧州理事会議長国のイタリアに提出された。独仏が協同してヨーロッパ統合を深化させる、おなじみの独仏モーターがここに復活した。なおブレサイム・プロセスは、二〇〇七年ごろまで続いた模様である。

エリゼ条約締結四〇周年共同声明

二〇〇三年一月二二日、エリゼ条約締結四〇周年を記念して、以下の四点の合意事項を含んだ、両国による共同声明が発表された。

第一に、毎年二回エリゼ条約の枠組みで開催されていた独仏首脳会談を、「独仏閣僚理事会」、いわゆる独仏共同閣議という形態で開催すること。エリゼ条約の枠組みでの閣僚級会議は、外務省、防衛省、文化・教育省の三つに限られたが、独仏共同閣議ではすべての閣僚が参加する。

第二に、独仏協力事務総長ポストの設置である。その任務は、独仏間の協力に関する政策措置を準備、実施、決定後のフォローについて調整することである。独仏共同閣議にも出席する権限があり、政府高官として独仏それぞれに首相から任命され、外務省に帰属して職務を行う。またその際、相手国の職員を交えて業務を遂行することとされている。

第三に、独仏国境を跨いだ自治体間協力「ユーロディストリクト」の設置である（次節参照）。

第四に、エリゼ条約が締結された一月二二日を「独仏記念日」として、両国間の友好や相手国を知悉《ちしつ》するためのさまざまな行事を今後実施することとした。

これらの決定は独仏関係に新しい紐帯をもたらすものだったが、さらに今後の目標として挙げられた事項もまた野心的だった。たとえば、将来的に市民生活の基本領域に関わる立法、特に民法や家族法の規定を、独仏間で調和させる検討を行うとされた。両国民が両国で居住可能とするため、独仏両国民全員に独仏の二重国籍を与えるのではという憶測すら報じられた（リベラシオン紙）。

この二〇〇三年の独仏首脳会談は、最初の独仏共同閣議の開催も兼ねていた。エリゼ宮で独仏共同閣議を開いたシラクとシュレーダーは、ヴェルサイユに足を運び、ヴェルサイユ宮殿「議場の間」で開かれたフランス国民議会とドイツ連邦議会の合同総会に出席した。この合同総会で四〇周年記念の独仏共同声明は採択された。六三年の時とは異なり、政府と議会が一体となっての採択だった。こうして、冷戦終焉以降、統一したドイツの出現によって従来の構図が変化し、新しい外交的役割が模索される中で揺れ続けた独仏両国は、この共同声明によって野心的な二国間関係の強化を打ち出し、再出発したように思われた。

「旧いヨーロッパ」対「新しいヨーロッパ」

二〇〇一年以降の独仏関係の緊密化の背景として見逃せないのが、九〇年代末以降の独仏両国の対露関係の転換と、アメリカで起きた同時多発テロ（9・11）である。

一九九八年、デイトン合意以降大規模な武力衝突が収まっていた旧ユーゴ領内において、新たに民族対立が発生した。セルビア共和国内のアルバニア人が多数を占めるコソボで、アルバニア人勢力が独立を求めそれに対しセルビアが武力で抑え込む、いわゆるコソボ紛争の勃発である。再び旧ユーゴで起こった流血の事態に、米露を含む各国が停戦介入に入ったものの、なかなか解決に至らなかった。最終的に九九年三月にＮＡＴＯは国連安保理決議なしの空爆を人道的介入名目で行い、武力衝突は停止した。

コソボ紛争は、ボスニア内戦同様、米欧間の軍事能力の格差をEU各国に痛感させたが、国連決議なしのNATO空爆にロシアは激しく反発した。ロシアとNATOとの関係に一層の亀裂が入り、ロシアは空爆に賛成したドイツに対しても激高したという（Bierling 2014）。

しかし、一九九九年にエリツィンの後継者としてロシアの指導者となったウラジーミル・プーチンが、シュレーダーと二〇〇〇年六月に直接会談を行うと、独露は一転して協調的な関係を築くこととなる。その原動力は、正教会のクリスマスを祝うために新年をモスクワでともに家族で過ごす、シュレーダーとプーチンとの親密な関係だった。独露関係は特にエネルギー領域で緊密化していき、その頂点が北海に敷設されたパイプラインを通して直接ロシアから天然ガス輸入を図る、二〇〇五年のロシア・ガスプロム社との契約、いわゆるノルドストリーム計画だった。

経済を立て直し、冷戦後の新しいドイツ外交を力強く牽引するシュレーダーだったが、チェチェン紛争問題（ロシア内の自治共和国の一つチェチェンの分離独立問題をめぐり、ロシア政府が独立派を不当に弾圧しているのではないかという問題）や政府批判へのロシア政府の抑圧などの問題には口をつぐんだ。

二〇〇一年九月に起こった国際テロ集団アル・カイーダによるアメリカへの同時多発テロ9・11は、このようなヨーロッパの安全保障をめぐる構図にまったく新しい力学を持ち込んだ。本土を攻撃されたアメリカは「テロとの戦い」を掲げ、当時アル・カイーダが拠点を置いていたアフガニスタンに侵攻した。このアフガニスタン攻撃のために中央アジアに米軍が駐留することを、ロシアは了承した。しかし、アフガニスタン戦争後、アメリカの目標は一転イラクのフセイン政権に向かい、イラク侵攻が現実味を帯び始めると、国際的に激しい議論が起こった。

イラク侵攻に反対する独仏と、侵攻に積極的な英米および他のヨーロッパ諸国との対立は、米欧間およびEU内に軋轢を生んだ。当時のアメリカ国防長官ドナルド・ラムズフェルドは、独仏を「旧《ふる》いヨーロッパ」、アメリカを支持する東欧諸国を「新しいヨーロッパ」と呼んだが、この対立は、冷戦後のヨーロッパの安全保障秩序をどう作り上げるかという点で、ヨーロッパはロシアを包摂したものでしかあり得ないと考えていた前者と、ロシア抜きでのヨーロッパ形成を求めた後者との対立を受け継いだものでもあった。

イラク戦争勃発を前にして動揺した米欧関係に対し、プーチンのロシアが一貫して独仏側についたのは、ある意味で当然の成り行きだった。実際に二〇〇三年から二〇〇五年までの三年間、独仏露の三ヵ国首脳会談は毎年開催され、独仏関係はロシアとの外交的な協調関係を生み出していた。しかし後から振り返ってみると、このロシアを包摂しようとしたヨーロッパは、新しいヨーロッパを作らなかった。

3 非政府・市民社会領域での協力

これまで本書は、西ヨーロッパを取り巻く国際政治に埋め込まれている独仏関係の政治外交的な関係を中心に見てきた。他方で二国間でも、エリゼ条約の締結をきっかけに数多くの提携・協力が進んだ。以下本節では、一九六〇年代以降の非政府間領域での独仏関係について、青少年交流・教育、地域・自治体間協力という二つの事例を紹介する。

青少年交流と教育分野での協力

仏独両国は教育および青少年交流の領域で活発な協力関係を重ねてきた。とりわけ、青少年交流はエリゼ条約をきっかけに始まった協力政策の中で、最大の成果を上げているとされる。エリゼ条約が調印されて約半年後の一九六三年七月、両国は独仏青少年事務所（OFAJ/DFJW：以下OFAJ）の設置に合意した。

OFAJはこの時、独仏で一つの事務組織を共有する形で設立され、初代事務総長にはフランス人外交官で、大戦中に強制収容所に収監された経験を持つフランソワ・アルトマイヤーが、副総長にはドイツ人のアルブレヒト・クラウゼが就任した（以降、二〇〇四年の機構改革まで事務総長と副長にそれぞれドイツ人とフランス人が就任した。寺島二〇一三）。事務局はパリとボンの二ヵ所に置かれ、最初の事務総長をフランスが出したことから、本部は当座の間ボンとなった。

ＯＦＡＪは「相互理解を深め、交流を誘発、促進、実現することで、両国の青少年間の絆を強めること」（設置協定第二条）とされ、生徒・学生・社会人交流、グループ旅行、スポーツ行事、臨海・林間学校、合同合宿、研修旅行、語学学校での語学習得、青少年に関する学術研究などが対象となった。ＯＦＡＪは、これらの交流プログラムを立案・実施する両国の官・民の団体と提携して、プログラムに助成する形を取った。

ハンス・マンフレット・ボックによると、設立後最初の四年間で約一二五〇の外部組織と提携し、一〇八万もの青少年が交流プログラムに参加した（Bock et al. 2008）。設立以前の四五年から六三年までの独仏間交流に参加したのは二〇万人程度とされているので、ＯＦＡＪの発足がいかに大きなインパクトをもたらしたのかが分かる。なお二〇二三年現在では、ＯＦＡＪのサイトの説明によると、提携するパートナー団体は約八千、年一二万人が参加し（二〇二二年の実績）、六三年以降累計で約一千万人の交流を実現させてきた。

ＯＦＡＪの意思決定は、両国の政府代表および市民社会セクター代表から構成される理事会によってなされる（一九八三年以降は地方自治体代表も加わる）。ＯＦＡＪは市民社会アクターを意思決定および実施主体に組み込むことで、市民社会での「下からの」独仏関係の構築を進めてきた。

また、一九六八年の五月革命の際、ＯＦＡＪのパリ事務所が元職員によって占拠された事件があり、そのためグロセール（第3章3節参照）を中心にこれまでの活動を批判的に振り返る機会が持たれた。そこでは、従来の活動の非政治的な志向性がむしろ批判され、政治的な意義づけや第三国を含めた国際的視点が今後強調されるべきとされた（寺島二〇一三）。

その結果OFAJは七四年と八三年に設置協定を改定し、七〇年代以降はヨーロッパ統合を意識し、第三国を巻き込んだ青少年交流事業を進めるようになった。冷戦後にはOFAJをモデルとしたドイツとポーランド間の青少年事務局が九一年に設立され、現在では独仏交流事業の約二割の予算が旧東欧圏との第三国事業に割かれている。

加えて、独仏間の教育上の協力も積み重ねられている。中等教育での例がアビバック（Abibac）である。アビバックとは、独仏の両方の大学への入学資格を満たすディプロムであり、通常の大学入学資格（フランスのバカロレア、ドイツのアビトゥーア）の両方を兼ねるため、この名前が付けられた。

この制度は一九八七年の共同声明で発表され、九四年から実施されている。通常必要とされる科目に加え、相手側の言語による歴史・地理および文学の授業を履修した上で、当該言語による筆記試験をパスする必要がある。アビバックでは、相手国の言語による授業を提供することが必要なため、独仏の高校が姉妹校提携をしてアビバック学級を設置する。開始から二〇年以上が経過し、年により変動はあるものの、近年は両国それぞれ約九〇の高校がアビバック学級を設置し、二〇一三年には両国で各年約千名を超す学生がアビバックを取得す

両国共通の歴史教科書　写真は戦後史を扱う第3巻。近代以降をカバーする第2巻と第3巻は邦訳がある

るようになっている（Geiling-Hassnaoui 2017）。

高等教育での協力例が、一九九七年に合意され、九九年から実施された「独仏大学」である。独仏大学は固有の大学機関ではなく、独仏両国をまたがって高等教育を受けられる交換留学課程のネットワークともいうべき仕組みである。事務組織はザールブリュッケンに置かれている。独仏大学には両国で二〇〇近い高等教育・研究機関が参加し、両国での教育課程プログラムに沿ってさまざまな機関で教育を受けてディプロムを取得する。現在は六千名近い学生がこのプログラムに参加している。

このような青少年交流と教育課程の共通化がもたらした一つの成果が、二〇〇三年の独仏青少年議会の共通教科書策定提言である。エリゼ条約四〇周年を記念し（前節参照）、ベルリンにて両国の五〇〇名の高校生が出席して「若者議会」が開催されると、同議会にてアビバック学級の学生より、両国共通の歴史教科書の策定が提案された。この提案を受けて、独仏両国の歴史学研究者、高校の歴史教科教員によって、古代から現代までをカバーする三巻本の教科書『独仏共通歴史教科書』がその後八年かけて刊行された。

トランスフロンタリエ――国境を跨いだ自治体協力の動き

冷戦終焉後の一九九〇年代以降発展した独仏間の協調のうち、着実な進展を見せているのが、国境を跨いだ自治体間協力《トランスフロンタリエ》の枠組みである。ドイツとフランスは、ザールラント（およびラインラント＝プファルツ州）とロレーヌ地方が、ライン川を挟んでバーデン＝ヴュルテンベルク州とアルザス地方が隣り合っている。

そのうちライン川を挟む上ライン地域は、さらにその上流に位置するスイスのバーゼル都市圏と合わせて、緊密な地域協力を進めてきた。このトランスフロンタリエな協力の起源は一九六〇年代まで遡るが、ヨーロッパ統合の枠組みと合わさって加速していったのは九〇年代以降のことである。

他方で独仏の国境を跨いだ協力は、上ライン地域以外にも、一九五八年に設立されたドイツ・ミュンスター地方とオランダ南東部間のオイレギオ（Euregio）や、八〇年に政府間協定が締結されたドイツ、ルクセンブルク、フランス間の地域協力（その後ベルギーのワロン地方を含めたグランド・レジオンとして発展）も存在する。そもそも異なる複数の国家の地域間協力や国境を挟んだ協力（Cross-Border Cooperation）は、ＥＵでは独仏を問わず数多く存在している。しかし上ライン地域の地域協力は、二〇〇三年に成立する「ユーロディストリクト」（後述）を含め興味深い独仏関係の姿を描き出している。

上ライン地域の協力のきっかけとなったのは、やはりエリゼ条約だった。同条約は国境横断協力を対象としていなかったが、両国の関係改善の機運を受け、バーゼル（スイス）、コルマール（仏）、フライブルク（独）に拠点を置いた団体「レギオ・バジリエンシス（Regio Basiliensis）」が、バーゼルの企業および研究者を中心に一九六三年に設立された。この団体はあくまでスイスの民間団体だったが、国境を横断しての往来や経済が営まれている上ライン地域において、各地域間に横たわる障害をなくし、経済的文化的な発展を促進する目的を掲げていた。

その後一九七五年には独仏スイス三ヵ国の政府間協定（ボン協定）が締結され、レギオ・バジリエンシスが取り組んでいた、三ヵ国間の国境地域における近隣地域同士の問題解決のための政府間委員会と、それに付随してライン上流地域での三ヵ国の地域会議と下流地域での独仏地域会議の二つの下部会議を立ち上げることが合意された。その後一九九一年に、この二つの下部地域会議を合併する形で、独仏スイス・上ライン川会議（通称三ヵ国会議）が設立された。この三ヵ国会議はそれぞれの広域自治体（フランスの県、スイスのカントン、ドイツの州）長が参加し、また同時に二二のワーキンググループが設立されて、広範囲の行政問題について話し合うこととなった（Wassenberg 2009）。

自治体間協力は、政府間レベルと地域間レベルの複層的な仕組みの中で、基本的には地域がイニシアティブをとることで継続・発展していった。一九八〇年代までの自治体間協力は慎ましやかで、さほど市民の日常生活に直結したものとは言えなかった。しかし九〇年代に入ると、ヨーロッパ統合の力学が加わり、本格的な活性化が起こった。それが八九年から始まったインターレグ（INTERREG）制度であった。

インターレグとは、国境地域においてEUが中央政府を経由せずに直接地方政府に補助金を交付して、国境越境協力体制を支援する枠組みのことである。上ライン地域では、このインターレグの財政支援を受けて、一九九一年により地域に根差した地域ネットワークとして「インフォベスト」と呼ばれる情報提供・市民向けアドバイス組織の設置が始まった（Wassenberg 2013）。インフォベストの数はその後増設され、現在も市民の身近なトランスフロンタリエ《国境を跨いだ》な事柄に関する情報掲示、相談窓口であり続けている。

一九九〇年代以降の三ヵ国会議の議論の中では、市民社

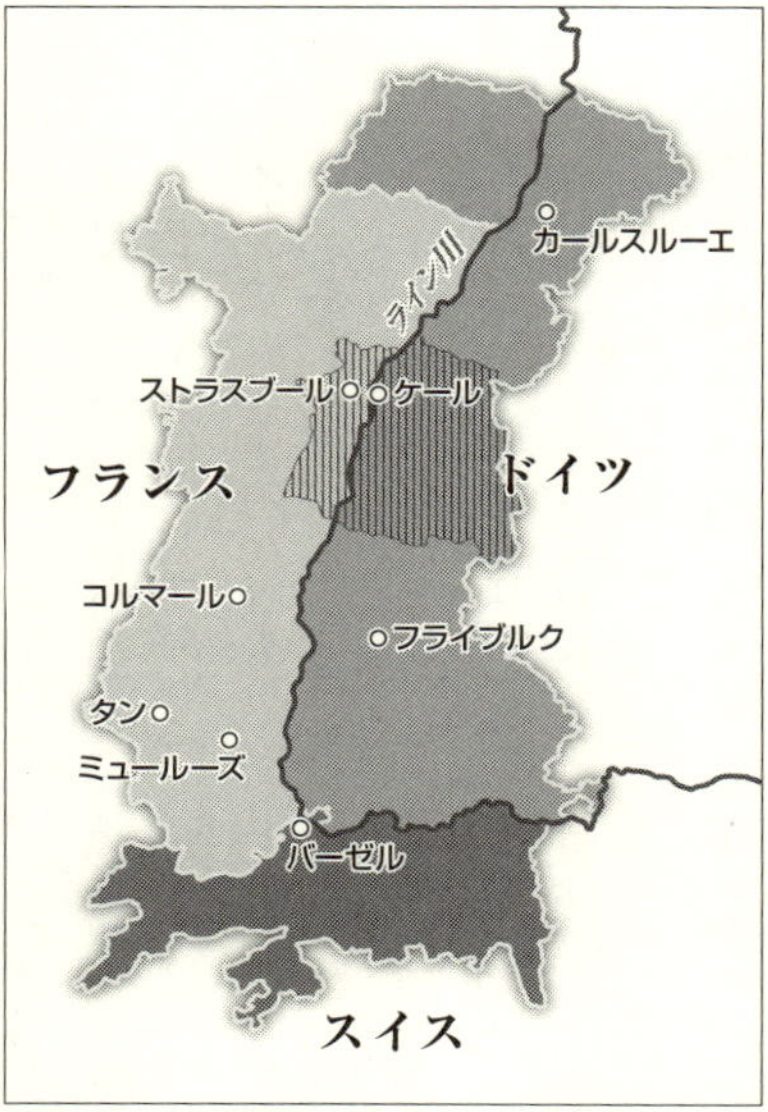

上ライン地域略図　代表的な都市のみ記載。中央の複数の直線で示した範囲がストラスブール＝オルテナウ・ユーロディストリクト

会の柱が強調されるようになるのだが、それは当地の住民がトランスフロンタリエな生活を日常とするようになったからだった。それゆえに国境横断的な地域協力では、単なる政治的、制度的な協力だけでなく、日常生活に根差した活動から生じる問題を、地域住民と地域自治体が一体となった自律的な解決が必要とされたのである。

このような流れの中で二〇〇三年のエリゼ条約四〇周年共同声明で触れられたのが、ユーロディストリクトの設立だった。ユーロディストリクトとは、国境を跨いだ新しい自治体間協力の仕組みであり、独仏両国の隣接し合う地域をまとめた広域自治体連合である。この時合意されたのは、ライン川を挟んで位置するストラスブール（仏）とケール（独）があるオルテナウ郡を合わせた地域（ストラスブール＝オルテナウ・ユーロディストリクト）で、この圏内の市民や民間の計画を支援し、都市開発や交通整備を行うものだった。

その具体的内容としては、ストラスブール中心街とケールを直接トラムで結ぶ路線の建設や、独仏共同消火船の運用、独仏こども園の建設、シンボルとしてのライン川両岸庭園と歩道橋の整備（整備計画自体は九〇年代から存在）が挙げられる。特にストラスブールとケール間では、国境線を意識しない一体的な地域を作り上げようとしていると言っても過言ではない。トランスフロンタリエな協力を強化することで、試作的な「真のヨーロッパ」的土地たろうとしているのである。その後、ストラスブール＝オルテナウ・ユーロディストリクトに加えて、上ライン地域に複数のユーロディストリクトが設置される。

政治外交的な努力で独仏間の協力関係を作り上げようとするのが「上からの」アプローチだとすれば、上ライン地域の経験は、ローカルな自治体・市民社会間協力による「下からの」アプローチと言えるだろう。「上からの」アプローチは冷戦終焉を受けて動揺と再編が起こるものの、「下からの」アプローチは地道な経験を積み重ねていて、この重層性が独仏関係に独特の活力をもたらしている。

本章で見たように、冷戦終焉によって冷戦期に確立した構図の多くがひっくり返った。独仏が埋め込まれた国際秩序そのものが変わり、独仏関係もまた再出発を迫られた。独仏間のパワーバランスの変化、機能していた二国間和解と欧州統合の調和的な関係の不全化、新しい秩序の模索といった困難な試みに独仏関係は直面したのである。

冷戦期の独仏が埋め込まれた国際秩序は、アメリカが深く関与する「大西洋のヨーロッパ」だったが、この体制は冷戦終焉によりいったん後景に退く。というのも、第一に、EUが深化することで自律的な力学を獲得し始め、独仏の協調と統合の深化のシンクロという構図は不要になり始めた。第二に、アメリカのパワーはグローバル化し、アメリカがヨーロッパから距離を置き始めたため、ヨーロッパへのアメリカの関与が弱まり、それと入れ替わりにロシアの位置づけが重要になったためである。

第一の結果、独仏間の協調は徐々に意味を失っていった。独仏二国間の外交的協調のエピソードは薄れ（二国間枠組みの協調はトランスフロンタリエなどの下からの協調に焦点があたるようになった）、イラク戦争のエピソードが示すように、協調ができたのは外部的要因が大きかった。

第二の結果、NATOの再編がロシア・東欧を巻き込む形で行われようとしたが、独仏が望むような全ヨーロッパ的なものはできなかった。独仏は新しい冷戦後のヨーロッパ秩序にはロシアが含まれるべきという立場からロシアとの協調関係を模索するも、NATOとロシアの関係構築は本質的な秩序形成には至らなかった。

つまるところ、冷戦期の独仏関係を理解する補助線としては、アメリカの存在が決定的に重要だったが、冷戦後は第二の補助線としてロシアが引かれるようになった。他方でヨーロッパ統合については一九九〇年代から二〇〇五年までは急激な発展が進み、独仏はその中でうまく機能できず不和もあったが、最終的に二〇〇三年の共同声明に行き着いたのである。

第7章　メルケルの時代と変わる「ヨーロッパ」
――ユーロ危機からウクライナ戦争へ

二〇〇五年、ヨーロッパ政治のその後十数年間の歩みを決める二つの出来事が起こった。第一に、フランスとオランダで欧州憲法条約の批准が国民投票によって否決された。マーストリヒト条約発効後、順調過ぎるほど発展してきたヨーロッパ統合の歩みは、にわかに歯止めをかけられた。さらにこれ以降EUは、ユーロ危機（ソブリン危機）、難民危機、ブレグジット等の連続的な「複合危機」（遠藤二〇一六）に見舞われることとなる。

もう一つは、アンゲラ・メルケルがドイツ首相に就任したことである。メルケルはその後一六年にわたり政権の座を維持し続けた。メルケル就任時のフランスの大統領はシラクだったが、メルケルが政権を維持している間、フランスではさらに三人の大統領が生まれた。長いメルケル政権のもと、ドイツは経済的に苦しむ国家からEUの名実ともに中核的な大国として大きく姿を変え、その意向はEUに強い影響を与え始める。本章は、この長いメルケル時代を扱い、独仏関係の現在を解読するものである。

多様な危機に見舞われたメルケル時代の独仏は、ユーロ危機のように激しく対立する時もあれば、難民危機のようにほぼ一貫して協調できたときもあった。しかし、より重要なのは、そのような危機対応のなかで、経済力で勝るドイツの後塵をフランスが拝するようになったことだった。冷戦終焉以降、独仏どちらが主導権をとるのか不透明な時代が続いたが、二〇一〇年代に入ると明確にドイツのパワーが上回るからである。また、EUは人びとの日常生活に関わる存在となっており、ユーロ危機はEUの正当性に深刻な疑義を突き付けるようになった。これは、統合の中で協調することで両国の関係性を作ってきた独仏関係の正当性も損ない始めた。

他方で冷戦後のヨーロッパの国際秩序は、ヨーロッパ統合とNATOの東方拡大により全ヨーロッパ的な秩序に向けて再編されてきたが、それでもロシアを安定的な秩序構成国として包摂できたわけではなかった。権威主義化するロシアに対する批判の声も上がる中、関係性が決定的に変わったのは二〇一四年のウクライナ危機だった。ロシアとウクライナ間の紛争に対して独仏は調停に乗り出すものの、根本的な解決を見ないまま、最終的に二〇二二年のロシアによる一方的なウクライナ侵攻という形で国際秩序の危機に陥った。

二〇〇〇年代中盤以降より、ヨーロッパを数多くの危機が襲い、EUはさまざまな問題を抱え、ヨーロッパの国際秩序は試練に立たされ続けている。このような時代に、独仏関係はいかなる関係を築き、どのような役割を果たしていたのか、メルケルと三人のフランスのパートナーの時代に分けて見ていこう。

1　メルケル＝サルコジ期

女性首相の登場

二〇〇五年九月に行われたドイツ連邦議会の総選挙にて、僅差ながらも野党のCDUが第一党の座を奪還した。政権樹立に向けた交渉の結果、CDU首班のもとでSPDとの大連立政権が発足することとなった。現職のシュレーダーは首相の座を降り、CDU党首メルケルがドイツ連邦首相に就任した。ドイツ史上初の女性指導者の誕生だった。

東ドイツ出身の元物理学者で、ベルリンの壁崩壊をきっかけに政治の世界に足を踏み入れたメルケルは、女性、東独出身、プロテスタントという点で、何重の意味でもそれまでのドイツ政治家と一線を画していた。メルケルはフランスとの関係を当初さほど重視していなかった。シュレーダー期のイラク戦争での独仏連携を、米欧間のパートナーシップを乱すものとして批判していたし、首相就任時の演説でもフランスへ言及しなかった。東独で育ったメルケルにとってフランスは遠い国で、アメリカの方がずっと価値があり、首相になってからも独仏協調は目的ではなくヨーロッパ統合を進める手段という認識から出発した（Marx

2020）。そしてそのヨーロッパ統合ですら、メルケルにとっては目的というよりも手段の一つだった。

選挙時にはシュレーダー路線からの離脱を訴えていたメルケルだったが、就任後のメルケル外交はそれまでの路線を継承することで始まった。

メルケルは政策上の安定性と継続性を重視したが、原理と言えるような価値に基づく体系的な政策を積極的に打ち出すことはなかった。二〇一五年のドイツで「Merkeln（メルケる）」という若者言葉が流行したが、これは「何もせず、何も決めず、何も意見を言わない」を意味した。メルケルに特徴的だったのは、むしろ徹底した実利主義であり、よく言えば状況を見定めて最低限のダメージで済まそうとする慎重さ、悪く言えば意図的な棚上げ（Matthijs & Kelemen 2021）にあった。対仏政策もまったく同様だった。

メルケル（左）とサルコジ　メルコジと称された二人のコンビは、2000年代独仏関係を象徴していた

「メルコジ」と欧州憲法条約問題の解決

二〇〇七年にニコラ・サルコジがフランス大統領に就任した後、両者の関係はしばらく刺々しいものが続いた。そもそもサルコジは大統領選挙で、EUに関して従来の制度に問題があると主張し、否決され宙に浮いた形の欧州憲法条約問題を解決するために、EUに大きくメスを切り込む必要性を示唆していた。これに対し大統領選前に『ル・モンド』紙にメルケルは寄稿文を寄せ、フランスは自国の問題の責任をEUに押し付けるべきではないと、サルコジを牽制していた。

ヨーロッパのための大統領を自負していたサルコジは、大統領当選後EU批判のトーンを弱め、むしろメルケルと共同で即急な条約改正を行うことで合意する。この二〇〇七年の前半期に、EUの理事会議長国だったドイツは精力的に交渉を進め、憲法条約の憲法的側面を放棄する代わりに、そこに盛り込まれる予定だった制度改正をほぼそのまま受け継ぐ改正条約案をまとめることに成功した。

こうして二〇〇七年一二月にリスボン条約が締結される。二〇〇五年の憲法条約否決によって突如ストップがかけられたヨーロッパ統合は、ようやくメルケルとサルコジの連携という、見方によっては古典的な独仏枢軸によって息を吹き返した。ここで有名になったメルケルとサルコジのコンビは、「メルコジ」と呼ばれるようになった。

メルケルが冷静沈着で忍耐強く理知的なタイプの政治家だったとすれば、サルコジは対極的だった。頭の回転が速く行動的だがアクが強く感情的でもある。両者の性格は正反対だったが、この欧州憲法条約の救済をめぐる物語はその後の両者の関係を示唆していた。個人的な友情はともかく、両者は政策目標で共通し、具体的な政策については対立するが、最終的にはサルコジが折れて独仏が合意する、という姿である。

ユーロ危機

リスボン条約は二〇〇九年に発効した。旧東欧を含む広大なヨーロッパを包摂し、効率的かつ民主的な機関運営を目指して制度改革を行い、EUは活力を取り戻したかに思えた。しかし翌二〇一〇年に起こったユーロ危機により、EUが抱えるさまざまな問題が白日の下にさらされることになる。

二〇〇九年一〇月にギリシャで政権交代が起こった際、パパンドレウ新政権が前政権の債務粉飾を暴露したためギリシャ国債が暴落した。これをきっかけに翌一〇年、ギリシャのみならず他の財政基盤の弱いポルトガルやアイルランドなどのEU加盟国でも相次いで政府債務危機が起こり、欧州委員会、国際通貨基金（IMF）、欧州中央銀行（ECB）の介入によって同年末に危機は沈静化した。しかし翌一一年六月頃より、再びギリシャ国債が暴落して金融危機が再燃し、ユーロ崩壊すら囁《ささや》かれ始めると、メルケルとサルコジは共同で解決に当たり始める。その際、メルケルは財政均衡の義務化を望んだのに対し、サルコジはECBの役割の柔軟化による解決を望んだ。八月から一〇月にかけての独仏間の交渉を経て両者は、経済力の勝るドイツが望む財政均衡を独仏共同案の柱とすることで合意し、一〇月のユーロ圏サミットで提案した。

しかし、ここで合意された共同提案を含む支援案の受託の可否について、ギリシャ政府は国民投票にかけると表明し、メルケルとサルコジの面目は丸つぶれとなった。さらにこの第二波の金融危機を実際に鎮静化させたのは、二〇一一年一一月にECB総裁に就任したマリオ・ドラーギが打ち出した非伝統金融政策だった。独仏は財政均衡の遵守を設立条約に盛り込むリスボン条約改正を共同提示し、同年一二月のEU首脳会談に諮《はか》った。しかしこの提案は他の加盟国の反対を受け、EUの枠組みからは名目上独立した政府間協定の「財政条約」として辛うじて成立した。財政条約は翌二〇一二年三月に署名されたが、その二ヵ月後には第三波の金融危機が発生した。ここでも金融危機を鎮静化したのはドラーギだった。

ユーロ危機の最中に行われたメルコジによる独仏協調は、大した成果を上げられずに終わった。確かに財政条約はユーロ改革に必要な一ピースではあったが、リスボン条約改正は実現せず、別建ての協定として成立した。そもそもユーロ危機を鎮静化させたのはドラーギの手腕であり、独仏協調でもなければメルケルが求めた財政規律の遵守でもなかった。

ユーロ危機は、ヨーロッパ統合および独仏関係の在り方に根深い影響を与えた。危機の解決のためにドイツが求めた均衡財政の遵守は、ギリシャ国内の緊縮財政として現れ、その結果国民生活は厳しい制約下に置かれることになり、ギリシャ国民は、メルケルのドイツやEUを自分たちの生活を奪った悪役として見るようになった。

その意味でユーロ危機は、金融システムの問題というより、EU市民の日常にかかわり、大衆のEUへの反発を招いた危機だった。それゆえ、ヨーロッパ統合はヨーロッパ国家間の協調をもたらすそれ自体が良い行いであり、その統合の基盤かつモーターでもある独仏提携もまた良い行いである、という戦後に両国が築き上げた構図そのものが崩れ始めたのである。

独仏のロシア政策

独仏が拠って立つEUやその関係の構図に厳しい目が向けられる一方で、ヨーロッパ安全保障の問題、とくにロシアとの関係性では、ロシアと協調する路線が継続して取られた。

メルケルの対露政策は、密接な協力を志向するシュレーダー期の外交路線が引き継がれた。シュレーダーの腹心フランク゠ヴァルター・シュタインマイヤーが、第一期メルケル政権の外相に入ったことも大きかった。二〇〇七年三月にシュタインマイヤーは「結合と統合（Verflechtung und Integration）」と題する論稿を発表し、ロシアとのパートナーシップを強化すべきと訴えた。「ロシアはEUにとって戦略的に重要な欠かせないパートナー国である。全ヨーロッパ的平和秩序を構築し、バルカンから中東まで及ぶ重要な安全保障上の問題に恒久的な解決をもたらすためには、ロシアと一緒になって初めて可能なのであり、ロシアが欠けたりロシアの反対を押し切っては不可能なのだ」、と。

そのうえでシュタインマイヤーはロシアとのエネルギー政策を通じた関係構築の重要性を訴えた。シュレーダー期からの独露間の緊密なエネルギー資源や通商関係の構築を通じて両国関係の改善を図る態度は、やがて「貿易を通じた変化」（ブラントによる「接近による変化」〔第5章1節〕をかけた言葉）と呼ばれるようになる。シュレーダー政権末期にロシアと合意されたノルドストリーム計画は順調に進められ、二〇一一年に稼働開始する。

このような二国間的な関係改善が進む一方で、二〇〇七年にプーチンがミュンヘン安全保障会議でアメリカとNATOに対する敵対的な認識を直截に表明し、翌年には、ロシアとNATO加盟を表明しているジョージアとの間で勃発した南オセチア紛争（ジョージア戦争）により、ロシアとNATOとの間に大きな亀裂が走った。

しかし、この二〇〇八年にロシアでプーチンがいったんは政権を退き、ドミトリー・メドベージェフが次の大統領に就任したことで、ロシアと西側諸国はそれなりの関係性を維持しつづけた。メドベージェフ政権はプーチンによる傀儡なのではないかという疑念は常に付きまといつつも、メドベージェフ個人は話の通じる政治家だというのが、この時期の大方の評価だった（マクフォール 二〇二〇）。当時の第二期メルケル政権期（二〇〇九～一三年）に外相だったFDPのギド・ヴェスターヴェレも、「貿易を通じた変化」を支持した。

この時期の対露関係が良好だったのはフランスも同様だった。サルコジは大統領選ではチェチェン紛争を挙げてロシアに厳しい態度を取ることを示唆するも、就任後は対露関係の改善に積極的になった。ジョージア戦争の休戦を仲介したのもサルコジである。フランス最大の電力会社EDFが黒海ガス・パイプライン（サウス・ストリーム）に関しガスプロム社と協定を結び、フランスを代表する自動車メーカーのルノー社とプジョー社が本格的にロシア市場に進出し、そして二〇一〇年にはフランスのミストラル級強襲揚陸艦二隻の売買契約をロシアと締結するまで至った（Dubien 2010）。同年には、仏露両国で大々的な文化行事が行われた（フランスでは「ロシア年」として、ロシアでは「フランス年」として）。

二〇一〇年は、独仏露三ヵ国にとって協調がピークに達した年でもあった。サルコジは同年一〇月に、ヨーロッパ安全保障を議論するためとして、ノルマンディー地方のドーヴィルにメルケルとメドベージェフを招き、二〇〇六年以来となる独仏露三ヵ国首脳会談を開催した。ロシアが西側との協調に利益を見出しているとフランスは見ていて、「ヨーロッパにおける経済的、人的、安全保障的な共通空間」をいかに作り上げるかが議論された（BFMTV, 2010）。ただし独仏露三国もあくまで「頭の体操」を行ったに過ぎないとされ（『ル・モンド』紙）、その場で何かが合意されたわけではなかった。

2　メルケル＝オランド期

二人の難しい関係

二〇一二年、フランス大統領選でサルコジを破って社会党のフランソワ・オランドが当選したが、この年もまた時代の分岐点となった。二〇一一年のアラブの春以降、中東秩序が溶解し、シリア内戦とイスラム過激派の問題（いわゆる「イスラム国」）が発生したことに加え、プーチンがロシアの指導者として再登場した年が二〇一二年だった。さらに二〇一四年のクリミア併合とドンバス紛争の勃発、二〇一五年の難民危機とその翌年のブレグジットが起こるのも、メルケルとオランドの時代である。アクの強いサルコジに倦《う》んだフランスが平凡な指導者として選んだオランドは、期せずして歴史上稀な激動の時代を担うこととなる。

メルケルとオランドの関係は、サルコジ同様刺々しい関係で始まったものの（そもそもメルケルはサルコジ再選を望んでいた）、徐々に協調が図られ両者は得難いパートナーのように振る舞った。サルコジとは異なり、オランドとメルケルには似たポイントが多数ある。そもそも両者がともに一九五四年生まれなのは偶然としても、学者肌で中道的でリベラルな政策を好み、行動的というより穏やかで理知的を旨とした。

メルケルとオランドは、しばらく敵対的な関係が続いた。それはユーロ危機に端を発するEUのユーロ改革をいかに行うかという点で、両者の政策上の志向性が相容れなかったからだった。メルケルが財政規律の厳格化を金融改革の原理として進めたいのに対して、オラン

メルケル（左）とオランド　2015年1月のシャルリー・エブド事件を受けてメルケルがパリを訪問した際の1枚。夫婦のような雰囲気を醸し出す写真は波紋を呼んだ

ドは成長を重視し財政規律はむしろ緩和すべきという立場だった。サルコジの頃からフランスは経済統合の権限をEUに集約する「欧州経済政府」という構想を支持していたが、メルケルは一貫して否定的だった。二〇一二年の六月の欧州理事会ではオランドの主張から成長と雇用協定が採択されたが、これは財政規律を重視するドイツの方向性と矛盾した。

この欧州理事会では、銀行への監視や破綻した際の処理をEUで一体化する、いわゆる銀行同盟の設立が合意された。しかし、その細かい制度作りでもオランドは、緊縮に否定的な周辺国からの支持を得るべく、ドイツ案に抵抗の姿勢を見せた。

二〇一三年五月にはオランドは訪独し、当時野党のSPD創設一五〇周年記念式典に出席したが、同年九月にドイツは総選挙を控えており、オランドの行動はメルケルの落選を狙ったものと報道された。銀行同盟をめぐっては徐々に独仏間での妥協も成立していたが（二〇一二年末単一監督メカニズムに合意、翌年十二月破綻処理制度をめぐる合意成立）、メルコジと呼ばれていたようなコンビ性の発揮とまではいかなかった。

とはいえ、二〇一三年秋にドイツ大統領ヨアヒム・ガウクはオランドとともに、フランス中部にあるオラドゥール＝スール＝グランヌを訪問した。当地は第二次世界大戦末期にナチの武装ＳＳによって六〇〇名近い村民のほぼ全員が虐殺されたことで知られ、独仏二国間でもっとも歴史的にデリケートな場所だった。同地をガウクは戦後ドイツの大統領として初めて訪問し、両国は独仏友好に揺るぎのないことをアピールした。

ウクライナ危機と独仏仲介外交

このような独仏関係の基調が大きく変わったのが、二〇一四年に勃発したマイダン革命に端を発するウクライナ危機である。

そもそもプーチンが政権に復帰した二〇一二年を境に、独露関係に変化が訪れていた。プーチンが復帰当選を果たした三月のロシア大統領選挙に不正の目が向けられ、ガウクは六月に予定されていたロシアでの「ドイツ年」を記念するプーチンとの会談をキャンセルした。大統領選挙に抗議したロシアの女性パンクバンドの「プッシー・ライオット」が逮捕されると、ドイツ連邦議会内で抗議の声が高まり、一一月に議会は批判決議を採択した。

この決議にロシア政府は反発し、独政府のロシア特使アンドレアス・ショッケンホフの退任をせまった（Forsberg 2016）。これ以降、シュレーダー期に設置された独露間の市民社会間対話フォーラムであるペテルスブルク・ダイアローグは、本来の意義を失うこととなる。

他方で翌二〇一三年秋のドイツ総選挙の結果、メルケル第三期政権がSPDとの大連立で発足すると、外相に再びシュタインマイヤーが就任した。第三期メルケル政権は、ショッケンホフの後任として、ロシアとの関係改善維持を持論とするゲルノート・エアラーを据えて対露関係の維持を図ろうとした（Forsberg 2016）。このように二〇一二年以降、ドイツでは政権および外務省が現状維持を志向する一方で、議会では批判的な声が高まっていた。

二〇一四年二月、ウクライナ（以下、略称には宇を使用）の首都キエフ（キーウ）でマイダン革命が勃発する（ウクライナ語でマイダンは広場を意味する）。前年から続いていたEUとの連合協定（EUと第三国との関係を緊密化するために結ぶ協定）をめぐる親露派のヴィクトル・ヤヌコーヴィチ大統領と反政府勢力との対立は、この時大規模衝突へと至り、多数の死傷者が出る惨事となった。

この危機の勃発にあたり、独仏、特にドイツは精力的に事態解決に向けて仲介にあたった。流血の事態を前にドイツ、フランス、ポーランドは外相を派遣し、その仲介でヤヌコーヴィチと野党勢力間で合意がまとめられた。しかし合意成立のわずか数時間後に、ヤヌコーヴィチは突如キエフを脱出し（後に東ウクライナに逃亡）、政権は崩壊し暫定政府が成立した。騒乱の出発点である宇＝EU連合協定のEU側の交渉責任者は欧州委員会であり、欧州委員会を代表して、EUの外務・安全保障政策上級代表のキャサリン・アシュトンもキエフ入りしたが、独仏ポのトロイカと十分連携できなかったといわれる。

マイダン革命をロシアはクーデタと非難し、二月末日からクリミア半島に所属不詳の部隊が展開し始めると、クリミア情勢はにわかにきな臭くなった。メルケルはこの頃何度もプーチンと電話会談し、発表されたクリミア独立を問う住民投票の中止をプーチンに求めた。すでにEUおよび当時のG8主要国がロシアへの制裁を検討している中で、メルケルは制裁回避のためにはロシアを含むコンタクトグループの設置を受け入れるしかないとプーチンに迫った。プーチンはクリミア情勢へのロシアの関与を否定しつつ、ウクライナ政府にはファシストが参加しているとしてこれを拒否したという（*Der Spiegel*, 9 Feb 2014）。三月一六日にクリミア住民投票が実施されて賛成多数が発表されると、一八日にプーチンはクリミアがロシア領に編入される法律に署名した。

さらにウクライナ東部のドンバス地方で、ロシアに支援された武装勢力がウクライナからの分離独立を目指して「ドネツク人民共和国（DPR）」と「ルガンスク人民共和国（LPR）」の樹立が宣言された。武装勢力はドンバス地方の実効支配を進め、これを排除しようとするキエフとの間でドンバス紛争が勃発した。

ウクライナ危機解決のための仲介役を主に担ったのが独仏だった。当時のアメリカのバラク・オバマ政権が、対外的な介入に消極的だったことも大きい。四月の段階で米露宇EUによる四者協議が開催され、暴力行為の停止を求める声明がまとめられるも、戦闘状態の停止には至らなかった（合六 二〇二〇）。六月はもともとロシアのソチでG8が開催予定だったが、ロシア抜きのG7がブリュッセルで開催され、ロシアはG8から追放され、ロシア非難と追加制裁への検討が宣言された。

しかし、G7閉幕の翌日、フランスでのノルマンディー上陸作戦七〇周年記念式典にプーチンが出席し、メルケル、オランド、宇大統領ペトロ・ポロシェンコ（マイダン革命後に実施された大統領選で当選）の四者会談（この独仏露宇の四ヵ国をノルマンディー・フォーマットと呼ぶ）で、露宇とOSCE（欧州安全保障協力機構）による三者コンタクトグループ（TCG）の設置が合意された。九月五日には、このTCGが基盤となって露宇両政府、OSCE、DPR／LPRによる停戦協定がミンスクで締結された（いわゆるミンスクI）。しかし同年末にドンバス地方で戦闘が再発し、ミンスクIは破綻した。

停戦の実現が見込めず、長期化するドンバス紛争に対して、アメリカによるウクライナへの直接軍事支援のオプションもあったが、独仏はミンスク合意の履行をあくまで求めた。独仏はミンスク合意の復活案を携えて露宇間の仲介に乗り出し、二〇一五年二月に再びミンスクで独仏露宇の四首脳による直接交渉が行われた。夜通し行われたマラソン会談の結果、露、宇、OSCE、DPR／LPRによってミンスクIIと呼ばれる停戦協定が署名された。ミンスクⅡは、一部項目の履行期限を同年末までと明確にした以外はほぼミンスクⅠと同内容で、以後の交渉はいかにミンスクⅡの合意内容を履行するかにかかっていた。

二〇一六年以降も停戦は実現しなかったが、外交による解決を目指したウクライナ危機への独仏の関与は続いた。同年秋には独外相シュタインマイヤーによるミンスク合意の履行に向けた仲介案が提示され、一〇月にノルマンディー・フォーマットによる四ヵ国首脳会談が開催された。しかし、ドンバス地方の分断の現実を追認するような仲介案に対するウクライナ国内の反発もあり、ポロシェンコが受け入れを拒み交渉は進展のないまま袋小路に陥った。

ウクライナ危機の発生以降、ドイツの対露政策は煮え切らないものとなった。一方ではミンスクⅡ成立の数ヵ月後にノルドストリーム2が独露企業間で合意されたように、「貿易を通じた変化」は継続された。ウクライナ危機が起こっても、メルケルの対露政策は、ロシアとのパートナーシップが長期的に必要という認識や、軍事力よりも外交や交渉を強調する姿勢において連続していた（Forsberg 2016）。

しかし他方で、プーチンがウクライナ危機をめぐり虚言を繰り返したことに、メルケルは決定的な不信感を抱いた。長期的なパートナーシップがロシアとは必要であるとしても、プーチンのロシアとの緊密な関係はもはや問題外だった。ただし、そもそもドイツにとってロシアはパートナーなのか否かという点について、メルケルの態度は曖昧だった。独露関係の最終的な決裂は、二〇二二年のロシアによるウクライナ侵攻を待たなければならなかった。

このように、二〇一四年からのウクライナ危機はヨーロッパのみならず戦後国際秩序の原理を踏みにじる巨大な事件だったが、独仏はロシアとの関係断絶を望まなかった。もともと独仏はロシアの包摂を志向していたが、さらに以下のような理由が考えられる。

第一に、その当時独仏をはじめとする西側世界が直面していたのは、テロとの戦争、すなわち「イスラム国」をはじめとするイスラム過激派によるテロの脅威だった。テロとの戦争という文脈だと、ロシアは敵対勢力ではなくむしろ共同戦線を組む味方だった。

第二に、次に見るように、ドイツ、フランス、そしてEUにとって実存的といえる危機が二〇一五年から一六年にかけて襲った。難民危機、大規模テロ、イギリスのEU離脱により、独仏およびEUは非常事態に陥った。二〇一六年秋のアメリカ大統領選挙で、ロシアを好意的に評価するドナルド・トランプが勝利したことも大きかった。

ウクライナ危機で独仏はともにロシアに対し非難はしても、完全に関係を断絶させず、交渉し続け関係性を保つことでロシアを一定程度コントロールすることを望んだ。しかし、二〇一六年一〇月の四ヵ国首脳会談開催以降、シュタインマイヤー案も宙に浮き、ウクライナ問題は解決の糸口を見出せなくなっていた。ウクライナ問題において、独仏は紛れもなく国際的な外交交渉の中心に位置したが、解決には貢献できずにいた。

難民危機、同時多発テロ、ブレグジット

二〇一五年から一六年にかけて、ドイツ、フランスをはじめとするEU諸国に、いくつもの巨大な危機が連動しながら次々と襲い掛かった。二〇一五年はパリの『シャルリー・エブド』紙の編集部をテロリストが襲撃し、編集者や駆け付けた警察官など一二名が犠牲になる事件で幕を開けた。同紙が掲載した預言者ムハンマドの風刺画に対するイスラム過激派の犯行に、フランス社会は激しく動揺した。

次に勃発したのは、同年夏のギリシャのユーロ離脱危機だった。ギリシャで急進左派連合政権を率いていたアレクシス・ツィプラス首相は、六月末が期限のIMFおよびEUからの借入金返還に必要な、EUによるギリシャへの財政支援を国民投票にかけると言い出した。突如借入金返還とデフォルトへの懸念が生まれ、ギリシャがユーロから離脱するかもしれない瀬戸際までいった。

ドイツが中心となってこの問題への対処に目途が付くころ、EU諸国は、大量の難民が中東や北アフリカから流入する問題に直面した。同年七月の時点で地中海を渡ってEUに入国しようとする避難民は一〇万人を超え、八月以降も大量の避難民がEUを目指している状況がメディアで大きく報じられるようになった。

メルケルは難民受け入れに積極的で、八月末の記者会見で、再統一後に乗り越えなければならなかった困難を念頭におけば、そしてそれを克服したドイツの強さを思えば、ドイツは難民受け入れに対処できると高らかに宣言した。この時の発言「我々ならできる（Wir schaffen das)」は何度も引用されることになった。このころ、溺死したシリア難民の幼児がトルコ沿岸の波打ち際に打ち上げられた様子を写した衝撃的な写真の力もあり、九月に入るとEUは圏内への難民受け入れに舵を切った。

二〇一五年は、最終的に前年比で倍の一三〇万人がEUへの庇護申請を行った。二〇〇〇年代には年間二〇万人強で推移していたものが桁違いに跳ね上がり、大量の避難民をEU内で受け入れるために、メルケルはEU内での難民のリロケーション（再配置）案を提案するも、ハンガリー、スロヴァキア、チェコ、ルーマニアの四ヵ国が反対を表明した。最終的にEUの理事会で、通例から外れて、多数決による票決によって同案は成立した（Politico.eu 2015）。ハンガリー首相のヴィクトル・オルバーンは強い調子でメルケルを批判する。

二〇一五年一一月一三日、市民一三〇人が犠牲となる、一月のテロを上回る戦後最悪の同時多発テロがパリを襲った。実行犯の多くはフランスやベルギー出身のマグレブ系移民の出自で、中心人物は「イスラム国」に関与していた。また実行犯の中には、シリア出身で、難民に紛れてギリシャ経由でEU圏に入国したと見られる人物もいた。

パリ同時多発テロは、フランスの移民統合政策の失敗と受け止められただけでなく、難民問題の難しさをまざまざと示した。二〇一五年一〇月以降、大量の避難民の三分の一からほぼ半数をドイツが引き受け、想定以上に多数の難民引き受けにドイツは苦慮し始める。九月には六割を上回っていたメルケルの支持率は、一一月にはユーロ危機以来五年ぶりに五割を割り込んだ。そして同年大晦日にケルンを中心にドイツ各地で起きた大規模な集団性暴行事件が、一部移民系の若者によって引き起こされたと報じられると、逆風が一気に強まった。翌二〇一六年三月に行われたドイツ州議会選挙で、メルケルの移民・難民政策を批判する極右政党の「ドイツのための選択肢（AfD）」が躍進する。

難民問題に当たり、メルケルとオランドは共同での対応に終始した。ギリシャに対して国境管理、難民登録と受け入れ態勢の強化、密輸業者対策、不法移民の送還を柱とする支援策を行うだけでなく、中東からの避難民がEU圏に流入する最大の送り出し側であるトルコに対して、国境管理の厳格化を求める代わりにトルコ内での難民支援名目で財政支援を行うことがまとめられた（ギリシャ支援だけでなくトルコに直接アプローチすべきとメルケルに助言したのはオランドとも言われる）。二〇一六年二月のEU理事会で同内容の協定をEUとトルコ間で締結することが合意され、翌月EU＝トルコ声明が発表された。この協定とともに、EU圏に流入する避難民の数は激減し、EUの難民危機はひとまず幕を下ろした。しかしこの協定は、EUが金にものを言わせて避難民をEU域外に留めただけの非倫理的で一時しのぎの措置だとして、多くの批判を浴びる。

危機はまだ終わらなかった。二〇一六年六月、イギリスでEUからの離脱（ブレグジット）を問う国民投票が行われ、離脱派が残留派を僅差で上回った（二〇二〇年一月、正式に離脱）。ヨーロッパ統合の歴史で、一度加盟した国家の離脱は前代未聞で、これまでさんざん危機に喘いでいたEUに、さらに根本を揺るがす衝撃がもたらされた。

ブレグジットは、独仏関係とEUとの関係にきわめて大きな影響をもたらすものだった。英独仏は、政治経済両方の面でEU二八ヵ国（当時）のうち大国と呼べる存在であり、EUにおける三ヵ国のトライアングルはそれぞれに均衡的な関係を作り上げていた。イギリスが抜けることは、EU内の「大国」が独仏だけになり、後のEU加盟国は中規模国家と小国によって成り立つこととなる。しかもEUの意思決定はコンセンサス方式が基本であり、小国の発言権や役割はますます大きくなることが予想された。

そもそも東欧諸国は二〇〇〇年代初頭から独仏のリーダーシップに警戒的だった。冷戦終焉以降、フランスは東欧諸国の利害にあまり関心を払わず、ドイツは歴史的な経緯から東欧諸国とフランクな関係を作れずにいた（Draus 2004）。ブレグジットは、EU内での小国の重要性を高め、それゆえ独仏の提携には一層の正当化が必要であることを意識させた。

もう一つ、より決定的な影響は、ブレグジットにともない、ヨーロッパ統合は後退も崩壊もありえることが現実味を持って語られるようになった点である。これは、協調することでヨーロッパ統合をリードして推進し、それにより深化も進めてきた独仏関係の足元を根本的に掘り崩す危険性があるものだった。

ブレグジットが決まり、一一月にはトランプがアメリカ大統領選挙で勝利を収めた二〇一六年の暮れ、国内支持率の低迷に悩むオランドは、来年に迫ったフランス大統領選挙に立候補しないことを表明した。メルケルとオランドは、当初反目したものの、二〇一四年以降の動乱の連続の中で協調の道を歩むようになり、親密な関係性を築いていった。しかし独仏の協調姿勢は、もはやヨーロッパ国際関係全体の構図とはシンクロしなくなっていった。

3　マクロンの登場――アーヘン条約の成立とヨーロッパ再起動の追求

史上最年少の大統領

二〇一七年五月、オランドの後任としてフランス大統領選で勝利したのは、当時まだ三九歳のエマニュエル・マクロンだった。折からのポピュリズムや欧州懐疑主義の伸張の下で、フランスでも極右で反EUのマリーヌ・ルペンの人気が高まっていた。ルペンが大統領に当選すれば、EUは内破に向かうのではという観測もあったが、中道左派で親ヨーロッパのマクロンが勝利を果たした。フランス史上最年少の大統領の誕生だった。

マクロン

ルーブル美術館で行われた大統領選の勝利演説の際、マクロンはEUのアンセム「歓喜の歌」をバックに登場し、フランスとヨーロッパを救うと宣言した。彼には明確なビジョンがあった。ドイツとのタンデムによってヨーロッパ統合を深化させるというビジョンである。

またマクロンの外交観は、伝統的なド・ゴール的威信の追求を、二一世紀の現実に即して実現するというものだった。すなわち、フランスはミドルパワーとして、米中という超大国から一歩身を退き、仲介的な役割を果たすことで国際的な威信を高めるというのである（Tertrais 2021）。このような独仏協調とヨーロッパ統合の深化、仲介外交の促進というビジョンに沿って、マクロンは就任直後から精力的に動き回ることとなる。メルケルが大きな影響力を発揮していたEU／独仏関係に、マクロンという新しいダイナミズムが登場した。

ソルボンヌ演説とマクロンによる「ヨーロッパ主権」論

選挙戦の最中に「ヨーロッパのためのニューディール」を語っていたマクロンは、勝利演説のなかに、自らの任務としてヨーロッパの再建を挟みこんでいた。若く才気煥発、野心家で時に傲慢なマクロンは、政権就任後半年も経たない九月にパリのソルボンヌ大学で、一時間半を優に超える長大な演説を行った。「ヨーロッパのためのイニシアティブ」と題された演説でマクロンは、なぜヨーロッパ統合の深化が必要なのか、こう述べる。

「（我々が直面する困難として）地球温暖化、デジタル・トランジション、移民、テロリズムがあるが、すべての困難は地球規模のものであり、縮小する国家が対応できることは本当にわずかでしかない。（……）我々の未来を確約する唯一の道は（……）主権的で、統一され、民主的なヨーロッパを再建することである。今我々が知っているヨーロッパは、あまりに弱く、あまりに遅くそして非効率過ぎる。しかし、ただヨーロッパだけが、今の時代における巨大な問題に対する世界的な行動能力を我々に与えてくれるのだ。

ヨーロッパだけが、本当の主権を確約することができる。主権とはすなわち、現在の世界において存続する能力のことであり、我々のさまざまな価値や利益を守る能力である。建設すべきはヨーロッパ主権である」(Présidence de la République 2017)

マクロンはヨーロッパを、人びとを守り未来を与えてくれる存在だと端的に定義した。このようなヨーロッパは、安全保障、国境管理（移民）、対外政策、気候変動・環境、デジタル、通貨・経済の六分野にまたがる。これらの領域での政策を実現させるために、市民を交え民主的に協議しつつ、欧州議会の権限を強化し、域内加盟国の平等や一体性を進め、防衛や安全保障面で強力で自立した存在となり、域内の人びとはヨーロッパを自らのアイデンティティとして認識しなければならないと、マクロンは説いた。彼は同時に、このようなヨーロッパを作り上げるためには、独仏間の提携が不可欠であることも指摘した。

この演説の二日前ドイツでは総選挙が行われ、メルケルのCDUは第一党の座は確保したものの大幅に議席を減らした。野党SPDも凋落する一方で、極右政党AfDが初めて議席を確保した。総選挙を受けての組閣は上手くいかず、最終的にCDUとSPDが再び大連立を組んで新内閣が成立するまで、実に半年後の翌年三月までずれ込んだ。このような国内政治上の混乱は、メルケルの政治的な指導力を損なうこととなった。メルケル時代となってすでに十年、初めて主導権がフランス側に移ったのである。

さて、ソルボンヌ演説でマクロンが提示した政策課題は多様だったが、しかし優先的に取り組まれたのは前政権から続くユーロ圏改革だった。そもそもマクロンがオランド政権の経済相だった時、彼自身ユーロ圏改革を提案しており、大統領就任後も同様の構想を提示した。

しかし、ユーロ圏共通予算の導入や「EU財政相」（EUの欧州委員会内の経済財政担当委員が主要な経済財政制度を統括することで、EU全体の経済政策を調整・推進しようとするもの）の創設といった改革構想は、ドイツから相変わらずの反対を受けた。メルケル自身は、たとえばEU財政相の創設自体には反対ではなかったが、その権限をめぐってフランスと合意することは難しかった。ユーロ危機から続く、EU圏内の財政移転（経済的に豊かな国が貧しい国を財政支援すること）の可否がここでも繰り返された。

二〇一八年六月、独仏共同閣議がベルリン近郊のメーゼベルク城で開催された。その共同宣言では、ソルボンヌ演説でマクロンが掲げた、主権的で統一された民主的なヨーロッパの構築という目標が、独仏で共有されたことが示された。また同宣言で、独仏がEUの共同予算について合意したことも明らかにされた。

メーゼベルクでの合意を受け独仏関係が再発進するかと思われた同年一〇月、バイエルンおよびヘッセンでの州議会選挙が大敗に終わった責任を取るため、メルケルは、二〇二一年までの首相任期を以《も》って政権の座から退くことを表明した。二〇一六年の米大統領選でのトランプの勝利とともに「自由世界の最後の指導者」（ニューヨーク・タイムズ）と呼ばれるようになったメルケルだったが、皮肉なことにその翌年九月の総選挙以降はイニシアティブを発揮できなくなり、特にこの引退表明により彼女の政治的影響力の多くは失われた。

アーヘン条約の成立

第6章でふれた二〇〇三年一月の共同宣言後、独仏は二国間協力を深化させるべく、二〇一〇年には「アジェンダ二〇二〇」が策定されていた。ここでは、気候変動への対処、スポーツ、安全保障、移民統合、租税体系の収斂、市民や法人が両国を自由に行き来するために法的・行政的障壁を十年計画で削減するなど、多様な領域での協力を二〇二〇年までに達成することが宣言された。

マクロンはこの流れを受け、ソルボンヌ演説の終盤に、エリゼ条約に続く新しい両国間の協力条約を締結することを提案していた。メーゼベルクでの共同閣議で、二〇一八年中に新条約締結に向けた必要な準備を完了させることが確認され、交渉が進められた。

そして二〇一九年一月二二日のエリゼ条約の締結記念日に、ドイツのアーヘンで調印されたのが「独仏協力・統合に関するフランス共和国とドイツ連邦共和国間の条約」、通称アーヘン条約だった。アーヘン条約は、エリゼ条約を補完して新しい領域での二国間協力を促進するだけでなく、両国間の社会経済の統合の実現を目標とし、エリゼ条約が定めた安全保障、防衛、教育以外に、文化、経済、言語習得、国境横断協力、持続的発展、気候変動、デジタル、市民社会といった領域を新たに含んでいた。

また、その二ヵ月後には、「独仏共同議会」の設立も合意された。これは、フランスの国民議会とドイツの連邦議会からそれぞれ五〇名計一〇〇名を選出して、一年に最低二度開催される、議会レベルでの常設の独仏協力機関である。アーヘン条約には、同条約に基づく協力政策の履行に際し、共同閣議および議会の監督を受けるという規定があるが（第二五条）、独仏共同議会がこの任にあたる。政治的な協力として、これまで閣僚間の定期会談や共同閣議が存在したが、議会レベルでの協力がこれに加わった。

マクロン外交の展開

政権就任以来、確固たる世界観に裏打ちされたスケールの大きい構想を次々と提示するマクロンに対して、メルケルは受け身の態度に終始した。二〇一九年三月にマクロンは、「ヨーロッパのルネサンスに向けて」と題する公開書簡を「ヨーロッパ市民」に向けて発した。

ここで彼は、自由・保護・成長を柱としてEUに新しい機構を導入することを提案した。たとえば「自由」に関しては、サイバー攻撃から選挙を守るための独立専門機関を創設し、「保護」に関しては、厳密な国境管理を行うための共通国境警察の創設や、NATOやイギリスと連携しての防衛・安全保障条約の締結を目指し、「成長」に関しては、欧州共通最低賃金の導入や、エコロジー転換に財政支援を行う欧州気候銀行なるものの設立を提唱した。そして政治的な計画を提案する際には「ヨーロッパ会議」なるものを招集し、市民が参加する会合とも連携するとした。

このマクロンの書簡は実現性を問わないものであり、実際各国首脳の反応は薄かった。しかし過度に野心的ともいえるマクロンの外交は、徐々に周囲との摩擦をもたらし始めていた。特に物議をかもしたのが、同年一一月のイギリスの『エコノミスト』誌でのインタビューだった。そこでマクロンは「NATOは脳死状態」と発言し、NATO同盟国からの反発を招いた。大西洋主義派でもあるメルケルは、「あなたはコップを壊して回り、私がその破片をつなぎ合わせて一緒にお茶を飲んでいる。もうそれにはうんざり」と、ある晩餐会の席上でマクロンに訴え、両者は口論になったと一部メディアに報じられた。

他方でウクライナ問題をめぐって、マクロンは現状を打破できなかった。二〇一九年五月に、ロシアとの問題解決を望んだヴォロディミル・ゼレンスキーがウクライナの新大統領に選出されたこともあり、三年ぶりの独仏露宇の四ヵ国首相会談が同年末にパリで開催された。

会談直前のミンスクでの露宇会談では、ウクライナがシュタインマイヤー案の受け入れに合意したと報じられた（Handelsblatt 2019）。しかし四ヵ国会談で合意されたのは、拘束者の相互釈放と実効性を欠く年内での完全停戦の約束に留まり、会談終了時には四ヵ月後の次回開催が発表されたものの、実際に開催されることはなかった（次の開催はウクライナ戦争勃発直前の二〇二二年一月）。

この時のマクロンの対露認識は、彼の多極的な国際秩序観に裏打ちされていた。世界にとって多極的な秩序が望ましく、この多極世界では均衡が確保される必要があり、その実現のために国家間で対話が必要というのがマクロンの考えだった。

彼にとって、ロシアはこの多極世界で大きな役割を果たす国家だった。なぜなら米中のほかにヨーロッパも極の一つになるべきであり、ロシアを含んでこそヨーロッパは長期的に見て安定と利益を確保できると考えたからである。二〇一九年八月にプーチンを南仏保養地にある大統領別邸に招いたマクロンはこのように述べた。

「ロシアはヨーロッパだ。（……）ロシアの偉大な小説家ドストエフスキーは『未成年』の中でこう述べている。ドイツやフランス、そのほかの国と比べロシアが違うのは、最もヨーロッパ的である時に最もロシア的であることで、ある意味でロシアの愛国心はロシア自身より広くヨーロッパを含まなければならない、と。だからこそ、EUとロシア間の安全保障と信頼に関するアーキテクチャを再び生み出さなければならないのだ」(Présidence de la République 2019)

二〇二二年二月のウクライナ戦争勃発前夜、マクロンは何度もプーチンと会談を持ち、懸命な仲介姿勢を見せた。他方でロシアが実際に一方的に侵攻を開始した後も、マクロンはロシア非難を行いながらもしばらくは仲介姿勢も放棄せず、ロシアに屈辱を与えてはならないとも発言した。当時この発言は強い批判を受けたが、そうした発言や行動を裏打ちしていたのは、マクロン独自の国際秩序観だった。

コロナ危機からメルケルの引退へ

二〇二〇年を迎える頃、マクロンの野心的でダイナミックな外交はやや空回りしており、EUに関してさまざまな構想を提示するものの、EUレベルで実現した内容はごくわずかであり、ドイツとの合意ですら共同予算などにとどまっていた。これがラディカルに転換するきっかけとなったのが、同年二月から三月にかけて世界およびヨーロッパ全土に蔓延していった、新型コロナウイルス感染症が引き起こした危機だった。

コロナ危機は社会経済生活を直撃し、ヨーロッパ各国は感染症の蔓延を防ぐために都市封鎖(ロックダウン)を行い、EU内の国境も閉鎖し、シェンゲン協定で消滅したはずの域内国境が突如可視化された。さらに、未知のウィルスの急速な蔓延ゆえに、マスクや人工呼吸器などの医療品の調達の際にはEU国同士の奪い合いの様相すら呈した。EUの連帯の理念は、未知の感染症の出現の前に脆くも崩れ去るかに見えた。

ここで連帯を見せたのが独仏だった。二〇二〇年五月に、マクロンとメルケルは急転直下、コロナ債と呼ばれる共同債の実現に合意した（遠藤 二〇二〇）。それまでドイツが抵抗していた、EU自体が債権を起債できる仕組みを整えた点で、ユーロ危機後ずっと必要とされていた合意が、ようやくここで実現した。

二〇二一年九月のドイツ総選挙で、CDUは第一党の座をSPDに明け渡した。もとよりメルケルの引退は決まっていたが、それにとどまらない政権交代が起こり、SPDのオラフ・ショルツを首相、同盟90／緑の党共同党首のアナレーナ・ベアボックを外相とする中道左派連立政権が誕生した。

メルケルの引退は一つの時代の区切りを感じさせた。では、メルケル時代とは何だったのだろうか。彼女は自由と民主主義を擁護しつつも、ビジョンがない政治家と何度も揶揄されていた。欧州政治研究者のダニエル・ケレメンらは、民主主義、人権、EU内の連帯よりもドイツの商業的経済的利益を優先した人物としてメルケルを評する（Matthijs & Kelemen 2021）。確かにメルケルが経済利益を重視したことは間違いない。しかし彼女の経済重視は、国内政治や国民感情への配慮に敏感だったメルケルゆえの特質だったのかもしれない。実際、メルケルによるヨーロッパ観念に関する言及はあまりなく、独仏関係に対する愛着も示さなかった。

その落ち着いた人格ゆえにメルケルは人びとや世界に安心感を与えることに長けていたが、不幸にして時代は徐々に世界政治の不安定化が進み、独仏関係もヨーロッパ統合も決して順調とは言えなかった。マクロンという、自らにないビジョンを提示する力のあるパートナーが現れた時、メルケルの力は逆に衰退し始めていた。

彼女は引退後の二〇二二年秋に独『シュピーゲル』誌のインタビューを受け、二〇二一年夏にEUレベルでウクライナ問題を協議する会議の開催を望みつつも、反対意見を抑えられずに会議開催が見送られたことを明かした。「権力政治的に私は終わっていた。プーチンにとって大事だったのはパワーだけだった」とメルケルは語った（*Der Spiegel*, 2022）。しかしメルケルに権力があった時、彼女はしばしば「メルケり」、その権力を使えばこそ実現できるような政策をどれくらい決断したのだろうか。

メルケルが民主主義や人権を軽視していたとは思えない。難民危機に際し彼女が見せた姿勢には強いものがあった。しかし同時にドイツの商業的利益に資するロシアとの経済・エネルギー関係を重視し、「貿易による変化」を期待して失敗した。メルケルが重視したのはヨーロッパではなくドイツだったのだろうか。内向きになるドイツとドイツを求め続けるフランスのすれ違いが構造化していったのが、メルケル時代の独仏関係だった。

二〇一〇年以降、ヨーロッパに複合危機が勃発すると、その解決を求める中でヨーロッパ統合の正当性はむしろ低下してしまい、また二〇一四年のウクライナ危機によりロシアとNATOとの関係はほぼ機能しなくなってしまった。そのため、独仏が埋め込まれている「ヨーロッパ」が、統合の面でも安全保障の面でもどちらも動揺を来《きた》し、再検討が求められるようになった。

確かにアーヘン条約のように、二国間の協力関係は地道な成果を上げてはいた。多国間関係の中では、安全保障については現状維持を求めつつ、マクロンはヨーロッパ統合の再発進を目論んだ。ヨーロッパ統合の進展については、ある程度の成果を見ることもできよう。しかし二〇二二年のウクライナ戦争の勃発により、ヨーロッパ国際秩序をめぐる独仏の冷戦終焉以降の試みは吹っ飛んでしまったのである。

終章　ウクライナ戦争勃発後の独仏関係と未来への展望

長いメルケル時代が終わり、新しい時代はどのように幕を開けるのかと多くの人が思案したが、実際にヨーロッパに訪れたのは戦争だった。二〇二二年二月に勃発した、ロシアによるウクライナ侵攻（ウクライナ戦争）は、紛うことないヨーロッパの戦争である。冷戦終焉後に重ねてきた各国の対露政策はリセットを余儀なくされ、ヨーロッパの国際秩序は変容を迫られている。二〇二四年六月現在、戦争は膠着《こうちゃく》状態に陥り、二三年秋にはイスラエルとパレスチナとの間でも大規模衝突（イスラエル軍のガザ侵攻）が起こっていて、未だ事態は進行中である。大きな戦争は時代を画するものだが、ウクライナ戦争の勃発により確実に一つの時代が終わったのだろう。独仏関係はヨーロッパに埋め込まれており、そしてウクライナ戦争がヨーロッパ国際秩序を変える以上、ウクライナ戦争は独仏関係を大きく変えることになろう。

では、どのように変わるのだろうか。本書は、独仏関係を複雑で多層的なヨーロッパ国際政治を読み解く一つの視角としてとらえ、その時代ごとにいかなる問題を抱え、どのような特徴を有していたのかを見てきた。

独仏両国は、国民国家形成の段階から双子とも言えるかたちで成立し、互いに競合し合う間柄は、第一次および第二次世界大戦にかけて憎悪の関係へと至った。両国の対立は世界を地獄の淵に陥れたが、大戦後の世界では一転した。ドイツは分断され、両国は世界を牽引する一等国の座を失うと同時に、その関係性は冷戦という国際政治の力学に拘束された。

そして、冷戦構造の中で同じ西側陣営となった西独とフランスは、ヨーロッパ統合という枠組みの下で、関係を改善し協調へと歩みを進めた。この協調は第一には政治外交的なものであり、冷戦の中で強いられた面があったのも確かである。

しかし、市民社会での和解の追求や紐帯の強化などの多面的な要因が重なって、独仏関係は安定化し、枢軸とさえ語られるようになった。この関係性は冷戦後のドイツの再統一後も同様であり、戦後西欧の国際関係は、良かれ悪しかれ、この独仏間の提携が一つの基盤となっていったのである。

それゆえ、戦後の独仏関係史の多くは、ヨーロッパ統合の話と重なる(ただしその逆は必ずしも当てはまるわけではない)。そして冷戦終焉後は、かつての分断されたヨーロッパをEUという名のもとで統一し、EUに数多くのヨーロッパ諸国が包摂される中で、EUこそがヨーロッパを表し、かつ市場統合から安全保障まで幅広い政策を実現するパワフルな共同体として発展していった。市場統合が現実のものとなり、市民権を保証するEUが加盟国を拡大する中で、EUは加盟国市民の日常生活に直結する権力体へと深化し、多くの挑戦や問題提起を受けることとなる。

冷戦後の独仏関係も、大きく分けると三つの課題に直面した。

第一に、冷戦期に確立した独仏関係の基本的な構図が冷戦終焉によって消滅したことである。敗戦国で分断国家の西独に対する戦勝国フランスの優位という構図は消滅し、新しいドイツ外交の登場の中で、独仏関係の構造的な安定性や重要性は徐々に低下していった。

第二に、独仏関係が拠って立つEUの存在とパワーが増大し変化したことで、EU域内でのさまざまな対立が問題となって両国の前に立ち現れたことである。独仏はヨーロッパ統合の問題を解決する一つの舞台の役割を果たそうとするが、EUの構造的変化がそれを困難にさせている。

そして第三に、EUを超えて独仏が拠って立つ広義のヨーロッパ国際秩序が、冷戦終焉以降、実は根幹のところで不安定であり、かつ独仏が求めた秩序は現実味を欠いていた点である。ソ連解体によって後継国ロシアは、世界的な超大国からヨーロッパとアジアにまたがる地域的な大国になった。冷戦後のヨーロッパ国際秩序は、西側秩序がそのまま拡大し旧東側諸国を包摂したが、ロシアの位置づけは曖昧なままだった。独仏はロシアをヨーロッパの大国として認識し、ヨーロッパ国際秩序に適切に位置づけることを試み続けた。

この意味で、独仏が包摂されたヨーロッパは、冷戦期ではアメリカに大きく左右されたからこそ、独仏関係およびヨーロッパ国際政治を理解するための補助線はアメリカにあった。しかし冷戦後には、グローバル化する世界の中でアメリカのヨーロッパでの存在感は薄らぎ、ロシアという補助線がより色濃いものとなった。

そして独仏を包み込む「ヨーロッパ」は、二重に問い直されている。EUに関しては、二〇一〇年以降の複合危機を受けて、その正当性や意義が問われている。EUを超える広義のヨーロッパ（もしくはヨーロッパ安全保障秩序）に関しては、ウクライナ戦争により、冷戦終焉後から連綿と続いていた独仏が望む秩序再編の試みは最終的に破綻した状況にある。マクロンのヨーロッパ主権論は、前者のEUの正当性や意義に対する問題への応答であろうが、後者のヨーロッパ安全保障秩序についても、独仏は新しいヨーロッパ像の再定義を迫られている。

実際メルケルの後を継いだショルツは、ウクライナ戦争を受けてドイツおよびヨーロッパに対する明確な安全保障上の脅威を認識し、ドイツ外交を文民主義的な姿勢から軍事的なコミットメントも果たす姿勢へ大胆に転換することを表明した。この表明は「時代の分岐点（Zeitenwende）」と呼ばれ、ショルツはアメリカの外交誌『フォーリン・アフェアーズ』に寄稿したが、そこではロシアを明確に敵と認定した上で、緊密な独仏関係がドイツ外交の基盤の一つだと再確認している。戦争勃発後、ロシアに対して仲介的な姿勢をしばらくは見せていたマクロンだったが、二〇二三年ごろからプーチンのロシアを明確に敵と認定し、独仏はプーチンのロシアを排除した国際秩序の形成を求めている。

しかし、ウクライナ戦争をどう戦うかという点で独仏は完全には一致しておらず、戦後にどのような国際秩序を望むのかというビジョンも共有できているとは言えない。マクロンは「ヨーロッパの戦略的自律」といった新しい安全保障上のイニシアティブも進めようとしているが、ショルツ政権がどれくらい応え、どう調整していくのかは未知数だ。

第一次世界大戦後の戦間期がそうだったように、戦争がどう戦われるかに、戦後のありようは一定程度拘束されてしまう面はある。だがいうまでもなく、今後のヨーロッパ国際秩序がどうなるかは、ウクライナ戦争がどう終わるか、そしてどのような戦後構築が行われているかにかかっている。

独仏関係は、ポスト・ウクライナ戦争の時代にあっても枢要なヨーロッパの二国関係であり続けるのだろうか。ジスカール＝シュミット期のような独仏枢軸が復活することは考えにくいし、独仏の二ヵ国で物事が決まることももはやないだろう。独仏関係が、EU／ヨーロッパ国際関係に対して持つ重みは、中長期的に見れば低下する傾向にあることは間違いない。

他方で、過去半世紀以上積み重ねてきた二国間協力の蓄積が早晩崩壊することも考えにくいのと同時に、両国にとってそれぞれに独自の利害がなくなることもない。過去の遺産を活かしながら、ヨーロッパを牽引するために、独仏が自国の利害をすり合わせる構図は簡単にはなくならないだろう。

その構図の中で、独仏は時に接近し時に離反するだろう。独仏間で利害が対立する争点が数多くあるのは否定しがたい。しかし重要なのは、対立が構図そのものを突き崩すかどうかである。

その点で独仏関係には相当の粘り強さがある。例えば、二〇二二年秋に予定されていた独仏共同閣議は、ウクライナ支援をめぐる意見の対立から開催がいったん延期された。しかし、共同閣議はその後二三年一月と二四年五月に開催され、ウクライナ戦争がヨーロッパ安全保障秩序を根幹から揺るがしている事実と、平和と安定を求めて、ヨーロッパ独自の取り組みが求められていることを確認し合った(二四年五月の独仏防衛・安全保障理事会での共同声明)。見解の不一致があればいったん棚上げし、原則に立ち戻って協議を続けるさまは、ド・ゴール＝アデナウアー以来の一貫した姿勢といえるだろう。

また、牽引すべきヨーロッパは、現在はEUという形をとっているが、昨今の反EU的なポピュリスト勢力の台頭により、今後「ヨーロッパ」の内実が変わることもあり得よう。二〇二四年六月の欧州議会選挙ではそこがポイントとなり、全体的な潮流としては、EU自体を否定するというより、EUが何を表象するのかが争われるようになってきている。独仏に限らないヨーロッパ諸国全体で、国内政治上の歴史的な政治構造の変容が進んでおり、その再編がヨーロッパ国際政治の在り方にも大きな影響を与えることになるだろう。

歴史的な視点に立てば、独仏が「ヨーロッパ」というシンボルを簡単に捨てるとは考えにくい。独仏はヨーロッパに埋め込まれることでようやく宿敵関係の解消に成功し、自国の利益とヨーロッパの利益の両方を増やせたからだ。独仏両国が第二次世界大戦以来積み重ねたのは、そのような構図である。自己の利益を確保するのは当然の前提として、それに加えて全体の利益にならなければならない、ヨーロッパ外交にはそのような特徴がある。

ヨーロッパ外交の特徴は一朝一夕で変わるものではなく、ライン川の両岸を自由に行き来する世界を日常とした両国にとって、ヨーロッパとEUは捨てられないシンボルであり実存でもある。利益は調和せずとも独仏関係が重要であることは、半世紀以上続く両国の外交の基本線として根付いた。もし独仏がヨーロッパというシンボルを手放す場合、本当に想像もつかない未来が待っている。だからこそ、強いられた友好の要因が取り払われたにもかかわらず、基本的な友好関係が存続しているのは、この一五〇年間におけるヨーロッパ国際政治の一つの成熟のかたちと言えるのではないだろうか。

独仏関係の歴史を広い視野と長い時間軸で眺めたとき、そこには、関係の悪化と繰り返される戦争、戦後秩序構築の試み、憎悪の克服、地域統合への関与、市民社会での多様な努力、冷戦後の新しい世界に対する苦悩などといった、多層的で陰影ある国際関係の姿があることに気付かされる。「まえがき」において、独仏関係は理想形ではなく、現実と理念の両方を冷静に観察することが重要だと述べた。独仏関係が生み出してきたものは多様だからこそ、功罪両方がありえるさまざまな現象を、予断なく冷徹に、しかしその歴史的意義を評価しなから観察することが求められる。独仏関係に注目することで見えてくるものは、極めて大きいのである。

あとがき

ドイツもフランスも、ヨーロッパの中心的な国家であるし、その歴史は中学や高校で何らかの形で触れることも多い。しかし、その関係性が現代国際政治の中でどのような役割を果たすのかについては、それほど知られているわけではなかろう。本書では、独仏関係の通史を描きつつ、その二国間関係がもつダイナミクスと歴史的推移を体系的に描くことを試みた。随分前だが博士論文を書き終えた頃、本書のような書物をいずれは書いてみたいと漠然と思っていたが、本当に書けるとは思っていなかった。

本書は、中公新書編集部の上林達也さんから執筆のお誘いを二〇一四年五月にいただいたことに端を発している。この文章を書いている一〇年も前のことだ。新書の提案を受けたのは大変嬉しく、独仏関係史というテーマは早々に固まった。だが私はすぐに高く厚い壁にぶつかった。確かに六〇年代の独仏関係を博士論文で扱っており、また折に触れて関連文献は入手していたこともあり、六〇年代はすぐに書ける、それ以外の時代も…と高を括っていたが、いざ一九世紀から二〇一〇年代までの基本的な情報を整理し始めると、自分が理解している内容は穴だらけで、この主題が自分の身に余ることに気付くのに時間はかからなかった。

さらにお話をいただいた後の二〇一五年から、本書でも論じたように、難民危機やパリ同時多発テロなどが起こり、ヨーロッパや世界が激動の波に揉まれ始め、私の持っていたナイーブなヨーロッパ理解はガラガラと音を立てて崩れはじめていった。今だから正直に打ち明けるが、企画が承認される前から書ける気が一切せず、二〇一六年四月に企画は承認されたものの、さらにブレグジットという追い打ちを受け、私は本書の執筆どころか自発的な問題関心に基づく研究そのものが手につかなくなった。ソ連解体を受けソ連研究者は研究対象を失ってしまったと言われるが、当時の私も茫然自失・五里霧中という言葉がまさにぴったりだった。久しぶりに会う研究者仲間からの他意もない、いまどういう研究を？　と聞かれると返答に詰まり、研究者失格の烙印を押されることを恐れながら日々過ごしていた。

ゼミ生には恵まれ、教育の面では充実感を覚えつつも、本書の原稿どころか、ろくすっぽ研究らしい研究に手を付けられず、鬱々とした気持ちを抱えたまま時間だけが過ぎていた二〇一七年の晩秋だったように思う。ふとしたきっかけで平野啓一郎氏の『マチネの終わりに』を手に取って読んでみる機会があった。この小説では、四〇代のギタリストとジャーナリストとの間の成熟した恋愛がモチーフとなっているが、私が心打たれたのは、かつて弾けたはずの曲が弾けなくなった音楽家がスランプを乗り越える様とその先にある希望だった。『マチネの終わりに』を読んで以来、研究者としての自分を取り戻し、何としても本書を完成させなければという気持ちになった。そこで勤務校で行っていた国際関係史の講義の中に独仏関係史を組み込み、二単位くらいの内容を三年間積み重ねたとき、本書の骨格はようやく整うことになった。執筆はそれでもゆっくりとしか進まなかったが、冷戦後を扱う章を書こうとしたとき、自分が冷戦後の時代をきちんと理解していないことに改めて気付き、そこで一度筆が止まってしまった。二〇二〇年の秋ごろの話である。

そういった停滞を吹き飛ばしたのがウクライナ戦争の勃発だった。ウクライナ戦争は悲劇であるが、同時にその勃発によって猛烈な勢いで冷戦後のヨーロッパとロシアを取り巻く国際政治の様々な側面が語られ始め、考えもしなかったような知見が次々に目の前を流れていった。ウクライナでの緊迫した戦況を固唾を呑んで見守り、冷戦後のNATO・ウクライナ・ロシアに関する大量の情報や新しい研究に接するうちに、あれだけ厚く立ちはだかっていた壁が透き通って見えていくかのように、上手く理解できなかった冷戦後のヨーロッパ国際政治の構造的な歴史把握にようやく手がかりを覚えはじめた。

漠然と感じたその内容を、たまたま会う機会があった元同僚で友人の大久保健晴さんに語ったところ、大久保さんは、いいじゃないですかその方向で書いてしまいましょうよ、と言って背中を押してくれた。幸いにも二〇二三年度に勤務校から研究に専念できる制度の恩恵を受け、同年五月以降に一気に冷戦後の展開を含めた全体像を描くことができた。研究に専念させてくださった明治大学と同僚の先生方に深く感謝申し上げたい。

ウクライナ戦争が勃発するまで、本書のモチーフは、根深い敵対関係に陥った独仏両国がいかにその関係性を改善したかという「サクセスストーリー」を描くという点にあった。それが序章から第5章までの内容である。しかし冷戦後の時代を歴史として考える中で、冷戦後の独仏関係には、新しい歴史を紡ぎ出す中でのポジにとどまらないネガの側面もあるのではないかと感じるようになった。そのため冷戦後の二つの章は、サクセスストーリーから抜け出た独仏の苦悩と陰影が中心となる。分量が長くなりすぎて文章を削るのにも苦労したが、内容の方向性がウクライナ戦争前後の執筆時期で異なり、この二つをいかに融合させるかにも苦心した。それがうまくいっているかどうかは、読者諸賢にご判断いただきたい。

いずれにせよ、本書はウクライナ戦争という強い歴史的磁場の中で執筆された。歴史はやはり、その時代が終わらなければ書くことが難しい。ウクライナ戦争が一つの時代を終わらせたからこそ、それまでの時代を今回書くことが出来たのだろう。ただこのあとがきを書いている二〇二四年六月現在、イスラエル・パレスチナ問題もまた同様に世界を揺るがしており、第二次世界大戦後に形成された「西側世界」をめぐる問題がより根本から問い直されている様にも感じるが、ここでは擱いておこう。

それにしても、独仏関係は私が大学院に入った時に、指導教員だった田口晃先生の薦めで始めたテーマであり、その面白さを教えてくれたのは遠藤乾先生だった。本書の参考文献を見ると、私のこれまでの研究を振り返る感覚を覚える。たったこれだけという気持ちと、これだけでもめっけもの、という気持ちの両方がある。

本書の草稿は、旧知の板橋拓己さんと合六強さんに読んでいただき、数々の貴重なコメントを頂戴した。今や日本を代表するヨーロッパ政治研究者のお二人からの忌憚なき評価は大いに励みとなった。飯田洋介さんには、無理を言ってドイツ史の記述を中心に原稿に目を通していただき、歴史家ならではの重厚で示唆に富む多くのご指摘をいただいた。お三方には特に深くお礼申し上げたい。そして、先に書いたように、本書の内容を組み立てるにあたり二〇一八年度から二〇二〇年度までの明治大学政治経済学部での国際関係史講義に大きな助けを受けている。二〇二二年度の同大学大学院政治経済学研究科の演習では、サロッティなどの冷戦後の国際秩序に関する数多くの文献を読むことが出来た。履修者の皆さんには深く感謝申し上げたい。それと、本書は企画立ち上げから草稿執筆完了まであまりに時間がかかり、その間に上林さんが中公新書編集部を離れられたため、短い時間ではあったが工藤尚彦さんにご担当いただいた。その後無事（?）新書編集部に復帰された上林さんに担当が戻り、読みづらい本文にメスを入れて頂き、本書の完成に当たっては得難いご助力となった。一〇年お待たせしてしまったが、上林さん抜きに本書は生まれなかった。もちろん、本書の間違いや至らない点は、全て筆者の責任である。

独仏関係史を描くことを目的として書き始めた本書だったが、書き終えてみると、二〇二〇年代初頭から見た、二〇世紀から地続きの「二一世紀の歴史」の一里塚の書としての色が濃くなった。それは私が望んだことである。むろん、いずれ本書で描いた独仏関係の姿は時代遅れになるだろうし、そもそも現時点で二一世紀全体を見通せているわけではない。

ただ本書で描いたことは、二〇一五年頃から始まったEUをめぐる危機や、ウクライナ戦争といった、時代の転換となるような大事件を、どのように考えればよいのかという点に関する、今の所の私なりの応答である。こういった問題に多くの尊敬する研究者たちが取り組み、それらは現代社会に対する学問からの貢献であろう。ささやかながら、私なりの社会貢献のつもりで本書は書かれた。本書が何かしらの意味を持ちうることを祈るのみである。

最後に、私事ながら、本書の再起動となる執筆前に母が亡くなり、本書を届けることが出来なかった。母の死去に関わる諸事は兄姉が助けてくれ、急遽家を空けた状況を妻や子供たちが支えてくれ、なんとか乗り切ることが出来た。人は一人では無力だということをいつも感じるが、家族がいればこそ、悲しみを乗り越え、喜びを分かち合える。本書は私を支えてくれる、そのような家族に捧げたい。

二〇二四年六月　記

mondiale infructueuse », *Les Echos*, 17 mars 2022.
"'You're Done with Power Politics.' A Year with Ex-Chancellor Angela Merkel", *Der Spiegel*, 1 Dezember 2022.
"The breakdown of French-German relations augurs ill for the EU", *Financial Times*, 16 April 2023.

主要図版出典

ロイター/アフロ：ポンピドゥーとブラント，シラクとシュレーダー，メルケルとサルコジ，メルケルとオランド
AP/アフロ：シューマン，シュミットとジスカール
picture alliance/アフロ：ミッテランとコール
Fujifotos/アフロ：コール
Jean Gaumy/Magnum Photos/アフロ：グロセール
TopFoto/アフロ：アデナウアー
Mary Evans Picture Library/アフロ：ド・ゴール
フランス大統領府：ミッテラン，マクロン
Gallica：「皇帝の兵士」
Alamy/アフロ：当時ザールで使用されていた切手
Tages Woche：「理性的な結婚」

« Merkel-Hollande fêtent le duo franco-allemand malgré l'euro en crise », *L'Express*, 22 Septembre 2012.
„Bis jenseits der Grenze", *Der Spiegel*, Nr. 11/2014, 9 Feb 2014, pp. 78-87.
"EU forces through refugee deal EU", *Politico.eu*, 21 September 2015.
„Macron fordert, Merkel zögert", *Die Zeit*, 13 Juli 2017.
"Can Merkel and Macron agree on EU's future? ", *DW*, 28 September 2017.
„EU-Migrationspolitik: Wo bleibt die Solidarität?", *DW*, 14 Dezember 2017.
„Euro-Zone: Ein langer Weg zu Reformen", *DW*, 15 Dezember 2017.
„EU 2017: Macron verdrängt Merkel", *DW*, 29 Dezember 2017.
„Visionär Macron und Pragmatikerin Merkel", *DW*, 6 April 2018.
„Widerstand gegen Macrons Europapläne: Die Kanzlerin reagiert elastisch", *Tagesspiegel*, 17 April 2018.
"Merkel and Macron present united front in Berlin", *DW*, 19 April 2018.
"Merkel and Macron: A two-speed EU", *DW*, 19 April 2018.
„Merkel und Macron: Die Streitpunkte", *DW*, 19 April 2018.
„Merkel-Macron: Treffen mit einem angeschlagenen Präsidenten", *Deutschlandfunk*, 7 September 2018.
„Das steht im Aachener Vertrag", *Frankfulter Allegemeine Zeitung*, 22 Januar 2019.
"Merkel-Macron meeting fails to resolve row over EU leadership", *The Guardian*, 20 June 2019.
„ ‚Steinmeier-Formel': Ukraine-Konflikt nähert sich einer Lösung", *Handeslblatt*, 3 Oktober 2019.
„Merkel kritisiert Macron: ‚Ich muss die Tassen zusammenkleben, die Sie zerschlagen'", *Tagesspiegel*, 24 November 2019.
„Mit seiner Außenpolitik fordert Macron die deutsch-französischen Beziehungen heraus", *Handelsblatt*, 21 September 2020.
"The end of the Merkel-Macron era – a mediocre legacy?", *DW*, 16 September 2021.
«Politique étrangère: un leadership européen retrouvé, une stratégie

aux Européens », *Le Parisien*, le 4 mars 2019.

Présidence de la République, *Déclaration conjointe d'Emmanuel Macron et de Vladimir Poutine, Président de la Fédération de Russie*, 20 août 2019.

Présidence de la République, *Discours à la Conférence de Munich sur la sécurité 2020*, le 15 février 2020.

République française, *Déclaration de M. Emmanuel Macron président de la République, sur les défis et priorités de la politique étrangère de la France*, à Paris le 1er septembre 2022.

Rinke, Andreas (2021), „Die Kanzlerin der Krisen – eine Bilanz", *Internationale Politik*, 3, Mai-Juni 2021, pp. 47-52.

Schoeller, Magnus G.(2018), "The Rise and Fall of Merkozy: Franco – German bilateralism as a negotiation strategy in Eurozone crisis management", *Journal of Common Market Studies*, 56 (5), pp. 1019-1035.

Scholz, Olaf (2023), "The Global Zeitenwende: How to Avoid a New Cold War in a Multipolar Era", *Foreign Affairs*, 102 (1), pp. 22-38. [オラフ・ショルツ「変化したグローバルな潮流——多極化時代の新冷戦を回避するには」『フォーリン・アフェアーズ・リポート』2023年 1 月号]

Staunton, Eglantine (2022), "'France is back': Macron's European policy of rescue 'European civilisation' and the liberal international order", *Third World Quarterly*, 43(1), pp. 18-34.

Steinmeier, Frank-Walter (2007), „Verflechtung und Integration. Die neue Phase der Ostpolitik der EU", *Internationale Politik*, 3, März 2007, pp. 6-11.

Tertrais, Bruno (2021), "The Making of Macron's Worldview", *World Politics Review*, Jan 19, 2021.

新聞・雑誌記事（年代順）[タイトル、紙・誌名、発行年月日のみ]

« Un sommet franco-germano-russe pour ‹ ancrer › la Russie à l'Ouest », *BFMTV*, 17 octobre 2010.

« Un sommet France-Russie-Allemagne pour parler de la sécurité en Europe », *Le Monde*, 18 octobre 2010.

Forsberg, Tuomas (2016), "From Ostpolitik to 'frostpolitik'?: Merkel, Putin and German foreign policy towards Russia", *International Affairs*, 92 (1), pp. 21-42.

Hellmann, Gunther (2016), "Germany's world: power and followership in a crisis-ridden Europe", *Global Affairs*, 2 (1), pp. 3-20.

Howorth, Jolyon (2014), "Catherine Ashton's five-year term: a difficult assessment", *Les Cahiers européens de Sciences Po*, n° 03.

Kempin, Ronja (ed.) (2021), *France's Foreign and Security Policy under President Macron: The consequences for Franco-German cooperation*, SWP Research Paper, No. 4/2021, Berlin, Stiftung Wissenschaft und Politik (SWP).

Koszel, Bogdan (2021), "Chancellor Angela Merkel's achievements and Failures in the Germany's European Policy (2005-2021)", *Rocznik Integracji Europejskiej*, Nr.15. pp.7-27.

Krotz, Ulrich, Joachim Schild (2018), "Back to the future?: Franco-German bilateralism in Europe's post-Brexit union", *Journal of European Public Policy*, 25(8), pp. 1174-1193.

Marx, Jean-Samuel (2020), „Angela Merkel und Frankreich", *Revue d'Allemagne et des pays de langue allemande*, 52(1), pp. 225-242.

Matthijs, Matthias, R. Daniel Kelemen (2021), "The Other Side of Angela Merkel's 16 Years as German Chancellor", *Foreign Policy*, Summer 2021.

Müller-Brandeck-Bocquet, Gisela (2022), *Germany and the European Union: How Chancellor Angela Merkel Shaped Europe*, Cham, Springer.

Mushaben, Joyce Marie (2017), "Wir schaffen das!: Angela Merkel and the European Refugee Crisis", *German Politics*, 26 (4), pp. 516-533.

Présidence de la République, *Agenda franco-allemand 2020*, le 4 février 2010.

Présidence de la République, *Discours du Président de la République: Initiative pour l'Europe*, Paris La Sorbonne, Mardi 26 septembre 2017.

« < Pour une Renaissance européenne > : la lettre d'Emmanuel Macron

(1)、pp. 1-20。
日本国際問題研究所編（2020）『混迷する欧州と国際秩序』（令和元年度外務省外交・安全保障調査研究事業）日本国際問題研究所。
日本国際問題研究所編（2023）『戦禍のヨーロッパ―日欧関係はどうあるべきか―』日本国際問題研究所。
広瀬佳一（2019）「冷戦の終焉とヨーロッパの新秩序構築」広瀬佳一編著『現代ヨーロッパの安全保障――ポスト2014：パワーバランスの構図を読む』ミネルヴァ書房、pp. 3-19。
フルダ、アンヌ（2018）『エマニュエル・マクロン――フランス大統領に上り詰めた完璧な青年』（加藤かおり訳）プレジデント社。
マクフォール、マイケル（2020）『冷たい戦争から熱い平和へ――プーチンとオバマ、トランプの米露外交（上）（下）』（松島芳彦訳）白水社。
湯浅剛（2019）「クリミア併合とヨーロッパ安全保障」広瀬佳一編著『現代ヨーロッパの安全保障――ポスト2014：パワーバランスの構図を読む』ミネルヴァ書房、pp. 97-118。
Berretta, Emmanuel (2018), « Macron et Sarkozy, deux visions de l'Europe ? », *Le Point*, 31/10/2018.
Bulmer, Simon, William E. Paterson (2013), "Germany as the EU's Reluctant Hegemon?: Of economic strength and political constraints", *Journal of European Public Policy*, 20(10), pp.1387-1405.
Cadier, David (2018), "Continuity and change in France's policies towards Russia: a milieu goals explanation", *International Affairs*, 94(6), pp. 1349-1369.
Draus, Franciszek (2004), "The Central and Eastern European Countries and Franco-German Cooperation", in Browne, Matthew et al. (2004), *A View from Outside: The Franco-German Couple as seen by their Partners*, Notre Europe, Research and European Issues, N° 33, pp. 23-31.
Dubien, Arnaud (2010), « Nicolas Sarkozy et la Russie, ou le triomphe de la Realpolitik », *Revue internationale et stratégique*, n° 77, pp. 129-131.

Libera, Birte Wassenberg (dir.), *L'Europe au ceour: Études pour Marie-Thérèse Bitsch*, Bruxelles, Peter Lang, pp. 141-159.
Wassenberg, Birte (2016), « De l'esprit „regio" aux Eurodistricts: la place de la société civile dans la coopération transfrontalière du rhin supérieur (1963-2008) », in Nicolae Paun, Sylvain Schirmann (eds.), *Borders, Identities, Communities: The Road to Reconciliation and Partnership in Central and Eastern Europe*, Baden-Baden, Nomos, pp. 295-316.

第７章

板橋拓己（2017）「変調するドイツ政治――難民危機とポピュリズムのなかで」『国際問題』No.660、pp.15-24。

板橋拓己（2021）「メルケルとは何者だったのか」『世界』2021年12月号、pp.144-153。

岩間陽子（2021）「メルケル時代とは何だったのか――九月の独連邦議会選挙を控えて」『學士會会報』No.949、pp.26-34。

ヴァン・ランテルゲム、マリオン（2021）『アンゲラ・メルケル――東ドイツの物理学者がヨーロッパの母になるまで』（清水珠代訳）東京書籍。

遠藤乾（2016）『欧州複合危機――苦悶するEU、揺れる世界』中公新書。

遠藤乾（2020）「ヨーロッパの対応――コロナ復興基金の誕生」『国際問題』No.695、pp.15-28。

遠藤乾（2024）「第10章 複合危機の2010－2020年代――ユーロ危機からウクライナ戦争まで」遠藤乾編『ヨーロッパ統合史［第2版］』名古屋大学出版会、pp. 311-337.

小泉悠（2019）「ヨーロッパ安全保障とロシア」広瀬佳一編著『現代ヨーロッパの安全保障――ポスト2014：パワーバランスの構図を読む』ミネルヴァ書房、pp. 172-191。

合六強（2020）「長期化するウクライナ危機と米欧の対応」『国際安全保障』48 (3)、pp. 32-50。

田中素香（2016）『ユーロ危機とギリシャ反乱』岩波新書。

中谷毅（2007）「ドイツ外交安全保障政策の現状と課題――メルケル大連立政権の分析を中心に」『愛知學院大學論叢　法學研究』48

consultations bilatérales de 1991 à 2003, Paris, L'Harmattan.
Webber, Douglas (ed.) (2001), *New Europe, New Germany, Old Foreign Policy?*, London, Routledge.
Woyke, Wichard (2004), *Deutsch-französische Beziehungen seit der Wiedervereinigung: Das Tandem fasst wieder Tritt*, 2 Aufl., Wiesbaden, V.S. Verlag fur Sozialwissenschaften.

文化・青少年交流／ユーロディストリクト関連

寺島敦子（2012）「「エリゼ条約の最も美しい子供」――独仏青少年事務所：国境を越える青少年交流――」『国際関係・比較文化研究』11 (1)、pp. 305-324。
寺島敦子（2013）「「エリゼ条約の最も美しい子供」（2）――冷戦終結後の独仏青少年事務所をめぐって――」『国際関係・比較文化研究』12 (1)、pp. 143-156。
ボック、ハンス・マンフレット（2009）「二国間、ヨーロッパの文化関係における独仏青少年事務所（DFJW/OFAJ）」（西山暁義訳）廣田功（編）『欧州統合の半世紀と東アジア共同体』日本経済評論社、pp. 209-223。
モネ、ピエール（2009）「仏独文化関係の新段階のなかでの仏独歴史教科書」（剣持久木訳）廣田功（編）『欧州統合の半世紀と東アジア共同体』日本経済評論社、pp. 181-207。
Bock, Hans Manfred, Corine Defrance, Gilbert Krebs, Ulrich Pfeil (dir.) (2008), *Les jeunes dans les relations transnationales: L'Office franco-allemand pour la Jeunesse 1963-2008*, Paris, Presses Sorbonne Nouvelle.
Delori, Mathias (2013), « L'Office franco-allemand pour la jeunesse: une politique d'éducation tournée vers l'avenir », *Allemagne d'aujourd'hui*, 204, pp. 18-30.
Geiling-Hassnaoui, Susanne (2017), *Le potentiel interculturel de l'enseignement de la littérature en cours de langues: L'exemple de la section Abibac en France*, Saarbrücken, universaar.
Wassenberg, Birte (2009), « Coopération franco-germano-suisse et identité régionale (1963-2007): L'identité régionale favorise-t-elle la coopération transfrontalière dans l'espace rhénan? », in Martial

Constantin Grund (Hrsg.), *Deutschland im Abseits?: Rot-grüne Außenpolitik 1998-2003*, Baden-Baden, Nomos, pp. 91-106.

Otte, Max (2000), *A Rising Middle Power?: German Foreign Policy in Transformation, 1989-1999*, N. Y., St. Martin's Press.

Radchenko, Sergey (2020), "'Nothing but humiliation for Russia': Moscow and NATO's eastern enlargement, 1993-1995", *Journal of Strategic Studies*, 43 (6-7), pp. 769-815.

Richter, Wolfgang (2018), "The European Peace and Security Order at Risk", in Hanns W. Maull (ed.), *The Rise and Decline of the Post-Cold War International Order*, Oxford, Oxford University Press, pp. 123-142.

Rupnik, Jacques (2011), *The Western Balkans and the EU: the hour of Europe*. Cahiers de Chaillot, hal-03627908.

Sarotte, Mary Elise (2014), *1989: The Struggle to Create Post-Cold War Europe*, New and revised ed., Princeton, Princeton University Press. [『1989――ベルリンの壁崩壊後のヨーロッパをめぐる闘争（上）（下）』（奥田博子訳）慶應義塾大学出版会、2020年]

Sarotte, Mary Elise (2019), "How to Enlarge NATO? The Debate inside the Clinton Administration, 1993-95", *International Security*, 44(1), pp. 7-41.

Schabert, Tilo (2002), *Wie Weltgeschichte gemacht wird: Frankreich und die Deutsche Einheit*, Stuttgart, Klett-Cotta.

Schöllgen, Gregor (2005), „Deutsche Außenpolitik in der Ära Schröder", *Aus Politik und Zeitgeschichte*, 32-33/ 2005.

Sommer-Hasenstein, Monika (Hrsg.) (2001), *Eine Vernunftehe: Der Fall der Mauer in Berlin und die deutsch-französischen Beziehungen*, St. Ingbert, Röhrig Universitätsverlag.

Stark, Hans (1993), « La Yougoslavie et les dissonances franco-allemandes », Henri Ménudier (dir.), *Le couple franco-allemande en Europe*, Presses Sorbonne Nouvelle, pp.197-205.

Tewes, Henning (2002), *Germany, Civilian Power and the New Europe: enlarging NATO and the European Union*, Basingstoke, Palgrave.

Wattin, Alexandre (2009), *Rétrospectives franco-allemandes: Les*

Before and After the Fall: World Politics and the End of the Cold War, Cambridge, Cambridge University Press, pp. 132-150.

Gordon, Philip H. (1995), *France, Germany and the Western Alliance*, Boulder, Westview Press.

Hacke, Christian (2005), „Die Außenpolitik der Regierung Schröder/ Fischer", *Aus Politik und Zeitgeschichte*, 32-33/ 2005.

Koopmann, Martin (2013), „Baumeister des gemeinsamen Hauses Europa?: Deutsch-französische Interessendivergenzen in der Erweiterungs- und Nachbarschaftspolitik der EU", in Martin Koopmann, Joachim Schild (Hrsg.), *Neue Wege in ein neues Europa: Die deutsch-französischen Beziehungen nach dem Ende des Kalten Krieges*, Baden-Baden, Nomos, pp. 93-108.

Koopmann, Martin, Joachim Schild (2013), „Eine neue Ära?: Deutsch-französische Beziehungen nach dem Ende des Kalten Krieges", in Martin Koopmann, Joachim Schild (Hrsg.), *Neue Wege in ein neues Europa: Die deutsch-französischen Beziehungen nach dem Ende des Kalten Krieges*, Baden-Baden, Nomos, pp. 199-210.

Küsters, Hanns Jürgen (2010), „Deutsch-französische Europapolitik in der Phase der Wiedervereinigung", in Hanns Jürgen Küsters, Günter Buchstab, Hans-Otto Kleinmann (Hrsg.), *Die Ära Kohl im Gespräch: Eine Zwischenbilanz*, Bonn, Böhlau, pp. 153-170.

Martens, Stephan (dir.) (2004), *L'Allemagne et la France: Une entente unique pour l'Europe*, Paris, L'Harmattan.

Maull, Hanns, Sebastian Harnisch, Constantin Grund (Hrsg.) (2003), *Deutschland im Abseits?: Rot-grüne Außenpolitik 1998-2003*, Baden-Baden, Nomos.

Maull, Hanns W. (ed.) (2018), *The Rise and Decline of the Post-Cold War International Order*, Oxford, Oxford University Press.

Miard-Delacroix, Hélène (2013), « Divergences et convergences franco-allemandes », in Christian Lequesne, Maurice Vaïsse (dir.), *La politique étrangère de Jacques Chirac*, Paris, Riveneuve.

Neßhöver, Christoph (2003), „Deutsch-französische Beziehungen: Vier lange Jahre Lernen", in Hanns W. Maull, Sebastian Harnisch,

pp. 81-105。
レダー、アンドレアス（2020）『ドイツ統一』（板橋拓己訳）岩波新書。
渡辺将尚（2014）「過去への執着という病――マルティン・ヴァルザー『幼年時代の保護』における主人公の死をめぐって」『山形大学人文学部研究年報』11、pp. 43-57。
Baasner, Frank (2004), „Paradigmenwechsel in den deutsch-französischen Beziehungen?“, *Dokumente*, 60 (1), pp. 60-65.
Bantigny, Ludivine (2013), *La France à l'heure du monde: De 1981 à nos jours*, Paris, Seuil.
Bierling, Stephan (2014), *Vormacht wider Willen: Deutsche Außenpolitik von der Wiedervereinigung bis zur Gegenwart*, München, C. H. Beck.
Bitterlich, Joachim (1998), „Frankreichs (und Europas) Weg nach Maastricht im Jahr der Deutschen Einheit (1989/1990)“, in Werner Rouget, Hrsg. von Joachim Bitterlich und Ernst Weisenfeld, *Schwierige Nachbarschaft am Rhein: Franchreich – Deutschland*, Bonn, Bouvier, pp. 112-123.
Bozo, Frédéric (2005), *Mitterrand, la fin de la guerre froide et l'unification allemande : de Yalta à Maastricht*, Paris, Odile Jacob.
Colard, Daniel (2002), « Le partenariat franco-allemand dans l'après-guerre froide du traité de Moscou (1990) au traité de Nice (2001) », *Annuaire français de relations internationales*, Volume III, pp. 379-391.
Colard, Daniel (2007), « L'Allemagne unie et les nouvelles relations franco-allemandes dans la nouvelle Europe. 1990-2006 », *Annuaire français de relations internationales*, Volume VIII., pp.393-405.
Fritsch-Bournazel, Renata (1991), "German Unification: A Durability Test for the Franco-German Tandem", *German Studies Review*, 14(3), pp. 575-585.
Guérot, Ulrike (2003), „Die Bedeutung der deutsch-französischen Kooperation für den europäischen Integrationsprozess“, *Aus Politik und Zeitgeschichte*, B 03-04, pp. 14-20.
Goddard, Stacie E., Ronald R. Krebs (2021), "Legitimating Primacy After the Cold War", in Nuno P. Monteiro, Fritz Bartel (eds.),

Temmen.
Weinachter, Michèle (2004), *Valéry Giscard d'Estaing et l'Allemagne: Le double rêve inachevée*, Paris, L'Harmattan.
Weinachter, Michèle (2005), « Le tandem Valéry Giscard d'Estaing – Helmut Schmidt et la gouvernance européenne », in Wilfried Loth (dir.), *La gouvernance supranationale dans la construction européenne*, Bruxelles, Bruylant, pp. 205-238.
Weinachter, Michèle (2008), "Franco-German Relations in the Giscard-Schmidt Era 1974-81", in Carine Germond, Henning Türk (eds.), *A History of Franco-German Relations in Europe: From "Hereditary Enemies" to Partners*, N.Y., Palgrave Macmillan, pp. 223-233.

第6章

板橋拓己（2022）『分断の克服 1989-1990——統一をめぐる西ドイツ外交の挑戦』中央公論新社。

岩間陽子（1999）「冷戦後のドイツの安全保障政策」『新防衛論集』27 (1)、pp. 44-60。

岩間陽子（2001）「ドイツの安保政策の変化と連邦軍改革」『国際安全保障』29 (3), pp. 26-42。

岩間陽子（2006）「拡大するドイツ連邦軍の活動」『国際安全保障』34 (3)、pp. 119-134。

高橋進（1999）『歴史としてのドイツ統一——指導者たちはどう動いたか』岩波書店。

中谷毅（1999）「ベルリン共和国の外交政策——連続講演にみる統一ドイツの外交路線」『愛知學院大學論叢. 法學研究』40 (4)、pp. 81-114。

中村登志哉（2006）『ドイツの安全保障政策——平和主義と武力行使』一藝社。

ヘルベルト、ウルリヒ（2020）「ベルリンの壁崩壊の後で——1989年以降のドイツ現代史」（石田勇治訳）『ヨーロッパ研究』Vol.20、pp. 59-67。

ルケーヌ、クリスチャン（2009）「拡大ヨーロッパにおける仏独関係——リーダーシップは今日でも正当か？」（廣田愛理訳）廣田功（編）『欧州統合の半世紀と東アジア共同体』日本経済評論社、

Schöllgen, Gregor (2013), *Willy Brandt : die Biographie*, 2 Aufl., Berlin, Piper.［グレゴーア・ショレゲン『ヴィリー・ブラントの生涯』（岡田浩平訳）三元社、2015年］

Schotters, Frederike (2020), « Développer une identité européenne propre: La coopération franco-allemande en matière de sécurité et de défense européenne (années 1980) », *Relations internationales*, 184, pp. 25-37.

Stark, Hans (2004), *Kohl, L'Allemagne et l'Europe: La politique d'intégration européenne de la République fédérale 1982-1998*, Paris, L'Harmattan.

Statz, Albert (1989), „Deutsch-französische Militärkooperation - Eine Achse der Westeuropäisierung?", *PROKLA. Zeitschrift für Kritische Sozialwissenschaft*, 19(75), pp. 47–71.

Soutou, Georges-Henri (2005), « Willy Brandt, Georges Pompidou et l'Ostpolitik», in Horst Möller, Maurice Vaïsse (Hrsg.), *Willy Brandt und Frankreich*, München, Oldenbourg, pp. 121-154.

Soutou, Georges-Henri (2006), « L'anneau et les deux triangles: les rapports franco-allemands dans la politique européenne et mondiale de 1974 à 1981 », in Serge Berstein, Jean-François Sirinelli (dir.), *Les années Giscard: Valéry Giscard d'Estaing et l'Europe, 1974-1981*, Paris, Armand Colin, pp. 45-79.

Spohr, Kristina (2016), *The Global Chancellor: Helmut Schmidt & the Reshaping of the International Order*, Oxford, Oxford University Press.

Thiemeyer, Guido (2004), „Helmut Schmidt und die Gründung des Europäischen Währungssystems 1973-1979", in Franz Knipping, Matthias Schönwald (Hrsg.), *Aufbruch zum Europa der zweiten Generation: Die europäische Einigung 1969-1984*, Trier, WVT, pp. 245-268.

Védrine, Hubert (1996), *Les mondes de François Mitterrand: A l'Élysée 1981-1995*, Paris, Fayard.

Waechter, Matthias (2011), *Helmut Schmidt und Valéry Giscard d'Estaing: Auf der Suche nach Stabilität in der Krise der 70er Jahre*, Bremen, *französische Bilanz 20 Jahre nach der Vereinigung. Une ‚nouvelle' Allemagne?: Un bilan franco-allemand 20 ans après l'unification*, München, Oldenbourg.

Martens, Stephan (2020), « Helmut Kohl, les relations germano-russes et la quête d'un ordre européen de paix (1982-1998): Logiques de situation et dynamiques », *Relations internationales*, 184, pp. 39-53.

McCarthy, Patrick (ed.)(1993), *France-Germany 1983-1993: The Struggle to Cooperate*, N.Y., St. Martin Press.

Ménudier, Henri (1985), « Valéry Giscard d'Estaing et les relations franco-allemandes (1974-1981) », in Samy Cohen, Marie-Claude Smouts (dir.), *La politique extérieure de Valéry Giscard d'Estaing*, Paris, Presses de la fondation nationale des sciences politiques, pp. 67-85.

Miard-Delacroix, Hélène, Andreas Wirsching (2020), « Devenir visible au-delà de l'Alliance: Helmut Kohl et ‹ l'intérêt national › dans la politique étrangère de la République fédérale d'Allemagne (années 1980 et 1990) », *Relations internationales*, 184, pp. 9-23.

Möller, Horst, Maurice Vaïsse (Hrsg.) (2005), *Willy Brandt und Frankreich*, München, Oldenbourg.

Müller-Brandeck-Bocquet, Gisela (2010), „Wie halten wir es mit Amerika?: Die transatlantischen Beziehungen, die Konstruktion Europas und die deutsch-französische Zusammenarbeit in der Ära Kohl", in Hanns Jürgen Küsters, Günter Buchstab, Hans-Otto Kleinmann (Hrsg.), *Die Ära Kohl im Gespräch: Eine Zwischenbilanz*, Bonn, Böhlau, pp. 395-420.

Saunier, Georges (2005), « Le tandem François Mitterrand - Helmut Kohl », in Wilfried Loth (dir.), *La gouvernance suprationale dans la construction européenne*, Bruxelles, Bruylant, pp.239-254.

Saunier, Georges (2008), "A Special Relationship: Franco-German Relations at the Time of François Mitterrand and Helmut Kohl", in Carine Germond, Henning Türk (eds.), *A History of Franco-German Relations in Europe: From "Hereditary Enemies" to Partners*, London, Palgrave Macmillan, pp. 235-247.

Favier, Pierre, Michel Martin-Roland (1990, 1996, 1998, 1999), *La décennie Mitterrand.* Tomes 1, 2, 3, 4, Paris, Seuil.

Haftendorn, Helga et al. (ed.) (2006), *The Strategic Triangle: France, Germany, and the United States in the Shaping of the New Europe*, Baltimore, The Johns Hopkins University Press.

Hiepel, Claudia (2016), *Willy Brandt et Georges Pompidou: La politique européenne de la France et de l'Allemagne entre crise et renouveau*, Villeneuve d'Ascq, Presses universitaires du Septentrion. [*Willy Brandt und Georges Pompidou: Deutsch-französische Europapolitik zwischen Aufbruch und Krise*, München, Oldenbourg, 2012].

Lange, Rudolf (2013), „Die deutsch-französische Kooperation im Bereich der militärischen Sicherheit", *Historisch-Politische Mitteilungen*, 20, pp. 265-271.

Lappenküper, Ulrich (2010), „Die deutsche Europapolitik zwischen der ‚Genscher-Colombo Initiative' und der Verabschiedung der Einheitlichen Europäischen Akte (1981-1986)", in Hanns Jürgen Küsters, Günter Buchstab, Hans-Otto Kleinmann (Hrsg.), *Die Ära Kohl im Gespräch: Eine Zwischenbilanz*, Bonn, Böhlau, pp. 133-152.

Lappenküper, Ulrich (2011), „Die Europapolitik Helmut Kohls 1982-1992", in Sylvain Schirmann (dir.), *Quelles architectures pour quelle Europe?: Des projets d'une Europe unie à l'Union européenne (1945-1992)*, Bruxelles, Peter Lang, pp. 273-291.

Lappenküper, Ulrich (2013), „Die Entwicklung der deutsch-französischen Beziehungen in den 1980er und 1990er Jahren", *Historisch-Politische Mitteilungen*, 20, pp. 247-264.

Lappenküper, Ulrich (2016), « Une communauté de destin en des temps turbulents: les relations franco-allemandes de 1982 à 1990 », *Allemagne d'aujourd'hui*, 215, pp. 173-194.

Loth, Wilfried (2004), „Deutsche Europapolitik vom Helmut Schmidt bis Helmut Kohl", in Franz Knipping, Matthias Schönwald (Hrsg.), *Aufbruch zum Europa der zweiten Generation: Die europäische Einigung 1969-1984*, Trier, WVT, pp. 474-488.

Marcowitz, Reiner (Hrsg.) (2010), *Ein ‚neues' Deutschland?: Eine deutsch-*

Dokumente, 63(2), pp. 35-39.
Ludlow, Piers (2006), *The European Community and the Crises of the 1960s: Negotiating the Gaullist Challenge*, London, Routledge.
Schulz, Matthias (1999), „Die politische Freundschaft Jean Monnet – Kurt Birrenbach, die Einheit des Westens und die ›Präambel‹ zum Elysée-Vertrag von 1963“, in Andreas Wilkens (Hrsg.), *Interessen verbinden: Jean Monnet und die europäische Integration der Bundesrepublik Deutschland*, Bonn, Bouvier, pp. 299-327.
Soutou, Georges-Henri (2010), “Paris and the Prague Spring”, in Günter Bischof, Stefan Karner, Peter Ruggenthaler (eds.), *The Prague Spring and the Warsaw Pact Invasion of Czechoslovakia in 1968*, Plymouth, Lexington Books, pp. 271-282.

第５章

ヴィノック、ミシェル（2016）『ミッテラン――カトリック少年から社会主義者の大統領へ』（大嶋厚訳）吉田書店。

権上康男（2013）『通貨統合の歴史的起源――資本主義世界の大転換とヨーロッパの選択』日本経済評論社。

妹尾哲志（2011）『戦後西ドイツ外交の分水嶺――東方政策と分断克服の戦略、1963～1975年』晃洋書房。

妹尾哲志（2022）『冷戦変容期の独米関係と西ドイツ外交』晃洋書房。

吉田徹（2008）『ミッテラン社会党の転換――社会主義から欧州統合へ』法政大学出版局。

吉田徹（2014）「政権交代とミッテラン外交――「ユーロ・ミサイル危機」をケースとして」『国際政治』第117号、pp. 57-69。

Adrets, André (1984), « Les relations franco-allemandes et le fait nucléaire dans une Europe divisée », *Politique étrangère*, 3, pp. 649-664.

Berstein, Serge, Pierre Milza, , Jean-Louis Bianco (dir.), (2001), *Les années Mitterrand: les années du changement (1981-1984)*, Paris, Perrin.

Bitterlich, Joachim (2013), „Die deutsch-französischen Beziehungen in der Phase der Deutschen Einheit und des Vertrags von Maastricht“, *Historisch-Politische Mitteilungen*, 20, pp. 289-299.

Rovan, Joseph (1998), «Le deuxième après-guerre en France et en Allemagne: Un témoignage », in Ilja Mieck, Pierre Guillen (Hrsg.), *Nachkriegsgesellschaften in Deutschland und Frankreich im 20. Jahrhundert / Sociétés d'après-guerre en France et en Allemagne au 20ᵉ siècle*, Berlin, Oldenbourg Wissenschaftsverlag, pp. 13-24.

Rovan, Joseph (1999), *Mémoires d'un Français qui se souvient d'avoir été Allemand*, Paris, Seuil.

Rovan, Joseph (2002), « Les associations de jeunes au service de l'entente franco-allemande », *Passerelles et passeurs. Hommages à Gilbert Krebs et Hansgerd Schulte*, Paris, Press Sorbonne Nouvelle, pp. 289-292.

Strickmann, Martin (2004), *L'Allemagne nouvelle contre l'Allemagne éternelle. Die französischen Intellektuellen und die deutsch-französische Verständigung 1944–1950: Diskurse, Initiativen, Biografien*, Bern, Peter Lang.

第4章

小川浩之（2019）「第３章　加盟国拡大と政治協力の起点――イギリスの欧州経済共同体への第一次加盟申請とエリゼ条約、1958～1963年」益田実、山本健編著『欧州統合史――二つの世界大戦からブレグジットまで』ミネルヴァ書房、pp. 92-130。

川嶋周一（2007）『独仏関係と戦後ヨーロッパ国際秩序――ドゴール外交とヨーロッパの構築 1958-1969』創文社。

Boulanger, Jean-François et al. (2005), « De la capitulation à la reconciliation: La rencontre de Gaulle – Adenauer à Reims en 1962 », *Communication présentée au colloque international de Reims. Reims 1945-1962 et le rapprochement franco-allemand. De la Capitulation à la Réconciliation, le 6 mai 2005*.

Kramer, Ferdinand (2005), „Frankreich: Charles de Gaulle in München und die Macht der Erinnerung", in Alois Schmid, Katherina Weigand (Hrsg.), *Bayern mitten in Europa von Frühmittelalter bis ins 20. Jahrhundert*, München, C. H. Beck, pp. 385-411.

Lappenküper, Ulrich (2007), „Die Vision der 'Europe européenne,: Adenauer und de Gaulle auf dem Weg zum Elysée-Vertrag", l'immédiat après-guerre au début des années 1970 », in Yves Denéchère, Mari-Bénédicte Vincent (dir.), *Vivre et construire l'Europe à l'échelle territoriale de 1945 à nos jours*, Bruxelles, Peter Lang, pp. 145-158.

Deutsch-Französischen Institut (Hrsg.)(1954-1963), *Deutschland-Frankreich: Ludwigsburger Beiträge zum Problem der deutsch-französischen Beziehungen*, Bd.1, Bd.2, Bd.3, Stuttgart, Deutsche Verlags-Anstalt.

Grosser, Alfred (1993), *Mein Deutschland*, 2. Aufl., Hambourg, Hoffmann und Campe.

Grosser, Alfred (1997), *Une vie de Français, Mémoires*, Paris, Flammarion.

Guervel, Michel (1993), « Le BILD: De Jean du Rivau à Joseph Rovan », in Henri Ménudier (dir.), *Le couple franco-allemand en Europe*, Asnières, Publication de l'Institut d'Allemand, pp. 299-306.

Heimerl, Daniela (1989), « Les Églises évangéliques et le rapprochement franco-allemand dans l'après-guerre : le Conseil fraternel franco-allemand », *Revue d'Allemagne et des pays de langue allemande*, 21(4), pp. 591-606.

Marcowitz, Reiner (2017), « De l'‹hostilité héréditaire› à l'‹européanisation›. À propos d'un changement de paradigme dans les relations franco-allemandes après 1945 », in Jean El Gammal (dir.), *La France, l'Allemagne, l'Europe. Mélanges en l'honneur de Chantal Metzger*, Bruxelles, Peter Lang, pp.125-137.

Marmetschke, Katja (2012), „Alfred Grosser und das Comité français d'échanges avec l'Allemagne nouvelle – zur Exemplarität eines Mittlerengagements in den deutsch-französischen Beziehungen der frühen Nachkriegszeit", *Lendemains*, 37, pp. 60-73.

Ménudier, Henri (2002), « La revue Documents et le BILD », in *Passerelles et passeurs. Hommages à Gilbert Krebs et Hansgerd Schulte*, Paris, Press Sorbonne Nouvelle, pp. 233-256.

Rovan, Joseph (1945), « L'Allemagne de nos mérite », *Esprit*, 13 Année, N° 115, pp. 529-540.

合史［第2版］』名古屋大学出版会、pp. 126-152。
益田実（2019）「第2章　欧州防衛共同体の挫折と欧州経済共同体の形成——1950年代の統合と「共同市場」という選択」益田実、山本健編著『欧州統合史——二つの世界大戦からブレグジットまで』ミネルヴァ書房、pp. 53-89。
Long, Bronson (2015), *No Easy Occupation: French Control of the German Saar, 1944-1957*, Rochester, Camden House.
Maier, Hans (1993), « Robert Schuman et les débuts de la réconciliation franco-allemande comme condition de l'union européenne », in Bernhard Beutler (dir.), *Réflexions sur l'Europe*, Bruxelles, Éditions Complexe, pp. 33-53.
Mischlich, Robert (1987), « Une mission secrète à Bonn (9 mai 1950) », *Revue d'Allemagne et des pays de langue allemande*, 19(4), pp. 371-378.
Poidevin, Raymond (1986), *Robert Schuman: homme d'État, 1886-1963*, Paris, Imprimerie nationale.
Warlouzet, Laurent (2008), « La France et les négociations du traité de Rome (1955-1957) ».
https://www.cvce.eu/obj/laurent_warlouzet_la_france_et_les_negociations_du_traite_de_rome_1955_1957-fr-b5e074bc-e1fa-486f-9c85-be1ebeffa806.html
下からの独仏関係
Albrecht, Carla (2002), „Das Comité français d'échanges avec l'Allemagne nouvelle als Wegbereiter des Deutsch-Französischen Jugendwerks“, *Lendemains*, 27, pp. 177-189.
Defrance, Corine (2005), « Les relations culturelles franco-allemandes dans les années cinquante. Acteurs et structures des échanges», in Hélène Miard-Delacroix, Rainer Hudemann (Hrsg.), *Wandel und Integration: Deutsch-französische Annäherungen der fünfziger Jahre/ Mutations et intégration: Les rapprochements franco-allemands dans les années cinquante*, München, Oldenbourg, pp. 241-256.
Defrance, Corine (2010), « La dimension régionale dans le rapprochement franco-allemand: l'Alsace face à l'Allemagne de

Scharf, Claus, Hans-Jürgen Schröder (Hrsg.) (1983), *Die Deutschlandpolitik Frankreichs und die Französische Zone, 1945-1949*, Wiesbaden, F. Steiner.

Soutou, Georges-Henri (1989), „La politique française à l'égard de la Rhénanie 1944-1947", in Peter Hüttenberger, Hansgeorg Molitor (Hrsg.), *Franzosen und Deutsche am Rhein 1789-1918-1945*, Essen, Klartext-Verlag, pp. 47-66.

Soutou, Georges-Henri (1993), "France and the German Rearmament Problem 1945-1955", in R. Ahmann, Adolf M. Birke, Michael Howard (eds.), *The Quest for stability: Problems of West European Security, 1918-1957*, Oxford, Oxford University Press, pp. 487-512.

Soutou, Georges-Henri (1995), „Frankreich und die Deutschlandfrage 1943 bis 1945", in H.-E. Volkmkann (Hrsg.), *Ende des Dritten Reiches - Ende des Zweiten Weltkriegs: Eine perspektivische Rückschau*, München, Zürich, Piper, pp. 75-116.

Steininger, Rolf (Bearb.) (1988), *Die Ruhrfrage 1945/46 und die Entstehung des Landes Nordrhein-Westfalen: Britische, französische und amerikanische Akten*, Düsseldorf, Droste.

第3章

板橋拓己（2016）『黒いヨーロッパ――ドイツにおけるキリスト教保守派の「西洋（アーベントラント）」主義、1925～1965年』吉田書店。

川嶋周一（2020）「第１章　ヨーロッパとは何か――欧州経済共同体設立までのあゆみ」池本大輔、板橋拓己、川嶋周一、佐藤俊輔『EU 政治論――国境を越えた統治のゆくえ』有斐閣、pp. 14-38.

黒田友哉（2018）『ヨーロッパ統合と脱植民地化、冷戦――第四共和制後期フランスを中心に』吉田書店。

能勢和宏（2021）『初期欧州統合 1945-1963――国際貿易秩序と「６か国のヨーロッパ」』京都大学学術出版会。

廣田愛理（2002）「フランスのローマ条約受諾――対独競争の視点から」『歴史と経済』第177号、pp. 1-17。

細谷雄一（2024）「第４章　シューマン・プランからローマ条約へ 1950-58年：EC-NATO-CE 体制の成立」遠藤乾編『ヨーロッパ統

住民移動の歴史のなかで』白水社。
中屋宏隆（2006）「ルール国際機関の設立——設立交渉における米仏の石炭鉱業管理をめぐる対立と妥協を中心に」『經濟論叢』177(5-6)、pp. 443-461。
益田実（2019）「第１章　超国家的統合の始動と欧州石炭鉄鋼共同体の形成——戦間期から1950年代初めまで」益田実、山本健編著『欧州統合史——二つの世界大戦からブレグジットまで』ミネルヴァ書房。
宮崎繁樹（1964）『ザールラントの法的地位』未来社。
ルップ、ハンス・カール（2002）『現代ドイツ政治史——ドイツ連邦共和国の成立と発展　増補改定版』（深谷満雄、山本淳訳）彩流社。
Bariéty, Jacques (1988), « L'action culturelle française en République fédérale d'Allemagne de 1949 à 1955 », *Revue d'Allemagne*, 20 (3), pp. 246-260.
Defrance, Corine (1994), *La politique culturelle de la France sur la rive gauche du Rhin 1945–1955*, Strasbourg, Presses Universitaires de Strasbourg.
Fritsch-Bournazel, Renata (1989), « Danger allemand et sécurité européenne dans la politique étrangère française d'après-guerre: Les années charnières: 1945-1949 », in Henri Ménudier (dir.), *L'Allemagne occupée 1945-1949*, Paris, Presses Sorbonne Nouvelle, pp. 183-200.
Grosser, Pierre (2000), « L'entrée de la France en guerre froide », in Serge Berstein, Pierre Milza (dir.), *L'Année 1947*, Paris, Presse de Science Po, pp. 167-188.
Hudemann, Rainer, Raymond Poidevin (Hrsg.) (1992), *Die Saar 1945-1955: ein Problem der europäischen Geschichte / La Sarre 1945-1955: un problème de l'histoire européenne*, München, R. Oldenbourg.
Hudemann, Rainer (1997), « L'occupation française après 1945 et les relations franco-allemandes », *Vingtième Siècle*, N° 55. pp. 58-68.
Poidevin, Raymond (1979), „Frankreich und die Ruhrfrage 1945-1951", *Historische Zeitschrift*, 228 (1), pp. 317-334.

Mayer, Karl J. (1990), *Die Weimarer Republik und das Problem der Sicherheit in den deutsch-französischen Beziehungen, 1918-1925*, Frankfurt a. M., Peter Lang.

Niedhart, Gottfried (1999), *Die Außenpolitik der Weimarer Republik*, München, R. Oldenbourg.

Roos, Julia (2015), "Schwarze Schmach", in *1914-1918-online. International Encyclopedia of the First World War*, ed. by Ute Daniel, Peter Gatrell, Oliver Janz, Heather Jones, Jennifer Keene, Alan Kramer, Bill Nasson, issued by Freie Universität Berlin, Berlin. DOI: 10.15463/ie1418.10647.

Schirmann, Sylvain (2006), *Quel ordre européen ? De Versailles à la chute du IIIe Reich*, Paris, Armand Colin.

Schirmann, Sylvain (2008), "Franco-German Relations, 1918-45", in Carine Germond, Henning Türk (eds.), *A History of Franco-German Relations in Europe: From "Hereditary Enemies" to Partners*, London, Palgrave Macmillan, pp. 75-88.

Schwabe, Klaus (2000), « L'Allemagne à Versailles: Stratégie diplomatique et contraintes intérieures », *Francia*, 27 (3), pp. 49-62.

Soutou, Georges-Henri (2004), « La France et le problème de l'unité et du statut international du Reich, 1914-1924 », *Études Germaniques*, 4, pp. 745-793.

第2章

網谷龍介ほか編（2019）『戦後民主主義の青写真――ヨーロッパにおける統合とデモクラシー』ナカニシヤ出版。

板橋拓己（2014）『アデナウアー――現代ドイツを創った政治家』中公新書。

上原良子（1994）「フランスのドイツ政策――ドイツ弱体化政策から独仏和解へ」油井大三郎、中村政則、豊下楢彦編『占領改革の国際比較：日本・アジア・ヨーロッパ』三省堂、pp. 274-300。

上原良子（2024）「第３章　ヨーロッパ統合の生成　1947-50年――冷戦・分断・統合」遠藤乾編『ヨーロッパ統合史［第２版］』名古屋大学出版会、pp. 90-125。

川喜田敦子（2019）『東欧からのドイツ人の「追放」――二〇世紀の

deutsch-französischer Gesellschaftsverflechtung“, *Themenportal Europäische Geschichte*.
https://www.europa.clio-online.de/searching/id/fdae-1316

Deutsch-Französische Institut (2007), *Erbfeinde – Erbfreunde: Die deutsch-französischen Beziehungen zwischen 1870 und 1945 im Spiegel zeitgenössischer Literatur*, Ludwigsburg, Deutsch-Französische Institut. [DFI]

Fischer, Conan (2012), "The Failed European Union: Franco-German Relations during the Great Depression of 1929-32", *The International History Review*, 34(4), pp. 705-724.

Fischer, Conan (2017), *A Vision of Europe: Franco-German relations during the Great Depression, 1929-1932*, Oxford, Oxford University Press.

Fleury, Antoine en collaboration avec Lubor Jilek (éd.)(2000), *Le plan Briand d'Union fédérale européenne: Perspectives nationales et transnationales, avec documents*, Bern, Peter Lang.

Gessner, Dieter (2005), *Die Weimarer Republik*, 2. durchgesehene Auflage, Darmstadt, WBG.

Guieu, Jean-Michel (2015), *Gagner la paix, 1914-1929*, Histoire de la France contemporaine Tome 5, Paris, Seuil.

Jeannesson, Stanislas (1996), « Pourquoi la France a-t-elle occupé la Ruhr ? », *Vingtième Siècle*, 51, pp. 56-67.

Julien, Elise (2014), *Asymétrie des mémoires: Regard franco-allemand sur la Première Guerre mondiale. « Vision franco-allemande »*, n° 24, juillet.

Krumeich, Gerd (2014), « Vom Krieg der Großmächte zur Katastrophe Europas », *Revue d'Allemagne et des pays de langue allemande*, 46 (2), pp. 411-430.

Lambauer, Barbara (2001), *Otto Abetz et les Français ou L'envers de la Collaboration*, Paris, Fayard.

Martens, Stefan, Maurice Vaïsse (Hrsg.) (2000), *Frankreich und Deutschland im Krieg (November 1942 - Herbst 1944): Okkupation, Kollaboration, Résistance: Akten des deutsch-französischen Kolloquiums*, Bonn, Bouvier.

南祐三（2020）「第一次世界大戦とフランス――崩れゆく国民的神話」中野隆生、加藤玄（編著）『フランスの歴史を知るための50章』明石書店、pp. 299-305。

村上亮（2019）「第一次世界大戦をめぐる開戦責任問題の現在――クリストファー・クラーク『夢遊病者たち』によせて」『ゲシヒテ』第12号、pp. 35-43。

ミシェル、アンリ（1974）『自由フランスの歴史』（中島昭和訳）白水社、文庫クセジュ。

宮下雄一郎（2016）『フランス再興と国際秩序の構想――第二次世界大戦期の政治と外交』勁草書房。

モッセ、ジョージ（2002）『英霊――創られた世界大戦の記憶』（宮武美知子訳）柏書房。

Bariéty, Jacques (1977), *Les relations franco-allemandes après la Première-Guerre mondiale: 10 novembre 1918-10 janvier 1925 de l'exécution à la négociation*, Paris, Publications de la Sorbonne.

Beaupré, Nicolas (2014), « La Grande Guerre et la réconciliation franco-allemande (1914-2014) », *Revue d'Allemagne et des pays de langue allemande*, 46 (2), pp. 431-442.

Bertand, Sébastien (2013), « Le centenaire de la Première Guerre mondiale dans la relation franco-allemande », *Revue de l'IFHA*, 5. https://journals.openedition.org/ifha/7406

Birebent, Christian (2009), *Les relations internationales 1919-1939: La paix impossible ?*, Paris, Ellipses.

Bock, Hans Manfred (1990), „Die deutsch-französische Gesellschaft 1926 bis 1934: Ein Beitrag zur Sozialgeschichte der deutsch-französischen Beziehungen der Zwischenkriegszeit", *Francia* 17(3), pp. 57-100.

Bock, Hans Manfred (2005), „Otto Grautoff und die Berliner Deutsch-Französische Gesellschaft", in Hans Manfred Bock (Hrsg.), *Französische Kultur im Berlin der Weimarer Republik: Kultureller Austausch und diplomatische Beziehungen*, Tübingen, Gunter Narr Verlag, pp. 69–100.

Bock, Hans Manfred (2008), „Weimarer Intellektuelle und das Projekt

ら拡大する道』ミネルヴァ書房。

北村厚（2023）「ヴァイマル末期の「中欧」をめぐる外交政策――ナチ外交への連続性をめぐって」『東北学院大学論集 歴史と文化』67、pp. 31-49。

クルマイヒ、ゲルト（2017）「戦争責任論争から国際化へ？――第一次世界大戦研究の回顧と展望」（西山暁義訳）『ゲシヒテ』第10号、pp. 17-29。

ゲイ、ピーター（1999）『ワイマール文化』（亀嶋庸一訳）みすず書房。

ゲルヴァルト、ローベルト（2019）『敗北者たち――第一次世界大戦はなぜ終わり損ねたのか 1917-1923』（小原淳訳）みすず書房。

ゲルヴァルト、ローベルト（2020）『史上最大の革命　1918年11月、ヴァイマル民主制の幕開け』（大久保里香ほか訳）みすず書房。

斉藤孝（2015）『戦間期国際政治史』岩波現代文庫。

ツィーマン、ベンヤミンほか（2020）「100年後のヴァイマール共和国――歴史化と現在化のはざまで」『ドイツ研究』第54号、pp. 6-17。

津田雅之（2016）「批評家クルティウスのヨーロッパ精神――同時代の作家や知識人との交流の中で」大阪大学博士論文（博士〔文学〕）。

ハワード、マイケル（2014）『第一次世界大戦』（馬場優訳）法政大学出版局。

ブロック、マルク（2007）『奇妙な敗北――1940年の証言』（平野千果子訳）岩波書店。

ベッケール、ジャン＝ジャック、ゲルト・クルマイヒ（2012）『仏独共同通史　第一次世界大戦（上）（下）』（剣持久木ほか訳）岩波書店。

ベッケール、ジャン＝ジャック（2015）『第一次世界大戦』（幸田礼雅訳）白水社、文庫クセジュ。

ポイカート、デートレフ（1993）『ワイマル共和国――古典的近代の危機』（小野清美ほか訳）名古屋大学出版会。

細川真由（2020）「フランスの国際連盟政策と「ウィルソン主義」、1919-1924年」『国際政治』198号、pp. 64-79。

マゾワー、マーク（2015）『暗黒の大陸――ヨーロッパの20世紀』（中田瑞穂、網谷龍介訳）未來社。

Guillen, Pierre (1972), « Les questions coloniales dans les relations franco-allemandes à la veille de la première guerre mondiale », *Revue Historique*, T. 248, Fasc. 1 (503), pp. 87-106.

Héran, François (2014), « Générations sacrifiées: le bilan démographique de la Grande Guerre », *Population & Sociétés*, 510(4), pp. 1-4.

Hewitson, Mark (2000), "Germany and France before the First World War: A Reassessment of Wilhelmine Foreign Policy", *The English Historical Review*, 115 (462), pp. 570-606.

Hewitson, Mark (2004), "Images of the Enemy: German Depictions of the French Military, 1890-1914", *War in History*, 1, pp. 4-33.

Joly, Bertrand (1999), « La France et la Revanche (1871-1914) », *Revue d'histoire moderne et contemporaine*, 46 (2), pp. 325-347.

Nolan, Michael E. (2005), *The Inverted Mirror: Mythologizing the Enemy in France and Germany, 1898-1914*, N.Y., Berghahn.

Soutou, Georges-Henri (1993), « France-Allemagne 1870-1963 », in Henri Ménudier (dir.), *Le couple franco-allemand en Europe*, Paris, Presses Sorbonne Nouvelle, pp. 15-23.

第1章

石田勇治（2015）『ヒトラーとナチス・ドイツ』講談社現代新書。

ヴィルシング、アンドレアスほか（2019）『ナチズムは再来するのか？——民主主義をめぐるヴァイマル共和国の教訓』（板橋拓己ほか訳）慶應義塾大学出版会。

小野寺拓也（2024）「ヴァイマル共和国研究の現在——「一九二三」「一九三三」のアクチュアリティ」『歴史評論』2024年5月号、pp. 5-16。

大井孝（2008）『欧州の国際関係 1919-1946——フランス外交の視角から』たちばな出版。

カー、E. H.（1968）『両大戦間における国際関係史』（衛藤瀋吉、斉藤孝訳）清水弘文堂。

蔭山宏（2013）『崩壊の経験——現代ドイツ政治思想講義』慶應義塾大学出版会。

北村厚（2014）『ヴァイマル共和国のヨーロッパ統合構想——中欧か

Webber, Douglas (ed.) (1999), *The Franco-German Relationship in the European Union*, London, Routledge.
Weisenfeld, Ernst (1989), *Quelle Allemagne pour la France ?*, Paris, Armand Colin.
Ziebura, Gilbert (1997), *Die deutsch-französischen Beziehungen 1945-1995 : Mythen und Realitäten*. Überarbeitete und aktualisierte Neuausgabe, Stuttgart, Klett-Cotta.

まえがき・序章

飯田洋介（2010）『ビスマルクと大英帝国――伝統的外交手法の可能性と限界』勁草書房。

飯田洋介（2015）『ビスマルク――ドイツ帝国を築いた政治外交術』中公新書。

池谷文夫（2019）『神聖ローマ帝国――ドイツ王が支配した帝国』刀水書房。

伊藤定良（2002）『ドイツの長い一九世紀――ドイツ人・ポーランド人・ユダヤ人』青木書店。

伊藤定良（2017）『近代ドイツの歴史とナショナリズム・マイノリティ』有志舎。

ヴィンクラー、H. A（2008）『自由と統一への長い道――ドイツ近現代史（1789-1933年）（1933-1990年）』（後藤俊明ほか訳）昭和堂。

末川清（2000）「ユーリウス・フレーベルのドイツ連邦改革構想」『奈良法学会雑誌』12 (3・4)、pp. 25-65。

ダン、オットー（1999）『ドイツ国民とナショナリズム 1770-1990』（末川清、姫岡とし子、高橋秀寿訳）名古屋大学出版会。

ニッパーダイ、トーマス（2021）『ドイツ史 1800-1866――市民世界と強力な国（上）（下）』（大内宏一訳）白水社。

山本文彦（2024）『神聖ローマ帝国――「弱体なる大国」の実像』中公新書。

ランゲヴィーシェ、ディーター（2023）『統一国家なき国民――もう一つのドイツ史』（飯田芳弘訳）みすず書房。

Clark, Terry N. (1973), *Prophets and patrons: the French university and the emergence of the social sciences*, Cambridge Mass., Harvard University Press.

politische Bildungsarbeit.

Miard-Delacroix, Hélène, Andreas Wirsching (2019), *Von Erbfeinden zu guten Nachbarn: Ein deutsch-französischer Dialog*, Stuttgart, Philipp Reclam.

Lappenküper, Ulrich (1998), *Die deutsch-französischen Beziehungen 1949–1963: Von der „Erbfeindschaft" zur „Entente élémentaire"*, 2 Bände. München, Oldenbourg.

Lappenküper, Ulrich (2004), „Primat der Außenpolitik! Die Verständigung zwischen der Bundesrepublik Deutschland und Frankreich 1949-1963", in Eckart Conze, Ulrich Lappenküper, Guido Müller (Hrsg.), *Geschichte der internationalen Beziehungen: Erneuerung und Erweiterung einer historischen Disziplin*, Köln – Weimar – Wien, Böhlau, pp. 45-63.

Lappenküper, Ulrich (2012), « Le moteur franco-allemand et l'Europe », in Reiner Marcowitz, Hélène Miard-Delacroix (dir.), *50 ans de relations franco-allemandes*, Paris, Nouveau Monde éditions, pp. 75-110.

Picht, Robert, Wolfgang Wessels (Hrsg.) (1990), *Motor für Europa?: Deutsch-französischer Bilateralismus und europäische Integration = Le couple franco-allemand et l'intégration européenne*, Bonn, Europa Union Verlag.

Poidevin, Raymond, Jacques Bariéty (1979), *Les relations franco-allemandes : 1815-1975*, 2ème ed., Paris, A. Colin.

Roche, Jean-Jacques (2020), « Constantes de la diplomatie française », 『日仏政治研究』14、pp.13-25.

Soutou, Georges-Henri (1996), *L'alliance incertaine: Les rapports politico-stratégiques franco-allemands, 1954-1996*, Paris, Fayard.

Stark, Hans (dir.), *Les relations franco-allemandes : état et perspectives*, Les cahiers de l'Ifri, Paris, IFRI.

Uterwedde, Henrik (2019), *Die deutsch-französischen Beziehungen: Eine Einführung*, Opladen, Barbara Budrich.

Wattin, Alexandre (2004), *La coopération franco-allemande en matière de Défense et de Sécurité*, Paris, L'Harmattan.

Brunschwig, Henri (1955), « Un dialogue de sourds: un siècle de rapports franco-allemands », *Politique étrangère*, n° 5, pp. 575-590.

Colin, Nicole, Claire Demesmay (eds.) (2020), *Franco-German Relations Seen from Abroad. Post-war Reconciliation in International Perspectives*, Cham, Springer.

Defrance, Corine, Ulrich Pfeil (dir.) (2012), *La France, l'Allemagne et le traité de l'Élysée*, Paris, CNRS éditions, coll. « Biblis ».

Germond, Carine, Henning Türk (eds.) (2008), *A History of Franco-German Relations in Europe: From "Hereditary Enemies" to Partners*, London, Palgrave Macmillan.

Hacke, Christian (2003), *Die Außenpolitik der Bundesrepublik Deutschland: Von Konrad Adenauer bis Gerhard Schröder*, Berlin, Ullstein.

Haftendorn, Helga (2006), *Coming of age: German foreign policy since 1945*, Lanham, Rowman & Littlefield.

Koopmann, Martin, Stephane Martens (dir.) (2008), *L'Europe prochaine: Regards franco-allemands sur l'avenir de l'Union européenne*, Paris, L'Harmattan.

Koopmann, Martin, Joachim Schild (Hrsg.) (2013), *Neue Wege in ein neues Europa: Die deutsch-französischen Beziehungen nach dem Ende des Kalten Krieges*, Baden-Baden, Nomos.

Krotz, Ulrich, Joachim Schild (2013), *Shaping Europe: France, Germany, and Embedded Bilateralism from the Elysée Treaty to Twenty-First Century Politics*, Oxford, Oxford University Press.

Krotz, Ulrich (2015), *History and Foreign Policy in France and Germany*, London, Palgrave Macmillan.

Kufer, Astrid, Isabelle Guinaudeau, Christophe Premat (Hrsg.) (2015), *Handwörterbuch der deutsch-französischen Beziehungen*, 2. Aufl., Baden-Baden, Nomos.

Ménudier, Henri (dir.) (1993), *Le couple franco-allemand en Europe*, Paris, Presses Sorbonne Nouvelle.

Menyesch, Dieter, Henrik Uterwedde (1987), *Frankreich – Deutschland: Der schwierige Weg zur Partnerschaft*, Berlin, Landeszentrale für

(2008)『ドイツ・フランス共通歴史教科書【現代史】』明石書店。

ガイス、ペーター(監修)、ギヨーム・ル・カントレック(監修)(2016)『ドイツ・フランス共通歴史教科書【近現代史】』明石書店。

川嶋周一(2023)「地域統合の進展」『岩波講座 世界歴史 第22巻 冷戦と脱植民地化 I』岩波書店、pp. 133-158。

木村靖二編(2001)『ドイツ史』(世界各国史13)山川出版社。

グルーナー、ヴォルフ・D(2008)『ヨーロッパのなかのドイツ1800〜2002』(丸畠宏太、進藤修一、野田昌吾訳)ミネルヴァ書房。

グロセール、アルフレート(1981)『ドイツ総決算——1945年以降のドイツ現代史』(山本尤ほか訳)社会思想社。

グロセール、アルフレート(1987、1989)『欧米同盟の歴史(上)(下)』(土倉莞爾ほか訳)法律文化社。

剣持久木、小菅信子、リオネル・バビッチ編著(2009)『歴史認識共有の地平——独仏共通教科書と日中韓の試み』明石書店。

今野元(2021)『ドイツ・ナショナリズム——「普遍」対「固有」の二千年史』中公新書。

谷川稔、渡辺和行編著(2006)『近代フランスの歴史——国民国家形成の彼方に』ミネルヴァ書房。

廣田功編(2009)『欧州統合の半世紀と東アジア共同体』日本経済評論社。

若尾祐司、井上茂子編著(2005)『近代ドイツの歴史——18世紀から現代まで』ミネルヴァ書房。

渡邊啓貴編(2008)『ヨーロッパ国際関係史——繁栄と凋落、そして再生』有斐閣アルマ。

Allain, Jean-Claude, Françoise Autrand, Lucien Bély, Philippe Contamine, Pierre Guillen, Thierry Lentz, Georges-Henri Soutou, Laurent Theis, Maurice Vaïsse (2005), *Histoire de la diplomatie française*, Paris, Perrin.

Binoche, Jacques (1999), *Histoire des relations franco-allemandes de 1789 à nos jours*, Paris, A. Colin.

Bitsch, Marie-Thérèse (dir.) (2001), *Le couple France-Allemagne et les institutions européennes*, Bruxelles, Bruylant.

Jacob.
Peyrefitte, Alain (2002), *C'était de Gaulle*, Paris, Gallimard.
Sarkozy, Nicolas (2021), *Le Temps des tempêtes*, Paris, Éditions J'ai lu.
Schmidt, Helmut (1990), *Die Deutschen und ihre Nachbarn: Menschen und Mächte 2*, Berlin, Siedler. ［シュミット、ヘルムート『ドイツ人と隣人たち――続シュミット外交回想録（上）（下）』（永井清彦ほか訳）岩波書店、1991年］
Schröder, Gerhard (2006), *Entscheidungen: Mein Leben in der Politik*, Hamburg, Hoffmann und Campe.

独仏関係全体を通して／通史

・講座独仏史（巻号順）［108頁参照］
König, Mareike, Elise Julien (2018), *Rivalités et interdépendances, 1870-1918*, Histoire franco-allemande Tome 7, Villeneuve d'Ascq, Presses Universitaires du Septentrion.
Beaupré, Nicolas (2012), *Le traumatisme de la Grande Guerre, 1918-1933*, Histoire franco-allemande Tome 8, Villeneuve d'Ascq, Presses Universitaires du Septentrion.
Aglan, Alya, Johann Chapoutot, Jean-Michel Guieu (2019), *L'heure des choix, 1933-1945*, Histoire franco-allemande Tome 9, Villeneuve d'Ascq, Presses Universitaires du Septentrion.
Defrance, Corine, Ulrich Pfeil (2012), *Entre guerre froide et intégration européenne. Reconstruction et rapprochement 1945-1963*, Histoire franco-allemande Tome 10, Villeneuve d'Ascq, Presses Universitaires du Septentrion.
Miard-Delacroix, Hélène (2011), *Le défi européen, de 1963 à nos jours*, Histoire franco-allemande Tome 11, Villeneuve d'Ascq, Presses Universitaires du Septentrion.
板橋拓己、妹尾哲志編著（2023）『現代ドイツ政治外交史――占領期からメルケル政権まで』ミネルヴァ書房。
遠藤乾編（2008）『原典　ヨーロッパ統合史――史料と解説』名古屋大学出版会。
遠藤乾編（2024）『ヨーロッパ統合史［第２版］』名古屋大学出版会。
ガイス、ペーター（監修）、ギヨーム・ル・カントレック（監修）

Chirac, Jacques (2011), *Mémoires – Le Temps présidentiel*, Paris, Editions NiL.

de Gaulle, Charles (1999), *Mémoires d'espoir. – Le renouveau (1958-1962), L'effort (1962...), Allocutions et messages (1946-1969)*, Paris, Plon.

de Gaulle, Charles (2010), *Lettres, Notes et Carnets, juin 1958 - novembre 1970*, Paris, R. Laffont.［*LNC*］

Giscard d'Estaing, Varély (1988), *Le Pouvoir et la Vie, t. : La Rencontre*, Paris, Compagnie 12.［ヴァレリー・ジスカールデスタン『権力と人生――フランス大統領回想録』(尾崎浩訳) 読売新聞社、1990年］

Giscard d'Estaing, Varély (1991), *Le Pouvoir et la Vie, t. 2: L'Affrontement*, Paris, Compagnie 12.［ヴァレリー・ジスカールデスタン『エリゼ宮の決断――続フランス大統領回想録』(池村俊郎訳) 読売新聞社、1993年］

Giscard d'Estaing, Varély (2006), *Le Pouvoir et la Vie, t. 3: Choisir*, Paris, Compagnie 12.

Hollande, François (2019), *Les Leçons du pouvoir*, Paris, Éditions de la poche.

Kohl, Helmut (1999), *Ich wollte Deutschlands Einheit*, dargestellt von Kai Diekmann und Ralf Georg Reuth, 2. Aufl. Berlin, Ullstein Taschenbuch.

Kohl, Helmut (2005, 2007), *Erinnerungen. 1982-1990, 1990-1994*, München, Droemer.

Kusterer, Hermann (1995), *Der Kanzler und der General*, Stuttgart, Günther Neske.

Macron, Emmanuel (2016), *Révolution*, Paris, XO Éditions［エマニュエル・マクロン『革命――仏大統領マクロンの思想と政策』(山本知子、松永りえ訳) ポプラ社、2018年］

Mitterrand, François, Elie Wiesel (1995), *Mémoire à deux voix*, Paris, O. Jacob.［フランソワ・ミッテラン、エリー・ウィーゼル『ある回想――大統領の深淵』(平野新介訳) 朝日新聞社、1995年］

Mitterrand, François (1996), *De l'Allemagne, de la France*, Paris, O.

主要参考文献

史料集

Im Auftrag des Auswärtigen Amts vom Institut für Zeitgeschichte (Hrsg.), (1989 〜 2022), *Akten zur auswärtigen Politik der Bundesrepublik Deutschland, 1949/50, 1951〜1953, 1961〜1989*, München, R. Oldenbourg, *1990, 1991*, Berlin, De Gruyter Oldenbourg.［本文内で *AAPD* と略記して引用。以下同じ］

Kimmel, Adolf, Pierre Jardin (Documents rassemblés et presentés par) (2001), *Les relations franco-allemandes depuis 1963*, coll. « Retour aux textes », Paris, La documentation Française.

Küsters, Hanns Jürgen, Daniel Hofmann (Bearb.)(1998), *Dokumente zur Deutschlandpolitik. Deutsche Einheit. Sonderedition aus den Akten des Bundeskanzleramtes 1989/90*, München, R. Oldenbourg.［*DzD*］

Lappenküper, Ulrich (Bearb.) (1997), *Außenpolitik und Diplomatie. Die Bundesrepublik Deutschland und Frankreich: Dokumente 1949-1963, Bd.1*, herausgegeben von Horst Möller und Klaus Hildebrand, München, K.G. Saur.［*BDFD-I*］

Ministère des affaires étrangères, Commission de publication des Documents diplomatiques français (dir.) (2002〜2020), *Documents diplomatiques français, 1914, 1915, 1920〜1924, 1940, les armistices de juin, Vichy (1er janv. - 31 déc. 1941), 1946〜1951, 1954, 1954 annexes, 1955, 1955 annexes, 1956〜1973*, Paris, Imprimerie nationale/ Bruxelles, Peter Lang.［*DDF*］

回顧録

Adenauer, Konrad (1967, 1968, 1969, 1970), *Erinerungen. Bd.1 1945-1953, Bd.2 1953-1955, Bd. 3 1955-1959, Bd.4 1959-1963. Fragmente*, Frankfurt a.M., Fischer Bücherei.

Blankenhorn, Herbert (1980), *Verständnis und Verständigung: Blätter eines politischen Tagebuchs 1949 bis 1979*, Frankfurt a.M., Propyläen.

Brandt, Willy (1989), *Erinnerungen*, Zürich, Propyläen.

		2015	パリでシャルリー・エブド事件（1月）．ミンスク合意（ミンスクII，2月）．ギリシャでツィプラスによる「叛乱」（6月）．EU難民危機始まる（7月）．パリ，同時多発テロ（11月）．ケルンなどドイツ各地で大規模な性暴行事件報じられる（12月）
		2016	ドイツの州議会選挙でAfDが躍進，トルコ＝EU協定（3月）．ブレグジットを問う国民投票で離脱派勝利（6月）．アメリカ大統領選挙でトランプが勝利（11月）
マクロン		2017	フランス大統領選挙でマクロン勝利（5月）．ドイツ総選挙，マクロンのソルボンヌ演説（9月）
	（第四期）	2018	メルケル第四期政権が大連立で発足（3月）．メーゼベルクで独仏共同閣議（6月）．メルケルが2021年までの任期を以って政界引退を表明（10月）
		2019	アーヘン条約調印（1月）．ゼレンスキーがウクライナ大統領に選出（5月）．マクロンによるNATO脳死発言（11月）
		2020	イギリスが正式にEUから離脱（1月）．EU圏で新型コロナ感染症の蔓延始まる（2～3月）．コロナ債の合意（5月）
	ショルツ	2021	ドイツ総選挙でCDU敗北し，ショルツ政権発足（9月）．バイデン，トランプを破りアメリカ大統領選挙に勝利（11月）
		2022	ワシントンの米議会議事堂に暴徒乱入（1月）．ウクライナにロシアが侵攻（2月）．マクロン，仏大統領に再選（4月）
		2023	ハマスによるイスラエル攻撃．イスラエル，ガザに地上軍投入（10月）

		2008	ロシアでメドベージェフが大統領に就任（5月）．リーマン・ショック（9月）
	（第二期）	2009	オバマ米大統領就任（1月〜2017年1月）．ギリシャでパパンドレウ新政権が旧政権下での財政赤字額不正を発表（10月6日），第二期メルケル政権（FDPとの連立）発足（同月28日）． リスボン条約発効（12月）
		2010	この年，フランスで「ロシア年」，ロシアで「フランス年」の文化行事．ギリシャ国債を発端とする市場混乱が起き，EUによる財政支援協議（ユーロ危機．4〜5月）．ドーヴィルにて独仏露三カ国首脳会談（10月）
		2011	アラブの春が本格化。中東各国で政治変動．ビン・ラディン，アメリカにより殺害（5月）．ユーロ危機第二波（6月〜2012年1月）．ノルドストリーム稼働開始（11月）
オランド		2012	プーチン，ロシア大統領に再選（3月）．オランド，サルコジを破って大統領に当選（5月）．
	（第三期）	2013	ドイツ総選挙（9月）．12月より第三期メルケル政権がCDUとSPDとの大連立で発足
		2014	ウクライナでマイダン革命（2月）．クリミアがロシアに併合（3月），ドンバス紛争勃発（4月）．ロシアG8追放（6月）．ノルマンディー・フォーマットでの独仏露宇会談（同月6日）．「イスラム国」の国家宣言（同月29日）．ミンスク合意（ミンスクI，9月）

		1999	EUの東方拡大と予算をめぐり独仏間で対立（2月）．NATOによるコソボ空爆（3～6月）．『第三の道』，ブレアとシュレーダーの連名で公刊（6月）．プーチン，エリツィンの後継者に指名（12月，大統領就任は2000年5月）
		2000	独外相フィッシャーのフンボルト演説（ヨーロッパ連邦の呼びかけ．5月）．ニース欧州理事会で独仏が激しく対立（12月）
		2001	ブレサイムにて非公式の独仏首脳会談（1月）．ブッシュ米大統領就任（同月～2009年1月）．アメリカで同時多発テロ（9月11日）
		2003	EUの将来的なアーキテクチャに関する独仏共同提案（1月15日）．エリゼ条約40周年共同宣言にて独仏共同閣議の開催発表（同月22日），ベルリンでの「若者議会」にて両国共通の歴史教科書作成が提案（同日），ラムズフェルド米国防長官による「新しいヨーロッパ」発言（同日），ド・ヴィルパン仏外相による国連での反イラク侵攻演説（2月）．アメリカを中心とする有志連合がイラクに侵攻（イラク戦争．3～5月）．欧州憲法条約草案内容合意（6月）
	メルケル（第一期）	2005	欧州憲法条約が仏蘭で否決（5月，6月）．ドイツ総選挙でCDU勝利．メルケル政権発足（SPDと連立）へ（9月）
サルコジ		2007	プーチン，ミュンヘン安全保障会議で反NATO演説（2月）．サルコジ，仏大統領に選出（5月）．リスボン条約締結（12月）

		1990	東独総選挙で，コール支持の統一派が勝利（3月）．ミッテランとコールによる共同の政治統合提案（4月）．コールとゴルバチョフによる独ソ首脳会談（7月）．イラク軍がクウェート侵攻。湾岸戦争始まる（8月）．東西ドイツ統一（10月）
	コール（統一後）	1991	多国籍軍がイラクに武力行使（1月）．スロヴェニアとクロアチアが独立宣言，スロヴェニアとユーゴ連邦間で武力衝突（6月）．モスクワで保守派クーデタ，ゴルバチョフ軟禁されるもエリツィンの活躍によりクーデタ失敗（8月）．マーストリヒト条約内容合意（12月9日～10日），ドイツのクロアチア独立承認（同月23日），ソ連解体（同月24日）
		1992	マーストリヒト条約調印（2月）．ボスニア内戦勃発（4月）
		1993	クリントン，米大統領に就任（1月）．マーストリヒト条約発効によりEU成立（11月）
		1994	NATO,「平和のためのパートナシップ」発足（1月）．エリツィンによる「冷たい平和」演説（12月）
シラク		1995	シラク，仏大統領に選出（5月）．スレブレニツァの虐殺（7月）．NATO,ボスニア内のセルビア人勢力区域に空爆（8月）．デイトン合意によりボスニア内戦終結へ（11月）
		1997	米露首脳会談でNATO東方拡大合意（3月）
		1998	コソボ紛争の勃発（2月）
	シュレーダー		ドイツ総選挙でSPDが勝利し，シュレーダー連立政権発足（9月）．英仏サンマロ首脳会談（12月）

関連略年表

ジスカール	シュミット	1974	シュミットが西独首相（5月16日），ジスカールが大統領選出（同月19日）
		1975	CSCEでのヘルシンキ宣言（8月）．ボン協定（上ライン地域協力の制度化）（10月）．第1回先進国首脳会議がランブイエで開催（11月）
		1979	グアドループ首脳会談（2月）．ジスカールがベルリンを公式訪問（10月．仏国家元首としてナポレオン以来）．NATO，二重決定（12月）
ミッテラン		1981	ミッテラン，仏大統領選に勝利（5月）
	コール	1982	シュミット，不信任決議を受け辞任．後任としてコール選出（10月）
		1983	ミッテラン政権の「転回」（一国社会主義政策の放棄．3月）
		1984	フォンテーヌブロー欧州理事会でECに関する多数の改革政策合意（6月）．ヴェルダンにて，ミッテランとコールの「握手」（9月）
		1985	ゴルバチョフ，ソ連書記長に就任（3月）．独仏とベネルクス3国間でシェンゲン協定調印（6月）
		1986	独仏合同テレビ局「アルテ」設立合意（10月）
		1987	独仏合同軍事演習実施（9月）．独仏旅団の設立合意（10月）
		1988	独仏安全保障・防衛理事会，経済財政理事会の設置合意（1月）
		1989	ライプツィヒで大規模デモ（10月）．ベルリンの壁崩壊（11月9日），コールによる10項目計画発表（同月28日）．マルタで米ソ首脳会談（12月）

		1955	パリ条約発効（5月）．メッシーナ会議（6月）．ザールにて住民投票で西独復帰多数の結果（10月）
		1956	ザール復帰合意（10月）．スエズ危機勃発（同月29日）
		1957	ローマ条約調印（3月）
第五共和政（大統領）ド・ゴール		1958	欧州経済共同体（EEC）発足（1月）．ド・ゴールの政権復帰（第四共和政最後の首相として．6月）．コロンベ・レ・ドゥ・ゼグリーズ会談（9月）．フランス，第五共和政へ（10月）．第二次ベルリン危機始まる（11月）
		1960	フランスの核保有（2月）
		1961	ベルリンの壁建設（8月）
		1962	アデナウアー，フランスを公式訪問．ランスでミサ（7月）．ド・ゴールが西独を公式訪問し，ルートヴィヒスブルクで独語演説（9月）．*キューバ危機（10月）
	エアハルト	1963	エリゼ条約調印（1月22日）．独仏青少年事務所の設置合意（7月）．アデナウアー退任，エアハルト二代目西独首相就任（10月）
	キージンガー	1966	フランス，NATO 軍事機構から脱退表明（3月）．エアハルト首相辞任，キージンガーが首相就任（12月）
		1967	ECSC, EEC, ユーラトムが機関合併し EC となる（7月）
		1968	パリで五月革命（5月）．「プラハの春」への弾圧（8月）
ポンピドゥー	ブラント	1969	ド・ゴール，大統領辞任（4月）．ポンピドゥー，仏大統領就任（6月）．ブラント，西独首相に就任（10月）．ハーグ EC 首脳会談（12月）
		1972	「スネイク」誕生（4月）．
		1973	イギリスの EC 加盟（1月）

第四共和政	（直接占領）	1945	ヤルタ会談，フランスのドイツ占領参画が決定（２月）．サンフランシスコ会議で国際連合設立協議（４月．６月に設立合意）．ドイツ，無条件降伏（５月）．ポツダム会議（７月）
		1946	ド・ゴール，臨時政権首班を辞任（１月）．フランス，ザールを占領区域から分離（同月）．フランス，第四共和政発足（10月）
		1947	英米占領地区の経済的統合（１月）．マーシャル・プランの発表（６月）．ザール，「独立」宣言（12月）
		1948	チェコスロヴァキアでクーデタ（２月）．ハーグ・ヨーロッパ会議（５月）．ロンドン６ヵ国会談でロンドン勧告（西独建国）採択（６月），ベルリン封鎖始まる（６月～49年５月まで）．ルール国際機構の設立合意（12月）
	東西分裂（西独首相）アデナウアー	1949	北大西洋条約調印（４月）．西独建国（基本法採択）（５月）．アデナウアーが初代西独首相に就任（９月）．東独建国（10月）
		1950	ザールとフランスによる経済関税同盟（３月）．シューマン・プラン発表（５月）．朝鮮戦争（６月）．プレヴァン・プランの発表（10月）
		1951	欧州石炭鉄鋼共同体（ECSC）条約調印（４月）
		1952	欧州防衛共同体（EDC）条約調印（５月）．ECSC 発効（７月）
		1953	ファンデルフースがザールのヨーロッパ化提案（８月）
		1954	仏国民議会，EDC 条約否決（８月）．パリ条約（西独主権回復と NATO 加盟）調印およびザール協定（ヨーロッパ化提案）締結（10月）

		1921	ドイツに対する賠償金額の確定（4月）．独仏間でヴィースバーデン協定締結（10月）
		1922	ラーテナウ独外相暗殺（6月）．ドイツ，賠償支払いの現物履行未達（9月）
		1923	ルール占領（1月）．シュトレーゼマン内閣の成立（8月）
		1924	ドーズ案成立（4月）
		1925	ロカルノ条約（10月，12月本調印）
		1926	ドイツ，国際連盟加盟（9月）
		1927	独仏通商条約締結（8月）
		1929	ブリアン演説（9月）．シュトレーゼマンの死去（10月）．大恐慌の勃発（11月）
	ナチ体制	1933	ヒトラー政権の成立（1月）．ドイツ，国際連盟脱退（10月）
		1935	ザールラントのドイツへの返還（1月）．ドイツ，再軍備宣言（3月）
		1936	ヒトラー，ドイツ軍をラインラントに進駐（3月）
		1938	独墺合邦（3月）．ミュンヘン協定（9月）
		1939	ナチ，チェコスロヴァキア全土を実質的に併合（3月）．独ソ不可侵条約（8月）．ドイツ，ポーランド侵攻．第二次世界大戦始まる（9月）
ヴィシー		1940	ドイツ，フランス侵攻（5月）．パリ陥落（6月14日）．ド・ゴールによるラジオ声明（同月18日）．ヴィシー政権成立，第三共和政廃止（7月）
		1942	ナチ，フランス全土を直接占領下へ（11月）
臨時政府		1944	ノルマンディー上陸作戦（6月）．パリ解放，フランスに臨時政府樹立（8月）．仏ソ協定（12月）

関連略年表

フランス	ドイツ	年	出来事
フランス王朝	神聖ローマ帝国	962	神聖ローマ帝国の建国
		1789	フランス革命（〜99年）
		1794	フランス軍，ライン川左岸を占領
		1799	ブリュメールのクーデタで，ナポレオンが権力掌握
第一帝政		1804	ナポレオン，皇帝に
		1806	神聖ローマ帝国の終焉
復古王政		1814	ナポレオン退位（4月）．ウィーン会議（9月〜1815年6月）
		1815	ドイツ連邦成立
七月王政		1830	フランスで七月革命
第二共和政		1848	1848年革命（「諸国民の春」）
第二帝政		1852	フランス，第二帝政成立
		1866	普墺戦争
第三共和政		1870	独仏戦争（〜71年）．フランス，共和政宣言（9月．第三共和政憲法の制定は1875年）
	ドイツ帝国	1871	ドイツ帝国成立（1月）
		1890	ビスマルク退陣
		1894	露仏同盟の成立
		1905	モロッコ危機
		1914	第一次世界大戦勃発（7月）
		1917	ロシア革命
		1918	ウィルソンの14ヵ条の平和原則（1月）．ドイツ革命始まる，第一次世界大戦終了（ドイツと連合国との休戦協定締結）（11月）
	ヴァイマル共和国	1919	パリ講和会議開始（1月〜20年8月）．ヴェルサイユ条約締結（6月）．ヴァイマル共和国成立（7月）
		1920	ヴェルサイユ条約発効，国際連盟発足（1月）

川嶋周一（かわしま・しゅういち）

1972年神奈川県生まれ．京都府で育つ．北海道大学法学部卒業，同大学大学院法学研究科修士課程修了．パリ第4大学（Université Paris-Sorbonne: Paris IV）にてDEA（Diplôme d'Etudes Approfondies, Histoire des relations internationales et de l'Europe）取得．2003年，北海道大学大学院法学研究科博士課程単位取得退学．2004年，博士（法学）．日本学術振興会特別研究員などを経て，明治大学政治経済学部教授．専門は国際関係史，ヨーロッパ統合史．

著書『独仏関係と戦後ヨーロッパ国際秩序』（創文社，2007年／渋沢・クローデル賞）
共著『ヨーロッパ統合史』（名古屋大学出版会，2008年）
『EU政治論』（有斐閣，2020年）ほか
訳書『第五共和制』（ジャン＝フランソワ・シリネッリ著，白水社〔文庫クセジュ〕，2014年）
『試される民主主義（下）』（共訳，ヤン＝ヴェルナー・ミュラー著，岩波書店，2019年）ほか

独《どく》仏《ふつ》関《かん》係《けい》史《し》
中公新書 *2823*

2024年９月25日発行

著　者　川嶋周一
発行者　安部順一

本文印刷　三晃印刷
カバー印刷　大熊整美堂
製　　本　小泉製本

発行所　中央公論新社
〒100-8152
東京都千代田区大手町1-7-1
電話　販売 03-5299-1730
　　　編集 03-5299-1830
URL https://www.chuko.co.jp/

Published by CHUOKORON-SHINSHA, INC.
Printed in Japan　ISBN978-4-12-102823-5 C1222

現代史

f3